釈宗演

観音経講話

春秋社

釈宗演老師

序　文

今も私ども禅の修行道場の一日は、毎朝、観音経を読誦することから始まります。

さらに日中には、仏さまにお昼ご飯をお供えする折りにも、鐘を撞いて観音経を読誦し、夕方の日の暮れる頃にも、そして消灯の時にも、観音経を読誦しています。

禅寺で、いつ頃から観音経を読誦するようになったのか、詳らかではありません。けれど夢窓国師のお書きになった夢中問答には、円覚寺の開山である無学祖元禅師が、元寇の折りに読むように定められたのだと記されています。

それまでは、禅院では専ら坐禅するのみで経典を読誦する習慣がなかったところを、元の大軍が攻めてくるにあたって、日中に観音経を読誦して祈るようになったのでした。

その習慣が今に到って続いているのです。

明治大正の世になって、その無学祖元禅師が開山された円覚寺の釈宗演老師が、観音経を講話されました。

婦人道話会で話されましたので、ご婦人向けに分かりやすく説かれています。

それでいて、禅の教えを外れずに、いやむしろ禅の目指す慈悲の心を端的に説かれています。

今の時代に拝読しても、学ぶことの多いお話です。

平成三十年、釈宗演老師の観音経講話が、老師の一百年遠諱の記念に復刊されます。

広く皆さまにおすすめする次第です。

臨済宗円覚寺派管長

横田南嶺

観音経講話

目次

観音経講話

観音経開講前話

経文に「実のごとく自心を知る」とあり、またデルフォイの神殿には神の言葉として「汝自身を知れ」とあるごとく、お互いに先ず心を知らねばならない。さて心というものは取りよう次第で、いかようにもなるもので、何がなしにぼんやり考える時は、世界は我がもののごとくに思われる場合もあり、またある場合には、世界はまことに広いような狭いような、楽しいような苦しいような、いろいろに思われることもある。同じ月を眺めても、「此の世をば我が世とぞ思う望月の　欠けたることもなしと思えば」、こういう歌を作った人もある。詠み人は何という人であったか――たぶん藤原道長であったと思う。このように世界中を我がもの顔に思われることもある。そうかと思うとまた、ものを悲観した場合には、たいへん小さな心持ちになって、「月見れば千々にものこそ悲しけれ　我が身一つの秋にはあらねど」、こういう歌を作って、涙を流して眺めた人もある。今申す通り、世界を我がもの顔にして喜ぶ人もあれば、それを悲観して泣く人もあり。当人の心持ち次第で、世界が楽しくもなり苦痛にもなるので、ここがよほど面白いところである。――面白いところであるが、その心、その我れというものは畢竟どんなものであるかというに、それを調べてみるのが仏教の初門であって、初門すなわち入口とは言うものの、それがまた実は一番のおん詰りである。我れというものは、取りようによっては、これは迷いの根本であると仏は仰せられている。それゆえに一つ道を求めようという志を発する時には、一応、我れというものを明らかにしておかなければならない。

もう一度、我れというものを別語で申してみると、我というは常一主宰《じょういつしゅさい》を義とすといってあります。これは読んで文字のごとく、常というは常《つね》である。一というは数字の一番頭《かし》らに立つ、あの一の字それである。主宰というは物を宰《つかさど》るという意味の主宰である。この常、一、主宰の義理を明らかにしなければ、我という意味が成り立たない。

ところで、試みに我々の身体を見ると果たしてどうであるか。かりに私自身が今いう通り、常であり一であり主宰であるかと、一々詮索してみるに、我々は決して常にあらず一にあらず主宰にあらずということが、論より証拠、これは実際のありさまで、いかんともすることができない。常といえば、現在も将来も不変でなければならない。けれども決して変わらずではない、すなわち常でないのである。相のうえからいってみるなら、何一つとして我がものではない、決して一ではない。世界のありさまは千差万別、複雑限りないところの、いろいろさまざまの状態を呈している。主宰というからには、いわば与えるところ、取るところ、殺すところ、活かすところ、ことごとく我が自由自在になるかというのに、決してそうはいかない。我が身体一つすら、常のごとく一のごとく、また主宰することが、どうしてもできない。そこが仏教の我というものの考え初めであります。

かりに我がこの身体を無常の点から一つ眺めてみると、お互いに相当の寿命を保つように考えるけれども、ほとんど我れというものは、当たり前に行ったところで人生の平均が三十年、統計などで見ると東洋人は三十年でも長命なくらいになっている。あるいは三十年といい、あるいは五十年といい、七十年といっては昔から稀であるといわれている。しかし今日にては、だいぶ人間の欲望が増長して、百歳あるいは百二十五歳までも生きる理由があるなどと理屈を付けている。理屈の方から行けば、二十五歳が人間の成熟期であるから、その三倍や五倍生きるのは当り前である。自分は百二十五歳まで生きると力んでいる人もある。

ところが我々独り百二十五歳あるいは二百歳まで生きるとする。彭祖は八百歳まで生きたというが、かりに八百歳まで生きたとして考えてみる。世界中の人がみなその通り長命であるかというに、今まで千年二千年三千年五千年と、歴史について調べて見ても、決して世界中の人がそう長生きをするものではない。我れ独り長生きをしたところで、それが幸福であるか仕合わせであるかというに、我々はその通り長生きをしても、自分が末を楽しみにしていた子供が先に死んでしまう。末頼もしい孫が先に死んでしまう。心の良く合った親しい友達が取り取りに死んでしまう。

私どももこれについて一種たいへんに深い感じを惹き起こしているが、それはちょっと思い出したから、ついでにお話しするのであるが、もう四十三年ばかり前のことで、私の幼少の時、いろいろ世話になった清見寺の真浄和尚は、つい先き頃、大阪の旅先で脳血栓とかで急に死んでしまわれた。いろいろ力にしていても、たちまち先に死んでしまう。先ずそんなものである。そういうわけのものであって、自分独り長生きしたところが、子が死ぬ、孫が死ぬ、友達が死ぬ。当てにしていたことが外れてしまって、我れ独り取り残されて、しかも長生きして何事も独りで用が達せるならばよいけれども、人手に掛かって介抱され世話になり、そうでなければ、老いの身で水汲みご飯炊きもおぼつかなくせねばならない。何のこれが幸いであろう。決して幸いでもなければ仕合わせでもない。言い方によっては一種の不幸といっても差し支えがない。

それで今思い起こしたことがある。昔、仙厓和尚といって、私どもの宗門の方で偉い人があります。ただに法道で偉いのみならず、いろいろ多芸多能の人であって、絵でも書でも何でもできたが、この仙厓和尚、当時、黒田家の殿様にたいへんお気に入りであった。なにか仙厓和尚に一番めでたいことを書いてもらいたいという御意であって、臣下のものが仙厓和尚のところへ行って、何か一番めでたいことを書いてもらいたいと申し込んだ。仙厓は書きましょうといって、やがて書いたのは「親死ね、子死ね、孫死ね」、こういうのであった。

無雑作なことであるが、まことにめでたいことである。親から順々に天寿を全うして行くのであるから、これほどありがたいことはないのであるが、殿様は不興気で、親死ね、子死ね、孫死ね、死ぬことばかりで、何も結構なことはない。どうかこの裏を書いてもらいたいと言ってやった。仙厓和尚は、裏を書くのはわけはないといって、早速に孫死ね、子死ね、親死ねと書いて、これはいかがあるかといったということであるが、こう倒《さか》さま事になって独り生きながらえていても何の楽しみがあろう。我々人間は、ただ何か好いものを着、旨いものを食べ、楽に暮らして行けるようにと、いろいろの空想を描いているけれども、みな先々に外れて、しまいには死んでしまう。昔の人が一般に厭世的思想を起こすのは、こういうところからである。

また統計で見ると、生まれる人も多いが亡くなる人も多い。途中で葬式に出会うと、知らぬ者の葬式ならば、あるいは何とも思うまいが、だんだん遠方に吹いていた風が、いつともなしに近づいて来て、今度は親戚の誰々が死ぬということになると、少し驚く。それから風がだんだんに吹き寄せて、身の内の人、近い人が亡くなってくる。これではならないと驚いていると、もっと近づいて来て、孫が死ぬ、子供が死ぬ、親が死ぬということになる。だんだん驚くべく近くなって、しまいには我れ一個が、こうしてああしてと計画しているうちに、ついには呼べども還らずということになるのが事実である。

こういうところが無常観というものの起こるゆえんであって、仏教の本旨ではないけれども、まず世のなかの人間が、いわゆる酔生夢死して、ちょうど飲酒家が酔っ払っているように浮か浮かとしていて、その睡りが覚める時には、一時無常の観念を惹き起こすに至るのである。こういう工合に眺めてみると、源実朝の「ながめこし花もむなしく散りはてて　あとなく春の暮れにけるかな」という、これは優しい言葉の歌であるが、実際むなしくこの世を暮らしてしまうことは、その通りである。また「さくら花咲きてむなしく散りにけり　吉野の山はただ春の風」という歌があるが、これも同じく実朝の詠んだものである。ただ浮か浮かとしている間に、自分の頭に火のつくようなことができて来るのが、人生の状態である。

こういうようなありさまであるが、さて死んでどうなるか。生まれて来たことはしばらくよしとして、死んでどうなるかという時において、平生よりしてそこに何ら確かな得たるところの、一の信念を立てておかなければ、心がもの寂しく、恐ろしく、このくらい心配なことはなかろうと思う。宗教心というものの、そろそろ芽を出しかけて来るのは、こういうところからである。たいてい人は得意の時には宗教心を発しないで、生死の真際になって来ると、遅蒔きながら苦しい時の神頼みで、初めてそこに気がついて来るのであるが、その時はよほど手後れであって、犬死するようなありさまの人が多かろうと思うのである。いかんせん、どうも宗教心は、そういうことに触れないと多くは起こらないようである。これは個人的の方面から観たのであります。

もし進んで社会的の方面より、現代の世の中を考えてみると、世間的のお話になって政治経済の畑に這入るかもしれないが、一々は申さないけれども、実業界はどういう現象を呈しているか、政治界はどういうありさまになっているか、こういっている我々仲間の宗教界のありさまはどうであるか。数え立ててみると喜ぶべきことは一つもなく、実に憤して慨すべきことばかりである。こういう現象の起こって来るのは、つまり表面だけ進んで、人の精神がまことに薄弱になり、根底がなく、一時的の目前のことばかりに走り、瞬間的の快楽をのみ追い、ただ虚名虚飾を貴んで、浮いたことばかりを考え、うかうかとして日を暮らしているからである。その原因は何であるかというと、どうしてもこうしても、真摯な荘厳な、敬虔な心を欠いているということに帰する。

しからばその真面目な心、敬虔なる最も神聖なる心というものは、なんで養い得られるかというに、決して学問や理屈の及ぶことではない。なんとしても、しっかりとした宗教的の土台を据えて、その上に立って世に処さなければならない。今日のごとく社会の模範たるべき地位にいる人々のなかから、はなはだしく腐敗せる分子が続々現われて来るようでは、日本の前途も大いに気遣われると思う。もちろんこれは私の杞憂に過ぎないかもしれない。もし杞憂に止まればまことに幸いであるが、とにかく心配に堪えないことである。こういうことを言っていると、外の道へ這入るわけになるから、たいていにしておくことにするが、ともかく浮いたことばかりを考えて、宗教心の養成に少しも気を付けないということは、はなはだ危険千万のことであるから、手後れにならないうちに、そういうことに十分の注意をしなければならないと思う。

この浮か浮かと日を過ごしていることについて、仏は二、三の坊さんにお尋ねになったことがあります。人の命はどのくらい続くものであるか、こうお尋ねになると、一人の坊さんは、それは僅かの間である。ただ数日の間に過ぎないと答えた。けれども仏は、汝いまだ道を得ないと仰せられて、もう一人の坊さんにお尋ねになった。それが答えるには、ただ飲食の間にある。お茶を飲みながら逝く人もあれば、ご飯を食べつつ、箸を握ったままで往生する人もある。すなわち人の生命は、茶を飲み飯を食うほどの間のものであると答えた。

けれども、仏はまた汝いまだ徹底せずと仰せられて、さらに他の坊さんにお尋ねになった。その坊さんは、人命は呼吸の間にある。すなわち出る息と引く息の間にある。――昔の古い道具に、鍛冶屋の使うふいごというものがある。押したり引いたりして風を出すのであるが、ちょっと停めると風も同時に止まる。そのちょっとの間である。時計の針がチクタクチクタク動いているが、機械が損すると針も一緒に止まる。その間である。我々の身の機関もその通りであって、機関の運転している間はよいけれども、ちょっと大なる故障を受けると、すぐ気息が止まるのである。ゆえにその坊さんは、人命は呼吸の間にあり、とこう答えたのである。そこで始めて、汝道を得たりと仏が仰せられた。これは四十二章経にそう書いてあるのであります。

今もいう通り、頭に火が付かないと気が付かずにいるが、こういう工合に考えてみると、まことに人命というものは川の水のごとく無常のものである。無常と感ずると、不安な念がそこに起こって来る、心安からざる思いをなすようになる。それが道理である。

さて不安の心が起こっては、一日もそのままに安んずることができなくなる。今もいう通り、時のうえから考えると、仏のお言葉のごとく、我々の命というものは、電のごとく、影法師のごとく、霜のごとく、露のごとく、水の泡のごとく、響のごときものである。金剛経には、たいへんそれについて譬えを挙げてある。いのみならず、平生うっかりした考えでいると、自分がたいそう偉そうに思われ、大きな顔をしていても、いったん真面目に考えると、たちまち自分の小さなことが分かって、消えてしまいたくなる。かりに我々人類同士の頭数を数えて、だいたいの言い方ではあるが、地球上の人数は約十五、六億ある。概算であるが十五億ないし十六億と云われている。そのなかに自分も籠もっているので、まことに我一人というものは小さいものである。

それならその大多数の人類のみが、独り地球を占有しているかというに、そうではない。人類以外において、動物もあれば植物もある。みな生きてこの地球上に棲息しているのである。空を飛ぶ鳥のごとき、あるいは地上を走る獣、草葉の陰に啼いている虫類のごとき、または海川の水に住む鱗介のごとき、みなここに籠もっている。その数は調べあげたものもないが、幾万幾億どころでなく、実に無量無数計るべからざるものである。その無量無数のなかのたった一つの我がいかに大きな顔をしたところで、ほとんど滄海の一粟で、広い大海のなかにおける一粒の粟よりも小さい。そんな言葉で形容し得られるものではない。九牛の一毛といっても、とても較べものにはならない。かくのごとく動物、植物、有機物、無機物が、無量無数に山川その他一切の地上を占めている。

その外に、土石の類、草木の類、これまた無量無数であって、そのなかに自分が仲間入りをしているのかと思うと、まことに我というものは、ほとんど見る影もないことになるのである。それなら地球のみが独り虚空を独占しているかというに、そうではない。ご承知の通り、地球よりも一万二千倍大なる太陽が、天界の一隅に日夜、光を放っているのである。しからばその太陽が独り占めかというに、太陽に似たる遊星恒星というような星が、また無量無数にあって、そのなかには我が地球に一番近い星でも、その光が全速力で飛んで来て、しかして我々人間の肉眼に映ずるまでに三年くらいは費《かか》るということである。その最も遠方の星になると、その光が我が地球に達するまでに、三千年ないし五千年の長い間途中に費って、初めて我々人間の眼にぴかりと映る。これだけのことを考えても、いかに空間の広く天体の宏大なるかが推し測られる。

その広大のなかに小さな我れ一人である。そう思うと、ほとんどどうも、我れ、我れというが、自然と消えてなくなってしまうというようなありさまである。こういうように、いろいろの方面から我れというものを考えてみると、実に不安でたまらない。一刻も安んじていることができないのである。

その点について、仏は生老病死の四苦ということを説かれている。なお、八苦ということもあるが、それは他の時にお話しすることにする。四苦というのは、すなわち「生れる、年が寄る、病気になる、死ぬる」ということであるが、これが必ずしも順序的のものでなく、不規則になって現われ、だんだんにまた倒《さかさ》まになって現われて来る。死ぬるものもあれば生れるものもある。生れては病気になる。死ぬるまた生れる。いろいろこういうものが、しばらくも止まないで現われるのである。お互いの身体がすなわちそうである。今までに素人考えをお話しても、こうして話をしているなかに、頭に通っている血がだんだんに下って、足の尖《さ》きに廻って行く。その足の血がまた背中の方へ上って来て、肩から顎へとついに頭のうえに戻って来る。頭から足の尖きへ、足の尖きから頭へと、こういう工合に血が廻って来るように、人間の生老病死もさまざまに替わって現われ、しばらくも止まらないのである。

けれども、それが間断なく行われているから、いつも相変わらずおめでたいといっているのである。ところが、はたしておめでたいのか、おめでたくないのであるか、それは分からない。そういうようなありさまで、瓜一つ見ても、昨日取ったものが今日は幾ら か伸びている。いつ伸びるともなしに伸びている。頭の毛一本でも短いものが長くなる。いつ長くなるともなしに長くなる。というように、ごく短時間の間でも、移り変わり移り変わりしているけれども、ただそれが間断なく行われているから、気が付かずにいて、昨日の我れは今日の我れ、今日の我れは明日の我れと思っている。

けれども、昨日の我れは今日の我れではない。のみならず、この座に上った時の我れと今の我れとは、違っているといってもよろしい。しかし今日の我れは、昨日の我れのごとくに働いているから、同じものが働いていているように思うけれども、それは、多少の学問的の眼を通して見、または宗教的の考えを加えて眺めて見ると、ほとんど常なり一なり主宰なりということが、事実において行われていない。いったんこれに気付くと、ここに不安の念が起こって来る。不安の念が起こって来ると、一日も安んじていることができない。どうしたらこの境涯を脱することができるか、禍を転じて福となすには、それはどうすればいいか。そこに懐疑の念が生じてくる。それが哲理である。人間は不自由であるから、自由を得たい。我れは不完全であるから、どうしても完全を見出したい。我れは相対的であるから、あくまで絶対を見出したい。我れは目前的の心のあるものであるから、永久不変のものを求めたい。それが思うに、宗教が世のなかにできる、でき初めであろうと思う。

宗教の世のなかに出て来たのは、そういうふうに人間の自覚から出て来たものらしい。それが表面から見ると、仏教とか耶蘇教とか回教とか、余計なものを宗教家が作って、無理強いに勧めるというようなありさまであるけれども、しかしながら、決して無理強いはできない。もともと人間の要求から起こってきたもので、自然の発生である。譬えば、火をもって木に向けると、木は元より焼けるべき性質をもっているから、すぐ焼ける。火をもって石に付けようとしても、これは燃えない。石に燃えるべき性質がないからである。さらに火をもって水に付けようとすると、ある化学作用によっては付くかもしれない。いろいろの作用があるから、場合によっては付くかもしれない。しかし普通は、水のなかに火を付けようとしても、付かないのみならず、火は消えてしまうというようなものである。

我々人間と宗教の関係もそのごとくで、決して我が心のなかにないものを、それを外から持って来て植え付けようとしても、できるものではない。その実、宗教心というものを元来、我々はもっている。もっていながら、それを自覚しているかどうか。ただ浮か浮かとして過ごしているが、今もいう通り、自分の身体を調べ心を調べてみて、そこに一種の自覚が生じなければならない。ただそれだけのことである。

こういう話でだいぶ時間が過ぎたから、今日はいまだ普門品に這入《はい》ることができません。よってまず観世音菩薩ということについてちょっと申し上げておく。観世音菩薩という方は、どこにお生まれになって、どういうご経歴があるか。こういうことは、経文の上から歴史的事実を調べ、または経文の伝説的事実についてお話すると、観音菩薩という方は、大悲心陀羅尼経を初め、荘厳経、悲華経、思益経その他の経文によって、ほぼそのご出所を明らかにすることができる。しかして、金光明経に出たところの正法明如来という仏であらせられたということである。そういうところも書物によって明らかになってはいるが、そのことは専門家の研究に属すべきことであって、今日ここで詳しく申し上げる必要はない。ただ一、二の点をちょっと申し上げておく。

正法明如来という高い如来の位にあるお方が、どうして観世音菩薩という低い菩薩の位をもって呼ばれているかというに、高い如来のままでは、もれなく一切の衆生を済度することができないから、下化衆生のために、自からへり下って、高い如来の位から菩薩という低い位にお就きになったのである。その時に観世音菩薩という名が付いて、この世に現われてお出でになったと、経文にそう載っております。

それからもう一つは、現在活きた観音はどこにお出でになるかというと、今も申し上げた通り、だんだん人間が真面目な考えを起こしてくるというと、不安、懐疑、煩悶、そういうことにおちいって、どうしても安心を求めなければならないということに気が付いてくる。そうなった時には、すこし観音ということが心の内に現われてくるかもしれない。言わば観音の光――影法師くらいは認めるようになると思うのである。というのは、観音菩薩は一言で何であるかというならば、与楽抜苦《よらくばっく》という御身であるとしてある。与楽は文字の通りで楽を与えること、抜苦は苦を抜くことであって、一口にいうと、観音ということは、我々にこの苦しみを抜き、楽しみを与えてやろうということになる。これがすなわち観音ということの解釈である。経文にはそういってある。我々が不安、懐疑、煩悶のきわみ、安心を求めるという時になると、自然に心のなかにあって、何らか光り、影法師というようなものを認めることになる。

私はそれについてこういうことを言ってみたいと思う。世のなかに――事柄はだいぶ隔たっていることのようであるけれども――酒のことについてこういう言がある。一杯、人、酒を飲む。二杯、酒、酒を飲む。三杯、酒、人を飲むということがある。ちょっと奇抜なことを言ったものである。そういうような口調で私に言わせるというと、もしこのところに人あって観音経を読むというならば、一読、口、経を読む。こういうふうに、ってよろしい。二読、身、経を読む。こういってもよろしかろう。三読、心、経を読む。こういう口と身体と、しかして心とに引き分けてもよろしかろう。こういう工合になってくると、まず経文にある観音は、もともとどこからお出ましになるかといえば、人間は銘々に厭でも応でも観音の大慈大悲のなかにあるということに気が付いてくる。観音を信じない、仏教は嫌いである、だいたい坊さんが気に喰わない、信じていることに疎なことがない、というようなことを云って、自分に信じるとか信じないとかいっても、それはちょうど小さな魚が水のなかにいて、水を忘れているようなもので、水が嫌いだとか何とかいっても、だいたい水のなかに遊泳しているのである。我れと仏教と少しも関係がないといっても、銘々の心のなかには、一つの生きた観音があるのである。

こういうことに気が付いた以上は、我々はもともと観音の温かき大悲の光りに包まれ、抜苦与楽という同情の懐ろのなかに、安眠していたということが分かってくる。「雲霽れて後の光と思うな よ もとより空に有明の月」である。であるからして、もうこれからは観音経を読むといっても、最初のうちは口に読んでみる。私も子供の時のことを考えると、始めこの経を習う時分には、わけの分からないことを、ただ師匠から教えられたまま読んでいた。心では何の一向に自覚したことも、気付いたこともなく、何がなしに読んでいた。けれども、そこに知らず知らずの間に、観音の感化を受け初めたのであります。

——身で読むということになると、観音の大慈大悲の心を我が心にして、これを身に行うのである。口、経を読む時分は、邪悪の念はまだ断ち去ることができないのであるが、いやしくも身体に読む場合になると、すなわち観音の心を我が心にして読むと、決して悪い恐ろしいことはできないことになる。自然と立派な行いになるのである。

——次に心で読む場合になれば、我々が一念の心のうえに、観音様の万徳円満なお姿が生々として現われ来る。これを堅い言葉に直していうと、まず第一に主観的観音で、我が心すなわち観世音なりと、こういう心が起こって初めてその光を認めてくると、貪欲、瞋恚、愚癡というようなものが、自ずから消え失せてしまう。我が心の本体はなにか。観音すなわち、我が心の本体である。こういう工合に観るのは、言わば主観的の眺め方であります。

客観的に眺めてみると、この天地間に満つるところの森羅万象、一切の万物は、物として観音の現われにあらざるものなしということになる。こうなると、どこへ行くにも帰るにも、ところとして観音の浄土ならざるはなしである。これは客観的に見たのであります。

けれども、主観とか客観とかいうことは、よく学者たちが使う言葉であるが、つまり総てのものが観音であるのであります。我々は平生、主とか客とか、我れとか彼れとかの別を立てるのであるけれども、真実、悟りの眼、心の眼をもってこれを見る時においては、主観もなければ客観もなく、三千世界ただこれ一個の観音である。総てこれ一巻の観音経である。南無大慈大悲観世音菩薩と称えるよりほかはない。

こういうような観音を、一つ我々の頭に刻んでおいて、さてそれからだんだん経文に這入ってお話をしたならば、親しく観音に接して、寝ても起きても観音の光のうちを出ない。することなすこと、観音の慈悲を外れないということになると信ずるのであります。初めに一言お断りしたように、今日は大約この辺に止めておいて、この次から親しく本についてお話したいと思う。

なおこれは私の願いでありますが、今ここでそう申し上げてよいか悪いか分からないけれども、会員方のなかで、普門品は字数も大したものでないから、お暇があったならば、少しずつそれを書いて、口でよくよく読んでいただきたい。なおお暇があったならば、全部書いてくだすって、それはいつまでという限りはないのであるが、できあがったならば、それを私が集めて、一つところに納めたいと思う。これが私の願いであります。

じつは現今私の住している寺に、たいそうありがたい観音が安置されてありますので、それにはいろいろ由来もありますが、他日その写経が少しずつでもできあがったならば、そのところに納めて、それを因縁にして自利利他の修養をなしたならば、講釈だけでなしに、多少事実に現われて行くことになるので、たいへん結構なことと思う。一言思い出したことをご披露しておきます。今日はこれで散会にします。

観音経講話第一回

無上甚深微妙法。百千万劫難遭遇。我今見聞得受持。願解如来真実義。

〔和訓〕無上甚深《じんじん》微妙《みみょう》の法は、百千万劫《ごう》にも相い遇《あ》うこと難《かた》し。我今見聞《けんもん》し受持することを得たり。願わくは如来の真実義を解《げ》したてまつらん。

〔講話〕今日よりして、観音経を拝読して、お話をいたすのでありますが、その前にあらかじめ一言お注意《ことわり》しておきますが、書物の講釈には種々しようのありますもので、単に学生とか修行者とかいう人にお話するのならば、ある場合には、むつかしい熟語とか漢洋《たこく》の言葉などを用いなければならぬともありますが、この席にはそういう必要はなかろうと思う。相いなるべくは、お互いが平素打ち解けてお話をするように、ごく平易に、ごく心易くお話をしたほうが、あるいはよかろうと思う。

それに、私も随分多忙に暮らしていて、いろいろ参考にいたしたい書物も心得のために別に書き付けはしておいたが、それを今一々調べている暇《いとま》がない。よってこのたびは、私が知ったというよりも、むしろ信じたという側《がわ》でお話をいたしてみたいと思うのでありますから、そのおつもりでお聴きくださることをお願い申します。

それで今日は、そう時間もありませぬから、最初の標題くらいでお話が終わるであろうと思う。それについても、一言ご相談申し上げておきたいことは、こういうお話をする不肖の私と、またお聴きになる貴女方《あなたがた》とがお互いに最初にこういう観念《こころもち》を持っていたならばよかろうと思う。それはどういう観念《こころもち》かと申すと、我々はぜんたい何の現われであろう。と、こう第一に自問自答をしてみるのである。すると直きに答えができるであろうと思う。

我々は年長けたるも幼きも、貴きも賎しきも、皆な押しなべて観世音菩薩の現われである。こういう言わば自信といって、一つの観念《こころもち》を最初に判然と自分の心に据えておいて、それから徐々としてお話をしてみたり、聞いていていただいたりしたならば、親しく相接触《あいせっしょく》するところがあるに相違ない。

いわゆる感応道交といって、総《すべ》てこういうお話になると、むしろ理屈とか一種の学問とかいうものは迂遠である、直ちに自分の麗しい、かつ最も清らかなる感情で、最も直感的に、直覚的に、観世音菩薩と我々とが親しく相一致《あいいっち》しているものであるということを観念しておかないと、ただ面白いお話をしたとか聞いたとかいって、せっかくのお話も単に一場の談話に終ってしまうだろうと思う。ところが、考えようによって、私自身が観世音菩薩の現われである。と、こう自覚してみる。

多くの人のうちには、それは坊さんの側《がわ》からそういうのであろう、仏教の見るところはそうでもあろうけれども、我々は人間であって、観音の現われではない、とこう思う人もあるかもしれない。しかし、私に云わせると、どうしても我々は観世音菩薩の現われであると、明らかに云い得ると思う。それは何故かというに、段々、経文の中に這入《はい》って行くと詳しく分かるのであるが、だいたい観音というのは、観音すなわち慈悲と智慧と、そして勇猛心のこの三つの現われである。

この慈悲といい智慧といい、勇猛心、もしくは道義心というものは、世間、儒教などでは智仁勇などとも云っているが、観音はすなわちそれの現われであります。つまり観世音菩薩は、種々、経文のなかにある通り、「十方国土の中《うち》に、刹《せつ》として身を現わさずということなし」で、十方世界は総て観音の領分のようなもので、何処《どこ》にも身を現わさないということはない、ということが説いてある。

それから段々、這入って行くと、「慈眼《じげん》視衆生」、すなわち慈悲の眼をもって衆生を視《み》ると、「福聚《ふくじゅ》海の如く無量なり」と。こういう言葉もある。こういうことは何処から言い得るかというと、観音の説法は、すなわち大慈大悲の教えで、丁寧にいうならば、与楽抜苦、苦しみを抜いて楽しみを与えるということに外ならないのでありますが。

それは、独り向こうに崇め尊んでいる一つの観世音菩薩のみならずして、我れ自身の内容を叩いてみると、やはり我々は、もとより生まれながらにして大慈悲心をもっているのである。この大慈悲心をもって我々が生まれているということは、私は決して無理な言い分ではなかろうと信ずる。それならば慈悲ばかりかというと、同時に仏もしくは菩薩であります。それであるから、経文のなかにも詳しくいってあるが、「智慧は諸々の闇を破り、光明は世間を照らすところの仏」である。この言葉が現に経文のなかに出ております。

すなわち、観世音菩薩は一面から見ると、また大智慧の根本であります。この大智慧というものは、決して他所《よそ》から借りて来たものではなくて、我々が生まれながらに備えているものである。しかして、さらにまた一面には、勇猛心――これも経文に詳しくいってあるけれども、どういう戦いでも、どういう急な難儀の場合が生じても、「能施無畏《のうせむい》」で、現に経文のなかにあります。

こういう点から見ると、観世音菩薩はすなわち、勇猛心または道義心と呼んでもよかろうと思う。あるいは、今日の学校などで普通にいうところの言葉で申すと、明らかなる智慧、美《うる》わしき感情、しかして堅固なるところの意思の力ということになる。こういうものは誰から授かったというものではなく、皆な自分自身の内容に備えているところのものである。こういうことから、道理上から見ても、信仰上から見ても、我れすなわち観音の現われであるということに、どうしても立ち戻らなくてはならないことと思う。

そういう意味からして、先ず経文のお話をするにも、それを聴いてくださる上においても、常に我れは観音の現われである。少なくとも、我れは観世音菩薩の片割れである、と、こういう自信を持っていていただきたいので、広い義理からいうと、こういう意味の感じというものは、決して仏教の独り私《わたくし》するところではなくて、どの教えにも通じてあるべきものと思われるのである。こう一つ根本をきめておいて、それから聴いていただくならばありがたいと思う。

さて、観世音のことについては、印度における歴史があり、中国における歴史もあるが、むしろそれらは後廻しにしてお話した方がよいかもしれない。それで日本における観世音の始めというのは、ご承知でもあろうけれども、ちょうど推古朝といってよいのである。その推古朝あたりにおいて、すでに観音が信仰の標的として現われているのであるが、それからして観音の教化が、上は王公より下は士庶人に至るまで行われておったということは、歴史上に明らかであります。

その推古朝における聖徳太子が、自《みず》から我れは観音の化身であると自信せられておりますそのさまは、よく絵などにも描いてあるが、もし天下の一大事なりと思われる時は、必ず夢殿に立て籠られて、いわゆる深入禅定中において、親しく観世音から教えを受けて、そしてそれを経綸の上に行われたと云うことである。その時、聖徳太子の御一心が、ご自身に観音におなりなされて、感応道交の妙境に達せられたものであろう。

それから奈良朝、特に聖武天皇の時に、光明皇后などは、熱心なる仏教信者であらせられて、なかんずく観音菩薩をご信仰になりました。その光明皇后のご事蹟などでも、皆な書物に現われているから、たいがいはご承知でもあろうが、観音の慈悲をご自身に体しなされて、あらゆる善根功徳を行われたのである。奈良朝の時代は、上下を通じて観音を信ずるようになり、また宗派の区別もなく、各宗いずれも観音を信ずるというありさまでありました。

かくて奈良朝から平安朝に移って来ると、いよいよますます観音信仰が盛んに行われております。それであるから京都の清水のごときは、田村将軍の発願《ほつがん》によって、かのような荘厳なる大伽藍が建てられ、今日まで数多《あまた》の善き因縁を結んでおります。花山法皇は観音のご信仰がまことに深くあらせられて、三十三ヶ所の霊場を取り立てられました。よく田舎でも都会でも、ご詠歌と称して謡う歌がありますが、あれは花山法皇の御製《ぎょせい》であると伝えられております。果たしてそれが本当であるかどうかは、調べてみないから分かりませぬが、そう言い伝えられているのである。

そして、法皇御自から巡礼として、観音の霊場をお廻りになったというようなありさまで、それから数百千年の今日に至るまで、とにかく観音の信仰ということは、ほとんど万人の精神を支配したといってよい。少なくとも日本人の精神は、あたかも地中に水の行きわたっておるがごとくに、この信仰心が瀰蔓《みまん》して、宗派の異同も何もあったものではない。

現世、未来と仮りに二つに分けていうならば、未来よりも現世において、皆な安心ができるというのが観音の本願である。現世に安心しなければ、未来の安心は覚束《おぼつか》ない。むしろ現世を先きにして、心を浄め安んじて楽しみを受けさせたい。そして心と同時に肉身――霊とともに肉、これを同時に余さず洩らさず救い上げたいというのが、観音の本願である。

そういうぐあいに思ってみると、我々は観音と何らかの因縁があり、関係があるごとくに考えられる、すなわち、だんだん考えてみると、我々は智慧の現われ、慈悲の現われ、また意思の力の現われであると、どうしても信じなければならないことになる。こういうところが宗教の極めて大切なところで、そういう自信があるならば、いやしくも観音の慈悲の現われなる人間として、間違った邪しまな、ましていわんや罪悪を作るということには、どうしても心が向けられなくなる、これがありがたいところである。そういうつもりでこの講話を聴いていただけばなおさらありがたい。

妙法蓮華経。観世音菩薩。普門品第二十五。

妙法蓮華経観世音菩薩普門品《ふもんぼん》第二十五、これが標題であります。

この字義もむつかしく講釈すれば際限のないことであるが、今日この席ではそういう必要はなかろうと思う。なるべく一通り簡単にお話するつもりである。なにぶん平生、貴女方《あなたがた》のお使いになる言葉とは違って、縁遠いことのようにも思われるかもしれませんが、ともかく順序として、初めの妙法蓮華経の五字の字義から申し上げてみよう。

妙の字は説文的に解釈すると、女偏に少ないと、こう書いてある。何事でも言葉の届かぬところに至ると、ああ妙だと、何時《いつ》でも使う字であります。妙の字は今もいう通り、説文的にいうと少《わか》い女ということであるが、それについて、昔、有名な歌がある。「妙の字は少《わか》い女の縺《もつ》れ髪、結うにいわれず解くにとかれず」。これはよく妙の字を解釈していると云われている。そういうようなありさまで、妙の字は我々の言葉の及ばないところで、讃歎したところから発するところの文字である。

ああ妙だ。ちょうど初めて松島へ行ってその風景をどう感じたかというと、歌詠み、俳諧師、詩人、文人と色々、行ったけれども、何と松島の景色を形容してもよくその真を言いあらわすことができない。そこで讃歎のあまり、かの俳人、貞室は「松島やああ松島や松島や」と詠んだ。これもやはり妙の字である。段々と云おう云おうと心に練ってみると、しまいにはそれより外に言いようがないのである。

吉野は花の名所で、親しく一目千本の爛漫たる景色を眺めては、これも何といってよいか言葉がないから、まことに「これはこれはとばかり花の吉野山」。詩に作ってもやはりそうである。古人の「廬山の真面目《しんめんもく》を識《し》らざることは、只《ただ》、身の此の山中に在《あ》るに縁《よ》る」。故に妙の字は、とうてい言葉で言い現わせないところの心を現わす文字である。その字義であるから妙法というのであります。

次に法の字は、大変広い意味をもっているが、一口にいうと「のり」ということである。仏教では世間の言葉で物というのに、多く法の字を使っている。言うまでもなく、物あれば必ず法《のり》ありで、大は天地より小は微塵に至るまで、いやしくも形を現わしたものには、必ず法則が備わっているのである。ちょっと心なくして眺めると、水の上に泡が浮かんだように、ただ目にいっぱい口にいっぱい色々、物質的のものが、姿、形を漠然と現わしているように思われるけれども、一種の学問上、いな、もう一つ進んで宗教上の意味から眺めてみると、はなはだ妙である。

法の字は物ということに平たくいっているが、その物には如何なる法があるかと、ずっと眼を放って天体を眺めて見ると、太陽系統、星、地球等の間に、求心力であるとか、遠心力であるとか、種々そこに法則が備わっておって、地球一つでも、ぼんやりと存在しているようにみえるけれども、決してそうではなく、色々、緻密な法則が行われているのである。

その関係、物と物とが段々に繋がっているありさまは、例えば、限りなき鎖がどこまでも果てしなく、過去未来、無限にずっと引っ張られているようなものである。縦に時間の上から考えると、そう思われるし、横に場所の上から考えると、無限大の網を拡げたようなものである。そこにもごく緻密なる厳正なる因果の法則が行われておって、山が聳《そび》えておるといっても、ただ空しく聳えているのではなく、川が流れているといっても、ぼんやり流れているのではない。火の燃え上がるのも水の低きにつくのも、皆な一々法則があるので、誰が何とすることもできない確かな法が、そこに行われているのである。

それを仏教ではいろいろの換え言葉があって、あるいは真如といい、あるいは菩提といい、あるいは実相といい、一々算《かぞ》えてくると煩わしいくらいであるが、世間の人の目にはその名の多いのに眩惑されて、何か異なったもののように思うけれども、名に迷わずして、実について見るときには一つである。一つの大法がどこまでも無限に行われているのである。儒者は至誠息むことなし、といっている。今、妙法もその通りで、息むことなくして行われているのである。

なぜそれならば、法の上に妙の字を付けたかというと、実にそれが奇々妙々、言葉に言い尽くせないからである、誰やらの俳句に、「ありと見てなきは常なり水の月」というのがある。今、水にきらりと映っている月、月の姿には違いないけれども、手を伸ばして捉えようとすると、月影であるから何も留《と》まらない。しかし、見ようによっては、これを裏にして「なしと見てあるは常なり水の月」ということもできる。

この世界というものは、決して一方に偏することができないものである。ただ一方にのみありというと、大変、片寄《かたよ》ることになる。ありといえばあるが、同時にないということもできる。平等ということもできるが、同時に差別ということもできる。その実は有ではなく無でなく、有でないでもなく無でないでもなく、いわゆる四句を離れ百非を絶してと云うとちとむつかしくなるが、畢竟《つまり》は実に真空であって、跡も形も留まらないものである。

真空無相という言葉が仏教にある。一言、注意しておくが、真空とは何もないということではない。真即空で、真実それ自身が空であるのである。我々は誠《まことまこと》々と平生言うけれども、誠とは何であるかというと、肉眼で見れば何も見えないものである。けれども、どうしても千古万古を打ち貫ぬいて、決して変わらないところのものである。

「年毎に咲くや吉野の山桜　木を割りて見よ花のありかは」。これは昔から言いふるした歌ではあるが、あの冬枯れの木の中にちゃんと麗しき花が包まれてあるかというに、何の跡も形もないのである。世間の人は形の見えないものは真実でないと思っているが、こういうことは、仏教では真空といい、妙有といい、真実は空なると同時にまた有である。そこをどう言い現わしてよいか分からないから、古人は真空妙有といっている。

さて、そういうふうに学問的に言えば限りもないが、いったいこの妙法というは、言句や理屈にあてがうべきものでない。花は眺むべし、折るべからず。鳥は聞くべし、捕らうべからず。妙法は味わうべし、論ずべからずである。すべて真理の極致は無言で会得しなければならぬ、孟子も「曰く言い難し」と言ったのはここである。

さりながら、一般の人には何か妙法の表象とするものが必要であるところから、しばらくそれを人格化して、仏様とか神様とか、または今の観音菩薩とか申すのである。我々はこの妙法があるから、安心すべき地盤があるのである。この妙法というものを認めなければ、吾人《ごじん》の生活は、ただ物質上の営み、ただ肉体上の働きだけで、その乾燥無味なるありさまは、まことに情けないものである。

そもそも我等の身体の健康は、象や牛などには及びもつかない、目は鷹、鴟鳥《しちょう》には及ばない。鼻は猫や犬などの鋭敏には敵わない。そういうふうに較べてみると、自からは万物の霊長などというけれども、すこぶる覚束ないものである。しからば、精神作用はどうかと云うに、これもすこぶる怪しい。どんな聖人でも、ちょっと前《さき》のことは分からない。ただ学問だけ理屈だけでは妙法は分からない。そこで我等は一つの別天地を開かねばならない。ここにおいて始めて宗教上の真実の信仰が大切になってくる。その妙法を仏は譬えをもってお示しになったが、それが、すなわち蓮華である。

蓮華というものは、その道の学者の説によると、蓮華は華果同時といって、花と実とが一緒にできるといっている。なるほど、蓮華がそろそろ咲こうかという時に、よく見るとちゃんと実がなっている。たいていのものは、花が落ちて実がなるが、蓮華は華が咲くのと実るのとが同時である。妙法はその意味に譬えられているのである。

この妙法というものは、今、仏になっても、菩薩になっても——また垢の凡夫でも少しも増減はない。我が一念信仰の萌《きざ》した時、その時が直に成仏得脱した時である。尋常修行の順序から云うと、一念信仰を起して後《の》ち、五十二位の階級を経て、そろそろと仏の位に登るのが当たり前である。しかるにこの妙法を標榜する大乗の立場から云うと、我々の一念発起したその時がすなわち、仏の活現せられた時で、東海道を旅行でもするように、五十三次、次へ次へと宿々《しゅくしゅく》を追うて行くのではない。

純円独妙なる法華経の地位から眺めると、一念の心を向けた時がすなわち、成仏得脱した時である。また妙法蓮華は、原因結果であって、仏は結果で我々衆生は原因である。こういうことも言い得る。かくのごとくに、凡夫心のなかにも、具足円満なる仏の法がある。

しかしながらそれは、一念信仰を起してみないと、それを認めることができない。要するに妙法というものは、あたかも蓮華の華果同時なるがごときものであって、仏のなかに衆生を含み、衆生の中に仏を包むという妙体であるから、蓮華をもって譬えたのである。妙法蓮華経というは、ご承知の通り、一《ひ》と口に法華経と称している。その経の字の意味は「つね」である。真理は常である。いかに世が革《あらた》まるも、真理は常に変わるものではない、と云う義である。要するに、宇宙万象一切の物は、皆この妙法蓮華経の題目であるただ一念の信仰によりこの妙法を味わうことができる。その外、色々の義理がありますが、学者の講釈になるから、今は略しておきます。

その妙法蓮華経には、いろいろ翻訳があるけれども、多く用いられているのは、八巻ほどに分かれているものである。その法華経のなかに、普門品第二十五というのは、法華経八巻のなかには、いったい二十八品といって、二十八章に分かれている。その二十八章のなかの順番からいうと、この普門品は二十五番目に当たるから、それで二十五という字が書いてある。やはりこれは法華経の一部である。

その妙法蓮華経のなかに、観世音菩薩とあるが、このことは前申し上げておいたから今はただ字義だけをお話しする。観世音ということは、世音を観ずる、と、こういうのである。世間の音声を観ずるということである。観とは心で明らかに物を見る。その場合に使う字が観である。等しく見ると言うても、肉の目で見るのと心の上で見るのと区別があるが、この心で見るのが「観」である。

それから観音はどうして観音という名を得たかというと、そのいわれは、一切世間の音声を観じて、そして慈悲方便を施すということからでてきているのである。元来、菩薩と云うものは、眼の発達した人には眼の方から教え、鼻の鋭敏なものには鼻の方から教えるというぐあいに、種々、善巧方便《ぜんこうほうべん》を施されるのである。この観世音は、耳の方から一切衆生を導く、と、こういうことになる。

これは楞厳経《りょうごんきょう》に出ていることであるが、娑婆の教体は音聞《おんもん》より始まるということがある。この娑婆世界の衆生は五根のなかでも、耳が一番鋭いから、その方から法を説いたならば、よく了解ができるというので、この耳根円通《じこんえんつう》によって耳で見、目で聞くと云うありがたいことを教えられたのである。

なかんずく、今、人あって、南無大慈大悲観世音と一心不乱に唱えると、観音はどこにでもおいでになるから、その声に応じて、響きの声に応ずるがごとく、または人の門に立って扉を叩けば、うちから直ちに答えをするがごとく、即座に身を現わして、人々を済度なされるのである。ちょうど幼い小供が走ってきて、お母さんというと、親は無意識的に後ろを振り向き、直に手を出して伴《つ》れて行くようなありさまで、今、観音の大慈大悲の本願として、世間の衆生を救済しようというところから見ると、どこから現われるということもなく、世間の音声すなわち、観音の御名を唱えるものがあれば、直ちに身を現わして済度なされようというのである。

世間体に言えば、見るのは眼の役目、聞くのは耳の役目というふうにきまっている。しかるに心の上で観ずると、人の呼んだ声が耳から這入ろうと、目から這入ろうと、何れの門から這入っても、大慈大悲の懐に融通されてしまうのである。

例えば川の水であるが、大なる川、小なる川、あるいは清く、あるいは濁り、色々の違いがあるけれども、ひとたび大海に到ってしまうと、これは隅田川の水だとか、利根川の水だとか、議論をする余地はない。皆な一様に大海の水である。それと同じく、眼から這入っても、耳から這入っても、円通という境涯に至ると、ずっと融解されてしまうのである。観世音菩薩――菩薩ということは皆な人の口にすることで、詳しい講釈は今は略して、だいたい菩薩は大心衆生といって、大きい心の人ということである。すなわち、自分を棄てても、人を救うという大なる心をもっているというのである。故に利他の願心をもっている人々は、僧でも俗でも、皆な菩薩に違いないのである。

次に普門品。普は「あまねく」、門は家の入り口の門《かど》、これも学問的に講釈するには及ばないが、しかしここに一つの門があるから、ぜひともその門から這入って行かねばならないと、そういうふうに限られたわけではない。どの門からでもよい。その意味がすなわち普門である。観音が衆生を済度するといっても、種々の門が開かれてあって、例えば眼門とか耳門とか、どの門から這入っても、直に手を取って安楽の世界に到らしめようというお思召《ぼしめし》である。門はつまり方便で、済度の方法が数多《あまた》あるというので、普門という。観音が衆生を済度しようとして、応病与薬、その方便手段がいろいろあるのをいうのである。

現に普門品には三十二身といって、例えば婦人が出て来ると、観音が婦人の身となって現われる。幼い小供が出て来ると、また小供の身となって現われる。我々でもそうである。私は常に種々の人に出逢うけれども、婦人に逢えば、やはり婦人の心持ちになる。わざわざそうするのではないけれども、ちょうど鏡と鏡と照らし合うようなもので、花が目の前に来た時には、紅と映り、柳が来た時には緑になる。それが当たり前であろうと思う。

私は謙遜して観音の片割れというのではない。自然に観音にならねばならぬと思う。来た人に応じてそれ相応に現われて、道を説かなければならない。優しい婦人に対して、議論を吹っ掛けたところで応ずるものではない。男子の態度で、肩を怒らして応接しては、婦人を説くことはできないものである。ただ表面から見ると、坊さんはただ坊さんの形であるようであるけれども、意生身《いしょうしん》のその上から見ると、私どものようなつまらないものでも、一日の間には、色々に早変わりをして、一人の坊さんではない、婦人になって逢うこともあれば、子供になって逢うこともある。貴きにも賎しきにも、その時々によって変わる。そこは無位無官の坊さんのありがたいところで、私は常に自身に感謝している。

観音の三十二の化身というけれども、それは大数を挙げたまでで、三十二には限らないのである。百千万億無量無辺にお姿を現わして、どうぞして数多《あまた》の人のため、世のために利益になるようにと本願をお立てになったのである。妙法蓮華経普門品は、観世音菩薩のお働きになる数多の門戸を開いたものである。その慈悲方便を説かれたところのお経である。普門品の品の字は類と同じである。世間で称するところの品類と熟字する文字であります。

観音経講話第二回

爾時無尽意菩薩。即従座起。偏袒右肩。合掌向仏。而作是言。世尊。観世音菩薩。以何因縁。名観世音。

仏告無尽意菩薩。善男子。若有無量。百千万億衆生。受諸苦悩。聞是観世音菩薩。一心称名。観世音菩薩。即時観其音声。皆得解脱。

［和訓］爾《そ》の時に、無尽《むじん》意《に》菩薩、即ち座より起《た》ちて、偏《ひとえ》に右の肩を袒《はだぬ》き、合掌して仏に向って、是の言《ことば》を作《な》す。世尊、観世音菩薩は何の因縁を以てか観世音と名づくるや。仏、無尽意菩薩に告げ玉《たま》わく、善男子《ぜんなんし》、若し無量百千万億の衆生あって、諸々の苦悩を受けんに、是《こ》の観世音菩薩を聞いて、一心に観世音菩薩を称《しょう》名《みょう》すれば、即時に其の音声《おんじょう》を観じて、皆《みな》解脱することを得ん。

［講話］それで今日《こんにち》より、普門品の本文に這入《はい》ってお話をいたします。「爾の時に無尽意菩薩」。……たいてい我々が経文《きょうもん》を見ると、いずれの経文でも、皆な「爾《そ》の時に」ということが一番最初に出ております。

爾時《にじ》仏在云々ということが、たいていどの経文にも書いてあります。一口に読んでしまえば、爾時はその時であるけれども、もう少し詳しくいってみると、その時というのは、この前をちょっと受けている。それは法華経の本文へ這入《はい》ってみると――この普門品は第二十五番目であるが、その前の二十四番目において、妙音品《みょうおんぼん》というのがあって、妙音菩薩が自分の得たところを、仏の前に詳しく話している。それが終わって、それからこの無尽意菩薩がお話をすると、こうなってきたその時、その時を指して、爾の時というのが事相《じそう》上の解釈――事実の上の解釈である。

総《すべ》て経文の解釈には、事釈《じしゃく》とて事実の上の解釈と、観心釈《かんじんしゃく》といって、精神的に我が心を主として解釈する、という二通りの方法がある。

そこで、この爾時《そのとき》というのは、我々が転迷開悟《てんめいかいご》といって、迷いを転じて悟りを開くその時を指すというのもある。あるいは、離苦得楽《りくとくらく》、苦しみを離れて楽しみを得るその時、あるいは、止悪修善《しあくしゅぜん》、悪しきことを止めて善きことを修めるその時、こういう工合に色々にいっているけれども、しかし、そういうふうにむつかしく云わなくても、爾の時というのは、これから先き私がお話をいたすその時である。貴女方《あなたがた》のうちでこれを聴いてみよう、とこういう一念を起こしたその時である。話そう、話されよう、説こう、聴こうと、お互いの心と心とがピッタリと出会うところがすなわち、その時である。こういって差し支えないのであります。

それについて考えてみるに、仏がいよいよ説法登場せられる時分には、いつでも三縁具足《さんえんぐそく》ということがある。三つの因縁がよく具足したところで、始めて法をお説きになる。それにはちゃんと理由がある。ついでだから、この三縁具足ということについて、ちょっと一言説明を加えてみれば、三つの因縁とは何であるか、それがどう和合するかというと、人天《にんてん》の和合、時節《じせつ》の和合、所在《しょざい》の和合、と、こういう三つである。人天というのは、文字の示す通り、人間と天部《てんぶ》。時節は言うまでもなく時のことで、所在とはある所である。もういっぺん平たく言えば、人の和合、時の和合、所の和合、こういう三拍子揃ったところで、始めて貴き光りがそこに現われるのである。

仏と人の和合、――それから我々でも時節到来《じせつとうらい》と云う言葉を、お互いに平生、使っているごとく、時節というものもまた、大切である。しかしそれだけではまだ十分でない。その他いろいろの因縁が和合して、総てが都合よく整ったところで初めて、ある物が成り立つという、そういうありさまである、――人天の和合――仏と人と出会うた時である。そういう場合、説こう、聴こうというその時である――時節というものの利用もまた、大切なことで、時を得なければ、何事も成り立つものではない。

ちょっといってみると、桜の花は美しい。隅田川へ行っても吉野山へ行っても、まことに美しいことであるけれども、時を得なければ、あれだけに美しい花にはならない。古人の歌に、「春来てはみな若葉にそりにける雪いただきし翁草《おきなぐさ》まで」、そんなありさまで……時に会えば枯木も再び花を生ずといわれている。その通り時が来ると、誰が咲かすのでもなく、花が自《おのず》から咲き出すのである。そういうふうに、万事万端《ばんじばんたん》、時が大切である。

処《ところ》ということも、やはり大切である。もしその処を得ないと、せっかくの説法も無駄になる。なるほど、ある場合には、青天井《あおてんじょう》の下でも説法する、天幕的伝道さらに結構であるが、しかし、いつもそればかりでは十分でない。仏の先例を見ると、やはり処を得て説法しておられる。ご存知のごとく、仏はあの通り雪山《せっせん》で六年一日のごとく修行して、それから下山なされて、始めて説法されたのが、有名な鹿野園《ろくやおん》と云う所である。最初ここで説法されたについては、かの憍陳如《きょうじんにょ》等の五比丘《ごびく》に係わる深き因縁のあることであるが、その話は他日に譲ることにする。今でもやはり、処ということが大切である。

お寺がどうとかこうとかいうけれども、お寺という所が最も大切な所である。厳《かた》くいうならば、寺は神聖な場所であるけれども、悲しいかな末世になると、どうも世間ではお寺で説法をすると、たいてい爺さん婆さんだけが命の洗濯にでも出て来るというありさまである。片田舎などでは、説法を聞きながら、昼寝をしたり、煙草をのんだり、または世間話しなどをしている。そんなありさまである。しかのみならず、お寺という所は、ただ何か葬礼をする所とか、祖先にお経でも読むばかりの所のように思っている。それも悪いとはいわないが、そればかりの所のように思うから、寺は神聖な所であるにかかわらず、今は妙なことに変わって来ている。寺が処を得ないというは情けない。

この間も、どこやらへ行ってもいったが、実は寺があるから説法ができるのだ。貴君方《あなたがた》が、時々、寺はめでたくない所、不吉な所と、こういうすらもったいないことである。そこで一つ学校で話をしようとすれば、学校は物を学ぶところであるからして調和しない。公会堂、議事堂、これも何だか店借《たながり》りのような気がする。

しかし、所によっては場所がないために、やむを得ず劇場を利用して説法することもあるが、それには当座、困ることがある。わざとそこに持って行って、本尊の掛け物を掛けるとか何とか、どうも妙でない。劇場で説法のできないはずはないが、かかる所は、本来が娯楽の場所であるから、どうも荘厳《そうごん》の気が出ない。そこへ行った人は娯楽という気が失《う》せないで、真底、身に浸みて法を聴こうとしない。何か知らんが敬虔なる荘厳なる意味が、劇場ではどうしても現われない。これも処を得ないからである。故に処を得るということは、大切なことである。

これは、だいぶ余談にわたったが、何事もそうであろうと思う。事柄は違うであろうけれども、儒書《じゅしょ》を見ても、天の時、地の利、それから人の和ということを重んじている。天の時を得なければならぬ。地の利を得なければならぬ。人の和合を得なければならぬ。こういうことを云っている。人の和合と、そして地の利、天の時、これを得たならば、そこで始めてある仕事が成就するというのであるが、それに違いなかろう。つまり「爾の時」というのは、顔と顔を相対した時、心と心と相接した時、その時を指すとみてよろしい。

「無尽意菩薩、即ち座より起ちて、偏に右の肩を袒き」云々。これまで色々の菩薩が現われたが、無尽意菩薩は、第二十五番目に出られた、これを事相上から考えると——これは東方の不眴国《ふじゅんこく》という国に、普賢如来という仏がある。その普賢如来の補助者として、無尽意菩薩というものがあると、書物に出ておる。その菩薩が千里を遠しとせずして、わざわざ仏の会座へ参って、娑婆《しゃば》世界のために教化《きょうげ》を施そうとせられた、こういうことが事実上の解釈である。

しかしてその無尽意と云う名前は、どんなことを意味するかというに、天台大師《てんだいだいし》の書かれたものを見ると、なかなかむつかしいことが書いてある。それはいわゆる空諦《くうたい》、仮諦《けたい》、中道諦《ちゅうどうたい》と、こういう。この三つの真理が決して尽くることなしというその意味から、無尽意という名前が現われたのである。この天台の三諦三観《さんたいさんかん》のことは、よほどむつかしい理屈であるからお預かりにして、今はただ、妙法をしばらく三つに分けたものと思うてよろしい。

さて無尽意菩薩という方は、どんな菩薩かというと、やはりお互いの身を離れない。初めに申しおいた通り、何でも、貴女方《あなたがた》でも私どもでも総《すべ》て、与楽抜苦《よらくばっく》を行願《ぎょうがん》としている人は、皆なこの無尽意菩薩であると思って少しもさしつかえない。あえて今さら昔の無尽意菩薩の戸籍調べをするにも及びますまい。とにかく我等素地《しらじ》の凡夫でも一念の正信さえあれば、男と云わず女と云わず、皆ことごとく無尽意菩薩の活現したものであります。

菩薩ということは前に申したごとく、人を助けよう、世を利益しようというものは皆な菩薩である。広い意義から云えば、たとえ教えは異っていても、耶蘇《やそ》も大菩薩である。マホメットも孔子も皆な大菩薩である。決して仏教以外のものと見るべきものでない。皆な仏教中の大菩薩の現われである。ひとり孔子、耶蘇、マホメットのみならず、いやしくも大なる心をもって、我を棄てて人のためになろうという心あるものは、総て女の菩薩、男の菩薩である。その境遇や身体は違っておっても、皆な立派な菩薩である。よしどんな裏長屋に住まっているものでも、済世利民《さいせいりみん》の志あるものは、皆な立派な菩薩である。希臘《ギリシア》のディオゲネスとか、唐土の顔回などはそれらの人である。

「爾の時、無尽意菩薩、即ち座より起ちて」とこうある。この語は始終、仏教では最初に出ることであるが、およそ人に物を教えるに、言葉をもってすると身をもってすると、二通りある。座より起つというのは、一見なんでもないように見えるけれども、身をもって教えるのである。畢竟《つまり》ものを言うにも、身体の作法から現わすのであって、すなわち坐っている座から起って、右の肩を袒《はだ》ぬき、掌を合わせて仏に向かって、さていかがでありましょう、と問いだした。偏袒右肩《へんだんうけん》は彼国《かのくに》の最敬礼であります。

これもちょっと見ると、無意味のように見えるけれども、そこにありがたい精神が籠っているのであると、註釈にはそう書いてある。すなわち、座より起ってというは、確《かた》くいってみると、菩薩は諸法皆空《しょほうかいくう》をもって座となすとある。今この目にいっぱい、耳にいっぱい、限りなく羅列しておる諸物《もろもろ》の姿は元来、皆な空である。ただ因縁和合《いんねんわごう》によって露《あら》われておるのである。これをほどいてしまえば一切皆空《いっさいかいくう》である。「引きよせてむすべば柴の扉かな　解くれば元の野原なりけり」の歌の通りである。

けれども、今ここに座を起つというのは、単に座布団から起ってと見ておいてよいのであるが、先きにも云った通り、観心釈ということから見ると、それは菩薩の座っている場所、すなわち一切皆空の座布団から起つ、それでなければ衆生の済度ができないから、それから起ってと、こういう意味になる。

すなわち、何もないという所には座っていないで、そこから起って、偏《ひとえ》に右の肩を袒《はだぬ》き――肩は左右の肩があるが、経文によって観心釈的にいうてみると、左の肩は定《じょう》の現われである。仏教では左右の肩を禅定と智慧の現われであるとしている。すなわち、左の肩は禅定であって、右の肩は智慧である。そこで右の肩を袒くというのは、智慧の光りを発して、しかして衆生を利益して人としての本分を立たせよう。こういう働きの現われである。

これは印度で一般に行わるる礼法である。ことに坊さんの礼法である。今、私の懸けているこの袈裟がすなわちそうである。右を現わして左を蔽っている。何でも自分がへりくだって向こうを崇める時には、印度では今いう意味において必ず、こういう作法を行うのである。偏に右の肩を袒く――こんなことから出たのであるかも知れぬが、人に力を添える時に、一《ひ》と肌脱ごうというようなことを我が国でいっている。しかしそれは詳しく調べたのではないから、断言することはできない。今、無尽意菩薩が右の肩を袒いで、しかして掌《たなごころ》を合わせる。これもやはり彼《か》の国の礼法である。礼法は国によって違う。日本では日本の礼があって、腰を低くして頭を下げる。西洋では親しい間柄では握手をする。最敬礼としては直立不動の姿勢をとる。そういうふうにその国々の礼法が異《ちが》っている。

「合掌して仏に向って、是《こ》の言《ことば》を作す」。合掌すなわち掌を合わせることは、平生《へいぜい》私どもは小供の時から教えられて無意識にやっていたのであるが、これにも大いなる意味がある。古いところはいちいち知らないけれども、仏の以前から合掌の作法があって、何か宗教的の働きを現わす時には皆な合掌したものと見える。ことに仏教での合掌は深い意味のあるところである。吾々《われわれ》はだいたい手が二本あって、細かにいえば指が十本ずつある。この指の十本は、やはり物に例えられているのである。

仏教では十界――この十の世界ということである。すなわち精神界から眺めると、一心の上に十の世界がある。それは仏の世界、次に菩薩の世界、それから声聞《しょうもん》の世界、縁覚《えんがく》の世界、天人の世界、人間の世界、それから阿修羅、畜生、餓鬼、地獄と、こう十である。今はただ名前だけを挙げたのだが、上は光明に充たされている仏の世界から、下は浅ましい餓鬼、畜生、地獄の世界までである。これは世界の地図にはないが、我が心の上にはちゃんと現われている。我々の身体は、昨日今日と変わりはないけれども、心の上からいうと、凡聖同居龍蛇混雑《ぼんしょうどうきょりゅうだこんざつ》で仏もあり菩薩もあり乃至《ないし》餓鬼も畜生も地獄も、ちゃんと我が一念の上に現われている。

「傀儡師《かいらいし》くびに掛けたる人形箱　仏だそうと鬼を出そうと」と古人が歌ったとおりで考えて見ると面白い。これは仏の中に地獄があり、地獄の中に仏があるという意味である。とにかくこの十界というものは、十本の指に例えられているので、この十本の指を合わした形が合掌である。すなわち十の世界を合すれば一心となり、開けば十界となる。そこが面白い。開合自在《かいごうじざい》である。開こうとつぼめようと、どうにもなる。我が一心の向けよう次第である。一つの自分を離れて十の世界があるわけではない。またそれを大きく分けてみると、右左となる。

これもいろいろ別《わ》け方がある。例えば生れると死ぬとで、生死《しょうじ》の二つに別ける。それがこう合わせると、生死一如《しょうじいちにょ》である。生れると死ぬということは、皆なたいていそこに間隔があるように思うけれども、その実、一心から眺めてみると、生と死と一如である。こういうありさまである。また凡聖一如《ぼんしょういちにょ》である。迷いも悟りもない。また父子の二つに分ける。世間的にいうと親と子である。また夫と婦《つま》、夫婦と見ることもできる。分かれては父子となり夫婦となるが、合すれば世間でいうとおり同心一体である。皆なそういう工合で、分ければ二つであるけれども、合わせれば一つである。これがどこまでも教理が貫いている。ゆえにこういう意味において、たとえいっぺん手を合わせるといっても、そこには甚深不可思議《じんじんふかしぎ》なる意味が味わわれてくる。ただ無意味にやるのではない。これは仏教の生れる先からかも知れないが、自然とこうやってきている。悲しい時、嬉しい時、知らず知らず手を合わせるようになっている。浄瑠璃の文句にも、覚悟はよいかというと、両手を合わせて南無阿弥陀仏と唱える。自然の形がこう現われるのである。

ところが、無尽意菩薩、偏に右肩を袒ぬぎて、掌を合わせて、仏に向かって是の言《こと》を作す。これだけが身をもって教えるところである。まだ言葉には何も云っていないのである。仏ということは、たびたび申し上げたように思うが、世間一般には、仏という字がたいへん誤解されている。ひととおりその次第を述べてみることにしましょう。

仏ということは、人生とたいへん縁遠いものとせられている。いったい仏という字を解いてみると、印度では仏陀、支那では覚者、日本では「ほとけ」。ほとけはほどけで、大和風にこういう工合に解している。ほどけまたはほどくというのは、糸をほどく意味であって、「ほとけとは誰が結びけん白糸の　賎《しず》のおだ巻《まき》繰り返し見よ」そういう意味に解されている。——糸の結びをほどくという意味に解されている。固い言葉に直せば転迷開悟である。そういう意味の仏である。

けれどもそのことはとっくの昔に忘れられてしまって、今我々が死んだ人に戒名を付けると、それが仏であるとせられている。何やら信士《しんじ》とか居士《こじ》とかいう名が付いて、始めて仏というようなことになっている。それは露骨にいうと、死んだ人を仏というのは間違っている。死んだ人を仏にする宗旨ならばありがたくない。寺へ寄り付いても面白い場所ではない。仏はたいへん冷たいものである。こういうふうに考えている。ゆえに死んだ時には、あの人も仏になったというようなことをいう。

なるほど死んでも仏になるであろうが生前あらゆる罪悪を犯したものが死ぬと急に仏になるとは論理に合わない。そんなことは小学校の小供でも合点しない。元来、仏には寸分も不吉、不快、不幸、不浄というような意味はないのであるが、それにやはり仏はめでたくないという感情をもっている。神といえばめでたい、仏といえばめでたくないと思っている。たいへんな間違いで、情けないことである。こんなことは論外のことではあるけれども、一言注意しておかなければならない。なおこのことについては、も少しお話しておきたいこともあるが、それは後にいたって、ある必要を認めた時に改めてお話しましょう。

「掌を合わせて仏に向かって、是の言《ことば》を作す。世尊」。――今時どこやらで自《みずか》ら世尊といっておるものがあるということであるが、すこぶる滑稽である。しかし釈迦牟尼仏を世尊というのはそんな僭越なことでない。いやしくも三界《がい》の大導師であるから、人天《にんてん》が崇め尊んで世尊と称したのである。世尊とは三世にわたり、十方を貫いて最貴最尊の人というのである。彼《か》の人格の怪しい者どもが、自《みずか》ら世尊というのは僭越を通り越してかえって滑稽千万である。

もと仏には十の名称があるということで、ご承知でもあろうが、如来、応供《おうぐ》、正偏知《しょうへんち》、明行足《みょうぎょうそく》、善逝《ぜんぜい》、世間解《せけんげ》、調御丈夫《じょうごじょうぶ》、天人師《てんにんし》、仏世尊、とこういうふうにいろいろの名前がある。その十の名前の一つが世尊である。仏には別段に俗的位階とか爵《しゃく》とか、功級《こうきゅう》とか勲等《くんとう》とかというものはないけれども、精神的において十通りの尊号が備わっている。世尊はその一つである。

「世尊よ」とこうここに始めて言葉を発せられた。今までは身体の作法だけである。これが言葉をもって人を教える意味である。ああ世尊よ、とこう呼び奉ったのである。「観世音菩薩は何の因縁を以てか観世音と名づくるや」。最初に観音とは何ぞやという題で、お話をいたしましたけれども、ついでにもういっぺん申し上げてみよう。

世の中の人は、観世音菩薩を知るも知らざるも、日本においてははなはだ因縁が多い。観世音は各宗各派の区別なく、どの宗派でも尊んでいる。日本のみならず、蒙古でも満州でも、西蔵《チベット》または中央支那の大部分にいたるまで、たいてい皆な観音を祀っている。東洋諸国では、観音はどこに行っても、家庭の本尊となっている。そういうふうにたいへん衆生とは、因縁の深いお方である。ゆえに無尽意菩薩はその意味を質《ただ》して、観世音はどういう因縁から観世音と称え奉るのであるか、こういうことを尋ねたのである。やはり世音《せおん》を観じるということは、前回にも申したつもりであるが、これは楞厳経《りょうごんきょう》などを拝読してみると、音《おん》ということを特に挙げている。

例えば目と耳を比較して、音の方から言ってみると、三つを挙げている。どういう三つがあるかというと、通真実《つうしんじつ》、円真実《えんしんじつ》、常真実《じょうしんじつ》と、こう三つで、皆な真実という文字を使っている。なぜ通というならば、目というものは妙なもので、その前に戸が一枚あればもう見えない。障子一枚あっても見えない。けれども、この音声になると、戸がはまっておっても、障子が建っておっても、三、四町隔たっても、または一里ほど離れておっても、坐っていて、諸々の障碍物《しょうがいぶつ》を透《とお》してからに、心に入れることができるのが通真実である。仮りに目と耳とを比較してみると、目の届く所よりも耳の届く所がたいへんに広いのである。

それから円真実とは、我々は上を見ると下が見えない。後ろはもちろん目がないから見えない。右を見れば左が見えない。いずれも片《かた》っ方《ぽう》しか見えないけれども、音《おと》になると、前にある音、後ろにある音、上の音、下の音、右、左、総《すべ》て聴こえて、そのとおり心に入れることができる。ゆえに片寄らないから円真実というのである。それから常真実。これは昨日聴いたことも去年聴いたこともよく覚えている。大人になって聴いたことよりも、小供の時に聴いたことが一番よく耳に残っている。目に見たものは、心に再現せしめることができないではないけれども、覚束《おぼつか》ないことが多い。むしろその方においては、声の方が判然残っている。ゆえに常真実というと、こういうことが挙げられてある。

世音を観じるということは、一切諸々の音声を観じる、――心に観じるのであって、声を聞くよりも声を観《み》るのである。ちょっと悟り臭いけれども、大灯国師であったか、「耳で見て目で聞くならば疑はじ　自《おの》ずからなる檐《のき》の玉水」。こういうことになると、修行した人ならでは受け取りにくいがやはりその意味で、我々が目で物を見るが如く、声で物を認めるのである。そういう意味が観世音の字義にある。ところが、観世音菩薩は何の因縁をもって観世音と名づけたかと仏に尋ねると、「仏、無尽意菩薩に告げ玉《たま》わく、善男子《ぜんなんし》」――善男子とは、世尊の申された言葉である。――仏からは善男子という。無尽意菩薩よ、というところであるけれども、実はこの菩薩が大勢《おおぜい》を代表しておられるのであるから、善男子というのである。むつかしくいうと総《すべ》て疑問には三通りある。一つは不解問《ふげもん》といって、了解ができないから、幾度《いくたび》も問うことがある。次は試験問《しけんもん》といって、ちゃんと向こうを試験しようとして、問うこともある。それから第三には利益有情問《りやくうじょうもん》といって、自分は分かっているにかかわらず、問いを発する。すなわち大勢の人に成り代わって問うのである。ここの無尽意菩薩の問いは、利益有情問の問い方である。

ゆえに仏は告げ玉わく、「善男子、若し無量百千万億《むりょうひゃくせんまんのく》の衆生、諸々の苦悩を受くるならば」、とこうある。百千万億の衆生――衆生ということは、たいていの人は人類ばかりというように思うけれども、決して人類ばかりではない。世界あらゆる所の物、少なくとも生命のあるものは、皆な衆生の中に籠もっている。およそ衆生とは――衆縁和合《しゅえんわごう》によって生ずると云って諸々の因縁の調和によって、ここに現われているものを衆生というのである。その他解釈は種々あるが、要するに、生きとし生けるところのものは皆な衆生である。

ところで、世の中は人類ばかりでないから、こういってもよい。無量百千万億の数限りもない衆生。――この衆生がいろいろの苦悩を受けている。この娑婆世界《しゃばせかい》は堪忍《かんにん》の世界といって、すなわち堪らえ忍ぶ、どこまでも忍ばなければならない。それが挫《くじ》けたならば、世界は苦しいものである。煩苦《はんく》計られざる世界である。その苦しいことを我々は堪えなければならない。忍耐して挫けずに行けよ、とこういうのである。

ところでその苦しいことを、観音経には七難三毒二怖《しちなんさんどくにふ》と、現われている。その七通りの難苦とは、水難、火難、風難、賊難、剣難、囚難《しゅうなん》、悪鬼難《あっきなん》をいうので、そういうことを初めとして、また四苦八苦というようなものがある。すなわち我々には生老病死があり、憎い、欲しい、惜しいといろいろ付き纏った八苦がある。苦しい側《がわ》を数えてみれば、総《すべ》て実に苦しいことばかりである。肉体上の苦しみがたくさんあるのみならず、同時に精神界の苦しみをもっている。

天道は公平無私であって、貴きも賤しきも、肉体上の労苦がなければ精神上の苦痛をもっている。むしろ肉体上に楽をしている人は、精神上の苦痛がなかなか多い。肉体上の苦痛は我々が汽車旅行して通っていてもよく分かるが、例えば炎天《えんてん》乾《ぱ》しになって、泥田の中に蛭《ひる》に噛まれ、汗を拭く間もなく働いている人もある。しかし心は安楽じゃ。同時に精神上において、種々無量の苦痛を持っている富貴の人もある。比較的身体に楽をしている人は、精神上ずいぶん心配に堪えないことがたくさんある。いわゆる天道は人を殺さずで、富める者は心で苦しみ、貧しき者は内に楽しみがある。苦楽寿夭《くらくじゅよう》は貧富貴賎に都合よく埋め合わされているのが面白いではないか。

ところが菩薩は、あらゆる生きとし生けるものが、諸々の苦しみ悩みを受けて転展反側《てんでんはんそく》しているのを憐みたまうのである。「是の観世音菩薩を聞いて、一心に観世音菩薩を称名すれば」――心の苦しみでも身体の苦しみでも、苦しみを感じたならば、直《じき》に南無観世音菩薩と一心に称名するのじゃ、この一心になって称名するところにありがたいことがある。実は世界中どこもかも観世音の慈悲の海でないところはないから、そこへ我《わ》心《が》を向けたならば、観世音菩薩はいつでもその苦しい運命を転じて楽な運命にしてくださることができる。ここらがありがたいところである。

一心という文字は、平生よく使っているが、いったい我々の心は二岐《ぎ》に分かれ易い。善悪とか愛情とか、始終二岐《ふたみち》に分かれたがるから、その時にいろいろのものが衝突して煩悶苦痛を重ねるのである。そこで、一心一向で例えば数ある矢をひと束にするごとくにして、いわゆる「称《とな》うれば我も仏もなかりけり」で南無観世音菩薩、南無観世音菩薩と一心不乱に御名《みな》を称する時においては、観音は即時にその音声を観じて、解脱せしめられるのである。その霊験の実例は古来数多いことであるが今は一つ二宮尊徳翁のことをお話ししよう。

二宮尊徳は、今さらのごとく崇拝するものが多いが、この人は道徳と実業――むしろ農業と道徳とを結び付けてこれを実行せられた点において、確かに崇拝すべき人であると思う。

この人は、もちろん初めは貧しかった。十四歳の時に親戚に婚礼があって、そこに働いたお礼として、二百文ばかりの銭をもらった。それを懐にして、我が家へ帰ろうと、途中、観音堂のある寺へ立ち寄って、堂の下に行儀よく跪《ひざまず》いて、拝礼をしていた。そこへ坊さんが出て来て、お経を清らかな声で読み出した。尊徳はそれを聴きながら拝んでいたが、お経が終わると坊さんに尋ねた。今聴いたお経はかつて聴いたようなお経であるけれども今日は別して心に浸み渡ってありがたく感じました。何というお経であるかと尋ねた。坊さんのいうに、それはお前の平生聴いているのは、棒読みであるが、自分は今訓点を付けて読んだ。それでよくお前の耳にも這入《はい》り、腹へも納まったのであろう。そこで尊徳は、どうかもういっぺんお読みください。ここに十六文のお銭《あし》がある。——先にもらった二百文は、その時いろいろの買物をしたため、今十六文だけ残っている——それを謝恩として献ずるから、どうかもう一度聴かしてくださいと頼んだ。坊さんは繰り返して観音経を読んだ。尊徳はしみじみありがたく感謝して、家へ帰ったという話がある。

こういうようなありさまで、二宮尊徳がその以後、観音経を読誦《どくじゅ》していたかどうかは知らないけれども、その実、親しく観音菩薩の抜苦与楽《ばっくよらく》の精神を自分に体得して、その生涯の歴史は、身をもって観音経を活読し、ほとんど観世音菩薩の化身のごとくに、私《わたくし》を去って公けに就《つ》き、国のため世のために猛進したのは、真の生きた観音の精神を、直《ただち》に我が精神として、しかして働いた人といってよろしい。

ゆえに観音の誓願は未来往生を示されるのではなく、むしろ現世において肉身の我が生きている間において、身体の苦しみと同時に、精神の苦痛も観音の智慧と慈悲との力によって、ことごとく解き除いてやろうと、こういう心のその現われが観音様である。「即時其の音声を観じて皆解脱することを得ん」。人々皆なこの菩薩の御心を吾が心として自利利他《じりりた》の妙行を励まれんことを希望します。

観音経講話第三回

若有持是。観世音菩薩名者。設入大火。火不能焼。由是菩薩。威神力故。若為大水所漂。称其名号。即得浅処。若有百千万億衆生。為求金。銀。瑠璃。硨磲。瑪瑙。珊瑚。琥珀。真珠等宝。入於大海。仮使黒風。吹其船舫。飄堕羅刹鬼国。其中若有。乃至一人。称観世音菩薩名者。是諸人等。皆得解脱。羅刹之難。以是因縁。名観世音。

［和訓］若し是の観世音菩薩の名を持する者あらば、設《たと》え大火に入るとも、火も焼くこと能わず。是れ菩薩の威神力《いじんりき》に由るが故に。若し大水の漂わす所となるも、其の名号を称すれば、即ち浅処を得ん。若し百千万《まん》億《のく》の衆生あって、金銀瑠璃《るり》硨磲《しゃこ》瑪瑙《めのう》珊瑚琥珀真珠等の宝を求めん為《た》めに大海に入らんに、仮使《たと》い黒風其の船舫を吹いて羅刹鬼国に飄堕《ひょうだ》せんも、其の中に若し乃至《ないし》一人《いちにん》の観世音の名《みな》を称する者あらば、是の諸人等皆羅刹の難を解脱することを得ん。是の因縁を以ての故に観世音と名づく。

［講話］さて今日は、ここにいちおう、素読いたしただけのところをお話いたすつもりであるが、これからがすなわち七難《しちなん》ということで、七難とは火難、水難、風難、剣難、悪鬼難――すなわち羅刹難、それから囚難《しゅうなん》、賊難であって、総称して七難という。それにつき一々、観音菩薩のご説法があります。

一通り文言はお分かりになったであろうが、「若し是の観世音菩薩の名を持する者あらば、設え大火に入るとも、火も焼くこと能わず」。これが七難のうちの火難であります。すなわち火についての観世音菩薩のご説法である。最初に申し上げておこうと思うが、観世音菩薩というものは、やはり事《じ》の上と理の上とについて考えて見なければならぬ。事というのは事実の上の解釈で、理の上というのは我々が精神上にすでにもっているところの観世音菩薩を指すのである。いつでも仏教の解釈には、この事釈という事実の上の解釈と、理釈といって道理の上の解釈と二通りある。言い換えれば、一は物質的の解釈、一は精神的の解釈、この両方面がいつでもついてまわっております。これはお経ばかりでなく、仏教のことは総《すべ》てについてこの二つが備わっております。

そこで観世音菩薩といえばたいてい大慈大悲の観世音として、誰も皆知っている。しかし一切の観世音菩薩の本体というものになると、ひとり大慈悲ばかりではない。大慈悲を備えておると同時に、一面にはまた大智慧を備えている。しこうしてまた他の一面には大勇猛心というものを備えておられる。すなわち一つの観音様で三方面があるといってもさし支えないのである。一面は大慈悲心、一面は大智慧心、一面は大勇猛心、こういう三方面の働きがある。

これは世間で普通にいうところの智仁勇《ちじんゆう》と同じものである。昔から忠臣、楠木正成公の歌として知られたるかの「仁と義と勇にやさしき大将は火にも焼かれず水に溺れず」――こういうように観世音菩薩は智仁勇の本尊である。この意味でいう時には、観音は決して外にあるものではない。観心釈でいうと、自分自身、それが観音の現われである。お話をする私とても、及ばずながら観世音菩薩の一分体であると思っている。貴女方《あなたがた》も自分自身が観音様の分身である。「我々は元より観音の権化である」と、こういう観念が常についてまわっていなければならない。これが先ず最初に申し上げておくことである。

それで、「若し是の観世音菩薩の名を持する者あらば」、南無大慈大悲の観世音菩薩と、こう念じたその時に、念ずると同時に観世音菩薩が現われてござる。これは今もいった通り、智仁勇の三方面を備えてござる観世音菩薩、その観世音菩薩がお出ましになると、大火に入るとも——たとえいかような大火事に出合うとも、火も焼くこと能わず、とこうある。それは何故であるかといえば、この菩薩の威神《いじん》の力に由《よ》るが故にと本文にある。

これもやはり観音霊験記《かんのんれいげんき》というようなものがいろいろあるが、そういう書物にあるものから見ると、事実上の観音様の霊験というものが極めてあらたかで、火も決して焼くことができず、水に這入っても決して溺れないということがしばしば書いてある。けれども今はその因縁噺《いんねんばなし》などくどくどしく申し上げないつもりである。

因縁のみのお話をすると、早耳の人はそれは仏教の無稽《むけい》である、妄信である。爺さん婆さんの気休めに、そういう霊験的の因縁話を作ったものであると、軽率にいろいろの批評をなす。私どもも書生時代には、何も知らずに、ただ皮相から見て、やはりそれは迷信であるとか妄信であるとか、軽々しくいったものである。なかなかそんなものではない、霊験のあらたかなることは、争われるものではない。しかし今はそういう詳しいお話をいたす暇《いとま》がないから、事実上のお話は後廻しにしておいて、主《おも》に理釈すなわち精神上の解釈についてお話した方が、よかろうと思う。

そうして見ると、ここに「大火に入るとも、火も焼くこと能わず」とこうある。その大火は何か、今、眼の前にポッポと燃えている大火は何かと尋ねて見ると、これを精神上から云えば、今燃え立っているその火は、外でもない、自分の精神上に燃え立っているのである。我々は精神上についてとくと観察して見ると、朝から晩まで火事場の中にいるありさまではなかろうか。

それがために法華経には、三界《がい》はなお火宅の如しと仰せられている。これはいろいろ譬《たとえ》を設けて、親切丁寧に説法をせられているが、三界すなわち欲界《よくかい》、色界《しきかい》、無色界《むしきかい》、この三つの世界は火宅の如しといって、火が燃え立っている家屋のようなものじゃ。その火事場の中に我々はウッカリしておると警告なされたのである。

どういう火が燃えているかというと三毒であるとか、五欲《よく》であるとか、そういう火が燃え立っているのである。三毒というのは、貪欲《とんよく》、瞋恚《しんい》、愚痴、この三つであると、こう仏教ではいう。何故ならば、この三つは我々の心の命を取る所の毒薬のようなものであるからである。それから五欲は何であるかというと、財、色《しき》、食《じき》、名《みょう》、睡眠、――こういういろいろの欲で、五つの数になっている。しかしこれは五つに限っているわけではない。推《お》し拡げて見ると、八万四千の大数に達するということである。

熱というものは、物を焼くのが性質である。それ故にお経の言葉によると、例えば「瞋恚の火は能く功徳の林を焼く」、そういうような言葉は一、二にして止まらない。今ちょっと記憶に浮かんで来るだけのことをいうのであるから、文句には多少相違があるかもしれない。今いった句の意味は、瞋《いか》りの火はあらゆる功徳の林を焼いてしまうというので、どんな善いことをしておいても、ひとたび怒りを発する時は、その善根功徳を悉《ことごと》く焼いてしまうというのである。
あるいは「憂愁の火来って我を焼く」とある。憂愁とは愁《うれい》のことで、世にウサ、ツラサと云う火である。その火が我が身を焼くとある。かかるありさまであるのに、ほとんど我々というものは、この物質上の火を恐れることは知っているけれども、精神上の火は、朝から晩までその中におっても気づかないでいる。あたかも頭に火がついていても知らないと同様である。

ここに三毒というものの名称に当てはめてみると、火は瞋《いか》りに当ててよい。我々が迷《まよい》のうちで、最も恐るべきものは何かというと、瞋恚すなわち腹を立てるということである。人間というものは、まことに優しい顔をしているけれども、ちょっとしたことで直ぐに怒るその怒りの炎が燃え立って来て、ある時はそれが形を換えて嫉妬の心になる。人を嫉むとか、人を恨むとか、ついには離間《りかん》、中傷、讒誣《ざんぷ》というように、いろいろになって現われて出るのであるが、その初めはただ一つの瞋りである。
「長閑《のどか》なる心の海も時ありて　つぶてを打てば白浪の立つ」。我々が心に逆らった境遇に身を投じる時には得て、怒りを発するものである。こういうことはお互いに経験していることと思う。誰にでもあることと思うが、自分の思っていることに、あべこべのことを持って来ると、猛火炎々として、嗔りの心が頭をもたげてくる。人と人とが何か話をして、ひょっと感情の衝突を起こすと、心の中の猛火が炎々と燃え立って来ることがある。

そういう時には平生、観音様を信じておる人、少なくとも平生、多少精神的の修養がある人ならば瞋りの心がむっと頭を上げて来たのを、まぁ待てと頭を押さえることができる。昔の賢き人は、そういう時に臨んで心に十分の余裕を持っている。その時には黙って何も言わない。相手がどのような口を利こうとも、それに逆らったり、刃向かったりしては、取り返しのつかないことがある。一朝の怒りによって、その身を滅ぼすということは、たくさん例証のあることである。

修養の精神をもっている人は、自分の胸に燃えるところの猛火を打ち消して、能く考えてものをいうのである。それにはちょっと自分の気息を数えてもいい。息が出るか這入るか、わずかなその時のはずみに気をつけて、それから後に口を利くと、言い損ないもなく仕損ないもない。これは実際についてのお話である。しかるに我は相手の無礼につりこまれ、その怒りを人に移して力んだ時には、一時相手を制伏したようであっても、後で退いて考えると、まことにお恥《は》ずかしいことが多い。かくいう私どもも時々そういうことがありがちで、慚愧《ざんき》することが多いのであります。

ゆえに平生、心を練っている人は、何かそういう心持になった時は、観音様のお顔をちょっと拝む、どうして拝むかというと外でもない、我々は観音様の現われであるはずである。言い換えれば、我々は大慈悲の現われである。我々は大智慧をもとよりもっているはずである。我々は大勇猛心をもっているはずである。とこういう工合に拝むのである。すなわち自省自憤で人に瞋《いか》らず、我を責めるのであります。

昔の人はなかなか善いことを云っている。「負けている人を弱しと思うなよ、忍ぶ心の強さなりけり」。それに違いない。表面《うわべ》から見ると、心を殺して相手にならないのは弱いようであるけれども、怒りの心をじっと押さえる力というものは、驚くべき強さである。「世の人が邪剣を抜いて斬るならば、我が堪忍の鞘に収めよ」。これも面白い言葉である。そういうありさまで総て人に対さなければならない。

こういうことは、道理や理屈を超えた実際の上の話である。そこは信仰、修養がなくては、容易に実行し得られないところである。けれども平生、我が心を養ってそこに置いたならば、いずれの日にか到り得ることができる。

こういうようなありさまで、ひとたび我々の心がそこにある場合には一心不乱に南無観世音の御名《おんな》を唱えるのである。南無観世音菩薩と一杓《しゃく》の冷水を灑《そそ》ぐ時には一方の炎々として燃え立っている迷《まよい》の火が、ぱったりと消えてしまう、それと同時に迷の火が一転して、光明赫灼《かくしゃく》たる智慧の光と変わってくる。かくの如くにして「観音の名を持する者あらば、設え大火に入るとも、火も焼くこと能わず」、とこういうことになるのである。

また彼《か》の不動菩薩のお姿を見ると、背に炎が燃え立っている。その炎々として燃え立っているあのお姿は、智慧の火であって迷いの火ではない。この迷いの火がぱったりと消えてしまった時には、ちゃんと悟りの光が現われてくる、ここがありがたいところである。こうなってみると、ただ吾等は消極的の引っ込み思案になって、何事も怺《こら》えさえすればいいかというに、そうではない。この活動世界はただ控えめに控えめにという考《かんがえ》ばかりではいけない。進んでもってこの智火《ちか》の炎々たる力――この智慧の光というものをもって、一切万事、暗《やみ》の世の中を照らし抜くという働きが出てこなければならない。その態度は「趙州《じょうしゅう》の露刃剣《ろじんけん》、寒《かん》霜光焔々《そうひかりえんえん》。更《さら》に如何《いかん》と問《と》わんと擬《ぎ》すれば、身《み》を分《わか》って両断《りょうだん》と作《な》す」、とこういうふうにいくのであります。

これは女性としては少し変わりものであるが、その気概は見上げたものである。しかし今時の新しい女などとは全然、趣が違う。曹洞宗の了庵《りょうあん》禅師の妹で、慧春尼《えしゅんに》というお方は、たいへん姿色《きりょう》の美《うるわ》しいお方であった。それが後に尼になったが、あまりに直情径行的の人で、女性の手本とならないけれども、――この人は、しまいに火定三昧に這入った。火定三昧とは、火の中で端坐大往生を遂げることであるが、それは相州小田原の最乗寺でやったことで、山門の前に薪を山の如くに積んで、慧春尼自《みずか》らそれに火をつけて自分自身で火定に這入ってしまったのである。

その時分に兄の了庵禅師がそこへ行って、おぬし、暑いか寒いかと問われたらば、慧春尼は大喝して、「卻《かえ》って知る和尚工夫なお生なること在り」、生道心《なまどうしん》の知るところではないといって、ついに火定三昧に這入ったのである。このことは漢文の伝記があって、詳しく書いてある。こういうふうな火となると、それは智慧の火、あるいは悟《さとり》の火ともいうべきものであるが、しかしその心は取るべくしてその形は真似るべからざるものである。

なお火について、もう一つ有名な話がある。それは甲斐の信玄公が深く帰依しておった快川《かいせん》国師、これは皆様もご承知の通り、信長公はとうとう武田家を滅ぼした人で、信玄が亡くなってしまって、その子の勝頼の時分に、これを攻め滅ぼしたのである。その時に信長公は、快川国師の盛名を慕って、ぜひ来てもらいたいとたびたび招待に及んだ。けれども、快川国師は何か外に事情もあったであろうが承知しなかった。そこで信長が怒って、国師の住持しておられた慧林寺《えりんじ》を焼いた。山主たる快川国師はもとより、国師に随従している修行者ももろともに、これを山門の上に追い上げて、その下にたくさん薪を積んで、それに油を注ぎ掛けて焼き立てたのである。元来、信長という人は、短慮性急の人である。その前にも叡山の本堂を焼打ちして、多数《あまた》の人を焼き殺した人である。

その時に快川国師が山門の上に登って自分の弟子達と問答をされた。「諸人《しょにん》即ち今火炎裡《り》に向って、如何んが大法輪を転じ去らん。各々一転語を着けて看よ。」とこういう問を掛けられた。それは今この火定三昧に這入るにあたって、どういう活説法《かつせっぽう》をやるか、人々修得底《にんにんしゅとくてい》のところを、言語をもって一つ言い現わしてみよというのである。こういうようにいろいろ問答があって。皆んなにその所見を言わせておいて、一番しまいに国師が言われた。「安禅は必ずしも山水を須《もち》いず、心頭を滅却すれば火も自ずから涼《すず》し」。これは七言絶句の下の二句であるが、この句は新たに快川国師が作ったわけではない。

昔、唐朝の時分に、杜荀鶴《とじゅんかく》という詩人があって、ある夏、悟空禅師の庵室を訪うて作った詩である。この頃は秋涼《しゅうりょう》が催して、風の肌触りがよいけれども、それでも我々は残暑が烈しいとか苦しいとか、皆な溢《こぼ》している。しかるに土用の真中にあって、悟空禅師はいつでも暑いと言われたことがなく、日光の差し込む所に坐って平気でおられる。それに杜荀鶴が感心して作った詩である。

この上の句をいってみると「三伏炎中《ぶくえんちゅう》一衲《のう》を被す、兼ねて松竹の房廊《ぼうろう》を掩《お》う無し」、こういうのである。一衲というのは坊さんの着物である。土用真中の暑い盛りに、人々は赤裸になっても苦しがっている。それにちゃんと衣を着けて端坐しておられるのは、感服の至りである。それのみか、そこらを見ると、涼しそうな松とか竹とかいう植木も何もない。房廊は部屋の廊下のことで、それが何も緑蔭《りょくいん》に蔽われていない。そういう暑い所に、悟空禅師は暑さを知らぬ顔に坐っている。なるほど心を錬った人は違う。実に感服したというのである。

転結が今の句である。「安禅は必ずしも山水を須《もち》いず、心頭を滅却すれば火も自ずから涼《すず》し」。心を錬っておれば、暑いからといって、いや函根《はこね》へ避暑するとか伊香保へ行ってみるとか、または涼しい海岸に行ってみるとかいうには及ばない。何も山水を必要とはしない。心頭を滅却すれば――心さえ滅ぼしてしまえば、熱い火も何も感じないでかえって涼しそうに覚える。

我々は今日あたりも、暑い暑いとお互いに云っているが、つまり我れ自身が肝腎であるので、我れ自身が暑いとも冷たいとも思わないで、我が心に清涼界を発見したならば、火といえども自《おの》ずから涼しい。そういう因縁のある詩であります。それを快川国師が換骨奪胎して、これを唱えながら直ちに火の燃え立っている中に飛び込んでしまわれた。壮絶快絶の逸話であると思う。

つまり初めは迷いの火であっても、それを吾物《わがもの》にすればそのまま悟りの火となって、あらゆる妄想、煩悩、不潔、不浄、何もかも智慧の火で焼き亡ぼしてしまう。よほど痛快なものである。ゆえにこの観世音菩薩の名《みな》を持すれば、たとえ大火に入るとも、火も焼くこと能わずというのである。

こういう宗旨の信仰が熱烈なるところからして、事実の上に現われた霊験等を見ると、全く奇蹟じみたことがたくさんある。これは信仰上からいうと、決して迷信的奇蹟ではないと私は断言する。そういうふうに種々の霊験はあるが今は略しておく。

この結びの言葉に、「是れ菩薩の威神力に由るが故に」とある。観世音菩薩は優しい方であるけれども、一面には威神の力をもってござる。立派なある力を備えておられる。それを念じたならば、それでよいというのである。

次に、「若し大水の漂わす所となるも、其の名号を称すれば、即ち浅処を得ん」。こういっている。大水というのは、これにも事釈と理釈と伴っているが、事実上のお話をすればこれについての霊験談がたくさんある。海の上を旅行して水難を免れたとか、大洪水の時に観音を念じて助かったというような話は、多数あるが、今日は略しておく。理釈すなわち精神的に眺めてみると、大水というのは外のことではない。つまり迷《まよい》の心の恐ろしいことは、火の如くまた水の如きものである。

広い野原を焼くような火も、初めは煙草の吸い殻から起こり、大洪水――家を流し樹木をたおし、あらゆる宝を流してしまうような水でも、本は蟻が通った小さな穴から洩れ出るのである。

我々はなかなか八万四千の妄想を絶つということができないけれども、その初めを質《ただ》せば、ただ一点の心の迷いである。それは貪慾、貪慾がもう一転して愛慾、貪慾という方に持って行ってもよい。この貪慾、愛慾は、多くは迷いの水といって、水に譬えられている。愛河《あいか》——愛着の河にも譬えられており、愛着の海とも譬えられている。誰やらが「夢と思えば何でもないが、そこが凡夫でなー、あなた」と云った通り、その迷いの水のために、宝を失い身を滅ぼすものは、今日も、また古い因縁話にもたくさんあるが、最も手近いところでは日々の新聞紙上にもたくさん現われている。

いろいろの身分階級の人々がこの水に溺れて、浮き名を流すばかりか、身を誤り家を滅ぼすものが少なくない。それも詰《つま》らない無教育の人ばかりならまだしもであるが、貴族、大学者、名僧であっても、やはりそれを免れない。これ皆な愛着の水に溺れるからである。昔から英雄豪傑と称えられて、驚天動地の目醒《めざ》ましい、驚くべき仕事をしていながら、他の半面を見ると、この水のために溺れていた人がたくさんある。これは和漢ばかりではなく、古今東西、歴史に多数実例があるが、今いちいちは申し上げない。その原因は、つまり愛着の水と、こう云われている。わずかなる心の迷いが、それが水の如く恐るべき猛烈の力をもっておって、我が身を漂わしてしまうのである。我が身ばかりか、世界中をも漂蕩《ひょうとう》せしめてしまうのである。

しかるにこういう場合であっても、ひとたび名号を称すれば——南無観世音菩薩と唱えて我が本心に立ち返ると、——心なくしてそれを聞けば、ただ念仏を唱えるようにも思うであろうが、そうではない。我々は観音の智慧の現われである、観音の大勇猛心の現われである。そういう自覚をもって我が本心に立ち返るのである。南無観世音の力というものには、何物も敵することができない。その力をもって愛着の水を退けるのである。

それで今、大水のために漂わされても、名号を称すれば、すなわち浅き所を得んと、こういうのである。迷いの中にいてもそうであるが、ひとたび悟ったとなると――明らかに自分自身を悟った以上は、愛着の水が慈悲の水となり、あらゆるありがたき法水の流れに変わって、世間の迷いを一々救うことになる。雲の如く雨の如く、慈悲の水として、一切を霑《うるお》す働きとなり、見るところ聞くところ、観音の慈悲の水でないところはないということになる。

――「若し大水の漂わす所となるも、其の名号を称すれば、即ち浅所を得ん」――その境涯を得るには我は観世音菩薩の現われであるという、その自覚ただそれだけでよい。そこに心が据《すわ》るならば、勇気は自然と現われてくる。決して卑怯未練な心は起こらない。我は観音の現われとして、そういうつまらぬことはできないという自信力がついてくる。自《みずか》ら重んずるところの心が生じてくる。これがすなわち信仰の力で、取りも直さず観音菩薩の力であります。

「若し百千万億の衆生ありて、金銀瑠璃硨磲瑪瑙珊瑚琥珀真珠等の宝を求めん為《た》めに、大海に入るあらば」とこうある。今でもそうであるが、宝を得んがためにいろいろの冒険をやる。そういうことは歴史譚《れきしのはなし》にいろいろ載っているが、例えば、ダイヤモンドを亜弗利加《アフリカ》に探検するとか、金鉱を豪州に発見するとか、そういうふうに西洋人が冒険をやっている。印度あたりでも、盛りの時代には、冒険的の仕事がたくさん行われたように、いろいろの書物に書いてある。

つまり人間の最も欲するところのものは宝である。しかして宝を代表したものが、金銀、瑠璃、硨磲、瑪瑙、珊瑚、琥珀、真珠等としてある。こういうものは、一々解釈するに及ばない。これを七宝といっている。このうちにはいろいろのものが籠もっている。ダイヤモンドもあれば、碧玉《プラチナ》も紅玉《ルビー》もその外いろいろのものが籠もっている。それは事実上のお話である。

あちらでは、こういうものを発掘しようとか、見つけ出そうとかいう時には、隊を組んで行く場合がたくさんある。独りではなく、多勢で出掛けて行くのである。ここに百千万億の衆生云々《うんぬん》とあるのは、遺憾なく多数を現わしたものである。あらゆる人々がこういうように、遠いところに宝を求めようとして、すなわち「金銀瑠璃硨磲瑪瑙珊瑚琥珀真珠等の宝」を得ようとして、大海に這入り込むことがある時に、とこういうのである。

これは事実上の説法であるが、さらに前いったように、理釈の方面――精神上で解釈すると、この金銀以下真珠までの七つの宝は七聖財《しちしょうざい》というものに譬えられている。七聖財というのは七つの精神上の宝ということで、この精神上の宝をもっていれば、その外に何がなくとも、心は貧弱でない、貧しくないと云われているのである。この七聖財を一通り説明してみると、いったい七聖財にはそれぞれ順序があるけれども、必ずしもそれに拘泥するには及ばない。

その一は信財というので、それが一つの宝である。もう一つは進財、同じ音であるが字が違う。初めの信財というのは、信は法蔵《ほうぞう》第一の宝なりと経文にもあるが、その信は信仰心のことで、清らかな信仰心があれば、正法《しょうぼう》を受けて成仏の本になるのであるから、これは法の倉の第一の宝である。一切功徳みなこの中より生ずという言葉もあるが、こういうことは詳しくお話しないと、十分にわからないかも知れないが、細かなことは他日に譲っておく。

次の進財というのは、進という字は前へ進むの意味で、精進の進である。世間では、菜や大根ばかり食べて肉類を食べないことを精進というけれども、それは真実の意味ではない。どこまでも勇猛心を揮《ふる》って、できないことをも成し遂げる、それが精進である。そういうところから転々してきた言葉であって、実際の意味は勇猛精進——このことはどうしても本気になればできないということはない。そういう心をもって努力することがすなわち精進である。一切のこと、奮闘努力もってこれに当たるのがすなわち精進である。この心をもって法の宝を求めれば、何でも得られないことはないのである。実に我々は宝の山に這入り込んでいながら、精進努力を欠いているために、手を空しくして帰るのである。ゆえに精進が一つの宝であるから、進財といってあるのである。

三番目の宝は聞財《もんざい》というので、聞くことをもって宝とするとある。聞くということは智慧を広める本であるが、少し傲慢の気があったり、我見の強い人は、下聞《かもん》を耻じるふうがあるもので、仏教は聴きたいが、何だか頭を下げてそれを聴くのが耻ずかしいというような小さい我慢があっては、なかなか法の尊いことを知ることができない。仏は、「聞けよ、思えよ、実修せよ」と仰せられている。聞恵《もんえ》、思恵《しえ》、修恵《しゅえ》という三つのものがあって、聞いたならば考えよ、考えたならばこれを行えよと仰せられている。総《すべ》て一番最初にものを聞いて見るということは、たいそう人のためになるものであるから、それを聞財という。

それから次は慚財《ざんざい》であります。我々は常に慚《は》じるという心がある。孟子のいわゆる羞悪《しゅうお》の心で、その慚じるというのが、すなわち精神上の財産の一つである。これが無教育のもの、または無信仰のものになると、あらゆる罪科を犯しても、心に慚じるということがないが、いやしくも人間にそういうことを犯しては、相済まぬという心があれば、それが善い方へ赴く一の途《みち》で、いわゆる羞悪の心は義の端《はじ》めとなるのである。これを慚財という。

それから戒財である。これも詳しいお話になると、一朝一夕には尽きないのであるが、ともかくも非なることを防ぎ、悪しきことを止めるというのが、仏の戒法の趣意である。そういう趣意から起こって、いろいろの戒法というものが立てられたが、仏はこの戒法さえ世に残って行われておれば、吾が身の寿は尽きても、我法《わがほう》の生命《いのち》は千年万年経っても決して亡びないぞよ、と遺教経《ゆいきょうぎょう》の中に親しく説きのこされてあります。戒と云うと何か窮屈な気がして、そんなことは世捨て人のすることで、吾等世俗には何の役にも立たぬと思う人もあるかなれど、そうでない。梵網経《ぼんもうきょう》によると、孝を名づけて戒法となすと、こういうふうに世間的に云ってある。しかして孝順《こうじゅん》は至道の法なりと仏は仰せられた。その戒を一つの宝とするのである。

その次は捨財。捨ということは、世間にはただ捨てるというけれども、仏法の意味では慈悲喜捨《じひきしゃ》の捨で同じく物を人に施しても、俺が施したという心は少しももっていない。ちょうど不用の物か詰まらないものを谷川へでも捨てたような心持ちをもって、人に物を施せよ、とこういっている。俺はこういうことをしたとか、俺はこういうものを人に施したからといって、人に誇っているものも世間には少くないが、それでは菩薩や仏のお心持ちを丸出しにしたものではない。どんな良いことをしても、どんなに人を助けても、ちょっとも恩に被《き》せないで洒々落々《しゃしゃらくらく》たる心持ちでいる。こういう意味が捨である。その捨をもって財産とするのである。

それからもう一つ、定慧財《じょうえざい》というのがある。定というのは、心を動かさないことと思ってよい。慧は智慧のことで、禅定から起こった智慧でなければ、本当の智慧ではない。本当の智慧は禅定中から発するのである。本当の禅定は必ず智慧と相伴わなければならない。禅と定とは影と形の如く常に相伴わなければならない。ことに禅宗は禅定を専門としているから、いっそうこれに重きを措《お》かなければならない。この定慧をもって財産とするのである。これで七つで、これが菩薩方の七聖財というのである。

我々は精神上において、こういう無尽蔵なる財産を元よりもっているはずである。しかるに我々は、その財産の所有者であることを我自身に忘れている。身はたとえいかに富んでいるといっても、この心の中の財産を欠いた人は、これを精神的に見て貧乏人といってもよい。世の中には、物質上に富んだ人に、この精神的の宝をもっていないものが多い。どっちかというと、貧乏人の方がかえって精神的に富んでいる傾きがある。こういうことは大いに考えなければならないことである。

これは今いう精神上の宝であるが、さらに物質上から見ていうと、観音を信じたために、金の茶釜を掘り出したとかなんとか、いろいろ思いがけない宝を得た霊験談がたくさんあるが、そういうことを云うと、なに馬鹿なこと、観音を信じたからとて宝が得られるものか。それは迷信である、妄信であると世人《せじん》は一概にいうけれども、精神的にこういう財産があったならば、事実上においてもそれが事実となって現われようと思う。それを今日ただ迷信だとか奇蹟だとかいって、何の考えもなくして軽率にこれをけなすのは大いに考えるべきことである。

そこで、金銀瑠璃等の七宝を求めんが為に大海に入る、とあるその大海というのは、これを迷いに譬えてもよい。悟りに譬えてもよい。苦しみの海と見ることもできれば、また楽しみの海とも見ることができる。真如《しんにょ》の海とも見らるれば、仏性《ぶっしょう》の海とも見ることができる。とにかく先刻申したような精神上の宝――七聖財を求めんがためには、この行衛《ゆくえ》知れない大海原に向かって、冒険的に這入り込む時というのである。

「仮使い黒風其の船舫を吹いて、羅刹鬼国に飄堕《ひょうだ》するも、其の中に若し乃至《ないし》一人《いちにん》の観世音菩薩の名《な》を称する者あらば、是の諸人等皆羅刹の難を解脱することを得ん。是の因縁を以て観世音と名づく」。こうずっと見て、たとえ黒風が――海の大風ということで、支那の文字には黒風とか白雨《はくう》とかいうことをよく使う。ここに黒風とあるのはすこぶる面白い。すなわち烈風猛雨、一寸先もわからないというので黒風というのである。それを精神上で云えば、貪欲とか、瞋恚とか、愚痴とか、あらゆる猛烈なる風、それが吹いてきて、船舫――我々の乗っている船のことで、精神上でいえば六波羅蜜《ろくはらみつ》の船としてある。すなわち布施や持戒や忍辱《にんにく》や精進や禅定や智恵やいろいろあるが、いずれも結構な乗り物である。――それが迷いの烈風のために吹き飛ばされて、羅刹鬼国に漂わされる。

羅刹鬼国というのは、人を喰う鬼の住まっている国で、この春の大正博覧会には、南洋の人喰い人種が来ていたということであるが、亜弗利加《アフリカ》とか南洋諸島のうちには、今でもそういう人種がいる。未開国には今でもいるが、開けた国にはいない。しかし精神上から見ると、開けた国にも人喰い鬼がたくさんいる。新聞などにも女喰いとか男喰いとか、そんな恐ろしい名のついた者が少なからず載っている。

羅刹鬼というものは、実地《じっち》あるかないかは別として、精神上には到るところにたくさんいる。そういう邪《じゃ》見《けん》――殺生、偸盗《ちゅうとう》、邪淫《じゃいん》、妄語、綺語《きご》、悪口《あっく》、両舌《りょうぜつ》、慳貪《けんどん》、瞋恚、愚痴というような、恐ろしい境涯は皆な羅刹鬼国である。

我々の乗っている船が、もし誤ってそういうあさましい境涯に漂い堕ちても――そのくらいに迷いに迷っても、ふと気がついて、一度悔悟の念が萌《きざ》せば、一切の迷いの雲が晴れて、のち明らかなるが如く、大勢のうちでたとえ一人でも大なる利他の心をもって観音の御名《みな》を称すれば……皆その徳に化されてしまうのである。「其の中に若し乃至一人の観世音菩薩の名を称する者あらば」、その中の多くの人の中で、たとえ一人なりとも観音の御名を称するものがあれば、即座に大勢の者までが神機一転《しんきいってん》、苦を変じて楽となし、羅刹鬼のすむ恐ろしき国も直ちに光明赫々《こうみょうかくかく》たる浄土となることは決して疑うべきことでない。

実にそこが宗教信仰のありがたいところであります。

観音経講話第四回

若復有人。臨当被害。称観世音菩薩名者。彼所執刀杖。尋段段壊。而得解脱。若三千大千国土。満中夜叉羅刹。欲来悩人。聞其称観世音菩薩名者。是諸悪鬼。尚不能以。悪眼視之。況復加害。

［和訓］若し復《ま》た人あり、当《まさ》に害せられんとするに臨み、観世音菩薩の名を称する者は、彼の執《と》る所の刀《とう》杖《じょう》、尋《つ》いで、段々《だんだん》に壊れて、解脱することを得ん。若し三千大千国土《さんぜんだいせんこくど》の中に満つる夜叉羅刹、来って人を悩まさんと欲するも、其の観世音菩薩の名を称する者を聞く時に、是の諸々の悪鬼も、尚お能く悪眼《あくげん》を以て之《これ》を視《み》ず。況《いわ》んや復た害を加えんや。

［講話］前回から七難ということのお話を始めている。今日のところは、その七難の中の刀杖難、刀や杖の災難をお説きになるので、そのことについての経文である。いつも申す通りこのお経ばかりでなく、総《すべ》て仏教というものを会得しようというのには、事釈というすなわち事実の上の解釈と、それから言わば観心釈ま

たは理釈といい、言い方はいろいろあるが、観心釈といって、心に観じて、しかして解釈する。いつもそういう工合に、事釈と観心釈との二方面あるということを常に心得ておかなければならない。

そこで例えばここに出ている刀といい杖というのは、事実の上から見れば、小供にでも誰にでもわかる切れる刀、振りまわすところの杖であるけれども、それはいわゆる姿に現われているところの刀杖であって、それを観心という心の上から眺めて見ると、これは鍛冶屋が拵《こしら》えた刀であるとか、あるいは細工師が作ったところの杖であるとかいうような、そういうものでは決してない。つまり刀杖というのは、我々の驕慢《きょうまん》瞋恚の心を指しているのである。

人間というものは、誰でも驕慢という心をもっているに違いない。この驕慢という心が全然なかったならば、それはいかにも意気地のないものである。しかしながら、あるとしても驕慢の心が盛んになると、ほとんど自分の身を忘れて人を損ない、いろいろの罪科を現わしてくるのである。驕慢に限ったことではないが、驕慢といい、あるいは瞋恚すなわち怒る心であるとか、あるいは慳貪《けんどん》という貪る心であるとか、あるいは邪見という、邪《よこし》まの心であるとか、あるいは愚痴という心であるとか、その他、可愛い、惜しい、憎いというろいろの心を、皆そういうものを、私は決してもっておりませんと云い得るものは、決して一人も世の中にはなかろうと思う。

凡夫の身である上は、これがあるのは当たり前であるが、ただここに大切なのはその使いようである。今お話ししたような刀杖の如き恐ろしい心をもって、そのまま濫《みだ》りにこれを使う場合においては、たいへんな罪なり咎《とが》なりを生み出すのである。けれどもそのものを善用して使う時においては、それがやはり一種の智慧もしくは巧妙なる働きとなるのである。煩悩を煩悩としてそのままに用いることはいけないけれども、煩悩を転じて菩提となすならば、あらゆる善根功徳の本ともなるので、つまり煩悩は智慧菩提の現われである。大乗仏教の観心釈の見方は、いつでもそういうふうに見るのである。

正宗の名剣でも、使い手によっては人を切るの兇器《きょうき》ともなり、また身を護るの利器ともなる。すなわちよく人を殺すとともに人をも活かす。もし使い手が悪かった時には、濫りに人を斬り殺す恐るべき兇器である。ある意味でいえば、我々は常に貪欲に支配せられている。瞋恚に支配せられている。愚痴に支配せられている。しかしその支配せられていると知るとき、そこに直ちに神機一転の妙が現われるのである。

それは追々《おいおい》とお話を致すのであるが、理釈の方から眺めて見ると、今ふと思い起こしたのであるが、明治天皇の御製《ぎょせい》の歌にこういうのがある。「四方《よも》の海みなはらからと思う世に、など波風の立ちさわぐらん」。これはひとたび大慈悲といおうか、仏ならば大慈悲の心をもってじっと世界を眺めて見ると、万国それぞれ境を異にしているけれども、皆はらからである。四海は兄弟《けいてい》である。皆な同胞である。慈悲の眼をもって観じて見ると、これは親類、これは他人と別つべきものではない。

精神的において皆な兄弟姉妹《けいていしまい》であるのみならず、仏のお言葉には、三界は我が有《う》なりと仰せられてある。その中にある衆生は悉《ことごと》く我が子なりとある。こういう意味が法華経に述べてある。ところが、いや自分は仏に生んでもらったわけではない。それを我子《わがこ》だなどといって、仏もずいぶん勝手なことをいうものだと申す人があるかもしれないが、それは豆の如き眼で物を見るからで、精神的に見れば、仏は大慈悲心というものでこの世界を包んでいる。

その立場から親しく眺めて見ると、三界すなわちこの世界において、独り人類ばかりでなく、人類を始めとしてあらゆる動物も植物も、余さず洩らさず皆な仏の赤ん坊である。我が有なりとは我が領分であるこの世界は、ほとんど我が一家内も同様である。しかしてその中にあるあらゆる衆生は悉く我が子なりという意味である。

ちょうど先帝様の御歌《おうた》がやはりそういうお思召《ぼしめし》であろうと思う。世界が皆な兄弟の如くに、国と国とは条約を結び、好《よ》しみを修めて、分け隔てなく平和を楽しんで行こうというのに、どうしてこの平和の海にたちまち恐るべき荒波が起《た》ち大風が吹くのであろうか。いかにも浅ましいことであるというお思召であろうと思う。この御製はちょうど日露戦争の時に、深く御叡感《ごえいかん》があってお詠み遊ばされたと承っている。

そういうようなありさまで、世界の平和もそうであるが、これを我が心の上に引きつけて考えてみてもそうである。心の平和は当たり前にみて長閑《のどか》な海の如くあるべきにかかわらず、いつも平和で長閑であるかというに、そうではない。始終心が動いて、ああ思ったりこう思ったりして、断《た》え間《ま》なく転変している。いちいち調べてみると、昔の人はずいぶん細かなことをいったもので、我々が朝から晩までいろいろに心の変わることを算《かぞ》えて四億二千遍も変化するといっている。どういう方式で算えたかわからないが、ともかく細かに算えたものである。

はたしてそんな膨大な数に変化するかどうかはわからないけれども、よくよく自分の心を調べてみると、朝から晩まで欲しい、惜しい、憎い、恋しいといろいろの心が生ずる。前に申したように、慳貪とか瞋恚とか愚痴とかいう心が、さまざまに浮かび出てくるのである。そのありさまはほとんど、水の滔々として流れて尽きざるが如く、雲の飄々として空中に浮かぶが如くに、今ここにこういうことを思うかと思えば、たちまちまた外の心が浮かび出でて、千変万化して限りがないというありさまであるが、その様々に変化する心を調べてみると、多くは貪慾とか瞋恚とか愚痴とかという不道徳の心が多分を占めているのである。不道徳といっては明晰でないが、言い換えればいろいろの罪とか咎とか悪心とか、そういう心が勝ちを制していて、良心、慈悲、正義、至誠、人道という観念がごく乏しい。実にあさましきものである。

これはもともと宗教的信念がないところから、自然、悪い方に誘惑されるのかもしれない。だいたい我々の心は善悪の二つに分かれていて、善とか悪とか常に戦争しているようなものである。昔は波斯《ペルシャ》の二神教といって、世の中には善神と悪神があってこの世界を支配していると考え、これが常に相戦っているのであるから、我々は善神というものに声援を与え、悪神というものを打ち滅ぼさなければならないというように考えていた。そういうこともやはり一つの宗教の意味をなしたものである。

我々の心もそんなものであって、種々の心が起こってくるけれども、多くは善くない心の方が多くて、善い心の方は滅多に出てこない。それゆえに仏は三宝の徳をお説きになって、和合の徳が最も大切であることを教えられている。しかしてしきりにこれを鼓吹し、これを奨励している。何でも和合の徳がなければ、我が一身の平和はもちろんのこと、一家の平和、一国の泰平を得ることができないものである。

宗教が実際の上に用をなしてその最も尊い所は、全くこの和合の上にあると云われているけれども、我々の心はなかなか始終和合しているものではない。自分の地位であるとか、境遇であるとか、周囲のいろいろの感化であるとか、外来のいろいろの刺激であるとか、そんなものを受けているために、いろいろさまざまに心が遠く離れてゆく。人間はいちいちその面《かお》が違っている如くに、心の赴き方も違っている。そのまた一つの心を調べてみると、幾つにも違っている。つまり我が心の中から醜いものも現われれば、美しいものも現われる。仏の姿のような尊い心も現われれば、悪魔のような恐ろしい心も現われる。

これを観心的に観察してみると、ありありと明鏡に物を写して見るごとくに分かる。今日は仏の姿のように現われるかと思えば、明日は悪魔の形となって現われ、勝手次第にいろいろさまざまに現われて、はなはだうるさいように思われるけれども、見方によってはそのさまざまに出て来るところが面白い。結局善悪の両面はこもごも現われるのであるが、その悪い方面に現われるのを、これを指して刀杖というのである。言わば悪しき心が刀杖の現われである。恐るべき心が刀と杖とに譬えられているのである。

もし驕慢とか瞋恚とか、こういう心が頭を擡《もた》げてくると、先刻も申した通り、ひとたび振り舞わせば直ちに人を斬るような刀となり、五尺の身体を真向《まっこう》に薙ぎ倒すような鉄の棒ともなり、手を動かし足を運ぶごとに、いろいろさまざまの悪事をなすのである。

ひとたび心の中にそういうものが起こってくると、妻子も怨敵の如くになり、親しい親子の間にも鉄条網ができてくる。家族五人あれば五人、十人あれば十人、皆な一の妖怪の如く幽霊の如く悪魔の如く、人皆な我に祟《たた》りをなし我を覘《ねら》うようになる。これ一に我が念頭に恐るべき影を宿すからである。その心を刀杖という意味に観心釈では見てよいのである。

しかし観心釈ではそういう工合に見るのであるが、事釈《じしゃく》という事実上の解釈も疎かにしてはならない。あるいは観音霊験記とかあるいは何の利生記《りしょうき》とかにそういう事蹟はたくさんあるが、今の人はろくろく調べもせずにただそれを迷いの奇蹟といっている。そういう人には迷信の奇蹟と見るかもしれない。それは宗教を自覚しない人のいうことである。

我が精神界のおとずれを知らない人は、その小さな学問や小さな智慧の型に嵌まらないことは、皆これを一種の奇蹟と見て退けているけれども、そうではない。言わば我が心自身がすでに一の奇蹟である。ゆえに私に言わせると、世の中の多くの人は神秘でないことを神秘だと思い、神秘であることをかえって常事《じょうじ》だと認めていることがある。それはなにゆえなれば、その人の学問が小さく智識《ちしき》の範囲が狭いからである。我が五官に囚われて、その中に考えた断案に過ぎないからである。

この世界は五官だけの世界ではない。五官に触れない甚深微妙《じんじんみみょう》の範囲が非常に広い。いやしくも宇宙人生の真意を知らんとせば、肉の眼で見る外に、心の眼で見なければならない。耳も肉の耳の外にある。一つの肉の耳ばかり当てにして聴くようではいけない。仏法には天眼通《てんげんつう》、天耳通《てんじつう》、他心通《たしんつう》、宿命通《しゅくみょうつう》、漏尽通《ろじんつう》、すなわち五神通《ごじんつう》あるいは六神通というようなものがあるけれども、普通世の中の人は、我が肉の眼ばかりを当てにして世界一切のものを見ているのであるから、それに当て嵌まらないものは直ちに奇蹟とか迷信とか、あるいは一種の神秘不可解と、こういってしまうが、そんなわけのものではない。もし五官以上精神的に一つ眼を持っているものは、そんなつまらないものではなかろうと思う。

吾が宗教の立場から見ると、世の中の人が奇蹟といっていることは、決して奇蹟でもなく神秘でもなければ不可解でもない。それが当たり前である。その奇蹟でないという証拠として、観音の霊験をお現わしになった実例がたくさんあって、昔からそういうことを書いた本がいくらもある。その事実上のことを挙げたいけれども時間を限ったこの席ではその暇《いとま》もないが、ご承知の日蓮上人、これは言うまでもなく法華経を命とせられた方である。この日蓮上人についての事実を一つ申し上げておく。これは観音経に限ったことではなく、法華経全体について霊験のあった話。それをある書物に書いてある通り、ちょっと一節、お話しするよりも詠んだ方が確かであるから読んでみましょう。その話の中に東条景信という人があるが、これは念仏の信者で、たいへん日蓮に反対したものである。

景信は兎を駆る虎の如く、馬を一文字に乗り寄せて、「やおれ日蓮、久遠実成《くおんじつじょう》の弥陀尊を貶《けな》し、念仏を無間地獄《むげんじごく》なりと罵《ののし》る、謗法《ぼうほう》の報《むくい》今こそ思い知りつろう、観念せよ」。こういうて、太刀《たち》を揮《ふる》って斬り附くる。日蓮は右手に持ったる念珠を揮って、戞然《かつぜん》として太刀に打ちつくる。太刀の物打《ものうち》、大珠に深く斬り込んで、念珠のぱらりと散乱する時、切尖《きりさき》余って日蓮の右額《うがく》を、右筋かいに三寸ばかりを劈《さ》いたり。「ええ仕損じたりや思い知れ」と返す太刀を打下さんとした一刹那、不思議やその太刀三段に折れて、日蓮は辛く一命を拾ったのである。


これは今の普門品で、念彼観音力《ねんぴかんのんりき》、刀尋段々壊《とうじんだんだんえ》とある通りに、一心不乱に観音を念じたならば、振り上げた刀も三段に壊れたという、そこの一段である。

もう一つ龍ノ口で断頭場裡に、命が消えようという時、やはり刀尋段々壊、前の如くにこう書いてある。

これは今の鎌倉の龍ノ口の刑場の話である。


兵士等の駆け走って騒ぐを見て、頼基等はもう哀愁の涙に掻き暮れて、

とあるが、これは四条頼基という人である。日蓮の信者で、四条金吾とともによく日蓮の遺文に見えている人である。続けて、

「只今《ただいま》この処にて、邪見の刃を受け給うか」といいも敢《あ》えず、男泣きに泣き伏したり。そうすると日蓮は

不覚の殿原《とのばら》ではある。「これほどの喜びをば、ただお笑いなされうぞ」と彼等をいましめて、自《みずか》ら敷革《しきがわ》の上にむんずと座し、神色自若《しんしょくじじゃく》として白刃の下に首を伸べながら、心を最後の読経に證《す》ますのであった。夜は既に四更を過ぎて、十二日の月は山の端に没し、四面暗澹たる中に、磯打つ波の音ばかり、人の心を轟かす。刑場の三方には、隙間もなく兵士を配って、平右ヱ門尉頼綱《ひょうえもんのじょうよりつな》は少し退《さが》って馬をたて、劊手《かいしゅ》に選ばれた依智三郎直重《えちさぶろうなおしげ》は、三尺二寸蛇胴丸《じゃどうまる》と名づくる利剣の鞘を払って、切り水を灌《そそ》ぐ、光り燎光《りょうか》に映じて、人の心を寒からしむ。人埒《ひとらち》の彼方には、日明《にちみょう》、日興《にっこう》、日進《にっしん》父子、日向《にっこう》、日頂《にっちょう》を始め、四条兄弟、熊王四郎等は、口の中に題目を唱えながら、涙にくれて、合掌したり。依智直重は太刀を背の方に廻して日蓮の傍《かたわら》に小膝をついた。「いかに御坊、おん身は叛反《はんぱん》の科《とが》もなく、強盗の罪もなく、ただ新法を弘めん為めに諸宗の謗《そしり》を受けて、浅ましき最後を遂げらるるは返す返すもおん痛ましく存じ申す。直重齢い五十、いかに天下の厳命なればとて、大徳の出家に刃を中《あ》つること、その罪の深さ思い知られて、後生が恐ろしくござる。何卒只今《なにとぞただいま》よりおん心を翻して誹謗をおん止まりくだされ。直重一命に換えて、おん命を救い参らそう。いかに御坊」と流るる涙は見えずとも、誠心は声にも著し。日蓮もこの武士の情《なさけ》を嬉しく思わないではなかったが、毅然としてそれを退けた。「御芳志《ごほうし》は厚くおん受け申す。さりながら、法華経の為めに身を棄てんことは、日来月来の本意でござる。御辺《ごへん》が情によって、よし一命は救わるるとも、法華経を離れては日蓮の生命はござらぬ。法華経を捨てて地獄に堕んよりも、このまま斬られて成等正覚《じょうとうしょうがく》を取り申そう。いざいざこの素っ首を刎ねられよ」。

こういう勢いである。実にどうも富貴も淫する能わず、貧賤も移す能わず、威武《いぶ》も屈する能わずとはこのことである。

端坐したる体は、宛然《えんぜん》として地より生えた如く、合掌瞑目して経文を唱えている。直重も今は諭すべき言葉がなかった。やむなく後ろに廻って太刀を取り直した。日蓮は大なる眼をかっと睁《ひ》らいて虚空を睨みながら、「いかに約束をば違いらるるぞ」と大喝した。この時白刃は上段に振り上げられて、一閃忽《いっせんたちま》ち身《しん》首《しゅ》地を異にせんとしたその刹那、海にはっと光を落としたものがあった。不思議や江ノ島の方より、月の如き光り物現われて、巽《たつみ》より乾《いぬい》に向って轟然《ごうぜん》として飛び去った。その光り煌々《こうこう》と、並み居る人の面《かお》は固《もと》より、磯の真砂《まさご》の数までも読まるる程であった。劊手は眩暈《めま》いて地に倒る。頼綱は鞍《くら》の前曲にしがみついて、身を慄《ふる》わして蹲踞《うずくま》る。まして刑場の兵士等は、刀を地に伏せて、一町余りも遁《に》げ退《の》いたのである。日蓮は泰然として後ろを振向《ふりむ》き「いかに殿原《とのばら》、大切の囚人を捨てて遠く退く方やある。近く打寄れや、打寄れや」と高々に呼ばわったが、怕《おそ》れて寄るものが無かった。「夜が明けては見苦しかろう、首切るならば、急ぎ切れ」云々。

どうでありますか。この勢いあってこそ、刀刃《とうじん》も段々になって壊れるであろうと思う。これは日蓮上人のお話であるが、我が禅宗の立場から見ても、ひとたび我が心に徹底する時には、もう一つ言い換えれば豁然《かつぜん》大悟《だいご》した時には、泰山を挾《さしはさ》んで北海を超える如きは、朝の間のお茶の子である。限りなき空の星の数を数える如きは何でもないことである。富士山を灯心で倒すぐらいは何でもないことである。禅宗の立場から見れば、そんなことは奇蹟でも何でもない。当たり前のことである。

ただその真の徹底の境涯に達しないものは不可思議であるとか、神秘であるとかいって、仏法はそういうことをいうから人を愚にする、迷信に導くと、そんなことをいっておるので、これは如何なる大学者でも大思想家でも到底我々の徹底した見地に向っては、言語もしくは文章のような、そんな飛道具をもって来て陥落させようとしても陥落させることはできないのである。富貴も淫する能わず、貧賤も移す能わず、威武も屈する能わず、確乎不抜何人《かくこふばつなにびと》も動かすことのできないものである。

こういうわけであるから、我が円覚寺の開山祖元禅師がまだ帰化せられない前に、宋の雁蕩山《がんとうざん》に聖胎長養《しょうたいちょうよう》せられていた。その時、元の兵がそこへ侵入して来て、乱暴にも禅師を捕《とら》えて、一刀両断にしてしまおうと迫害を加えた。禅師は氷のような刃の下にありながら、神色自若《しんしょくじじゃく》として、口を衝《つ》いて一の偈を唱えられた。「乾坤無地卓孤笻、且喜人空法亦空、珍重大元三尺劍、電光影裏斬春風」、電《いなずま》の影の下に春風《しゅんぷう》を斬るとは真に恐れ入ったわけである。この講釈は他日に譲って今日《こんにち》はしないけれども、その泰然自若とした態度に、乱暴な元兵も思わず刃を収めてかえって敬意を表して去った。かくて祖元禅師は虎口《ここう》を逃れたという。

こういうようなことは奇蹟でも何でもない。我々がひとたび大慈大悲の観世音菩薩の御名《みな》を念ずるならば、ちょうど露霜が朝日の前に消えてしまうように、刀杖の難もたちまち消え失せてしまう。刀杖ということを観心釈で見ると、あれが憎くてたまらんとか、これが可愛くてたまらんとか、あるいは惜しくてたまらんとか、欲しくてたまらんとか、そういう慳貪瞋恚愚痴《けんどんしんいぐち》の心をいうので、その刀杖を振り上げて我が頭の上に持って来た時に、南無観世音菩薩《なむかんぜおんぼさつ》と称えてよい。

たとえ称えなくても、観世音菩薩は全体これ慈悲、全体これ智慧、全体これ勇猛心の凝り塊りである。この慈悲智慧勇猛心の三つを併《あわ》せて、始めて観世音菩薩の御姿《みすがた》を拝むことができるのであるから、もし我々が水火の中に飛び込んだところで、いやしくも一身を観世音菩薩に托したならば、まことに愉快に小気味よく煩悩が消えてしまう。たとえ貴女方《あなたがた》が口に観音経を読まれなくともよろしい。

平生、下僕《しもべ》を使われる上、または人と交わられる上に、いろいろの短い智慧や小さい心をもって接する時には向こうが厭な顔をするに違いない。それは我が心の至らぬためである、狭い智慧のなすところであると、総《すべ》てそういう浅い狭い心を捨ててしまい、油然《ゆぜん》として一点慈悲の心を起こされたならば、自分の心は平和であって人もまた自《おの》ずから服従してくる。そういうことの意味が刀が壊れるというのである。こういうことは詳しくお話ししていると長くなるから、たいていにしておこうが、先ずそういう意味に解釈しておいてよろしい。

本文に、「若し復《ま》た人あって当に害せられんとするに臨めば」とある。何かの災難で、我が命を取られるとか、危害を加えられるという時は、善神が悪神に負けた時である。寸善尺魔《すんぜんしゃくま》と諺《ことわざ》にもいう通り、悪いことの加勢は多いが善い方の味方は少ない世の中である。しかしそういう障碍物が道に横《よこた》わっているのは、かえって我が力を試すこととなるのである。

そういう危害を加えられた間一髪の時に、ひとたび心に観世音菩薩の御名を唱え観世音菩薩を念じたならば、彼が執るところの刀杖も直《じき》にずたずたに壊れてしまい、しかしてしかも解脱することを得るとある。解脱ということは、何か世の中から藻脱《もぬ》け出て山の中へでも這入《はい》るかのように思っている者もあるが、そうではない。解脱ということは自由の意味である。世の中は障碍物の多いところである。不如意《ふにょい》、不満足、不平、そういうことに満たされているのが世の中の常である。それを形容すれば実に涙の谷である。苦しみの海である。それに囚《とら》われると、この世で浮かぶ瀬がないのである。俗に魔が差すということは、我が心の善神が悪心に捕らわれた時である。それを払い除け切り開いて解脱自由なることを得るのである。

「若し三千大千国土《さんぜんだいせん》の中《うち》に満つる夜叉羅刹、来って人を悩まさんと欲するも、その観世音菩薩の名《みな》を称する者を聞く時に、この諸々の悪鬼も、尚お能く悪眼《あくげん》を以て之《これ》を視《み》ず。況んや復た害を加えんや」。三千大千国土ということを解釈するには、印度に古く説かれてある須弥山《しゅみせん》のことを一通りお話しなければならないけれども、今日はその暇《いとま》がない。印度古代の天文学地理学を研究するには必要であるが、この席ではそれには及ぶまいと思う。

世界中と一口に云っているけれども、この宇宙の広大無辺なことは実に驚くべきものである。つまり三千世界というのは、無限の宇宙間ということである。事釈という事実の上から見れば、天文学者の調べているように、地球は常に回転しているが、それに熱と光を与えるものは、地球の面積に一千倍もある大きな太陽である。その太陽系の中には太陽を中心として、遊星《ゆうせい》だの恒星だの、大なる星小なる星が幾つも付属している。この外、広大な空間には無数の星が光を放っている。

その中には彼《か》の星からこの地球に光が達するまでには、幾千万年を要するというような、しかもその光の速力が一瞬間に幾千里を走るという速度でありながら、なおそのくらいの悠遠な歳月を経て、始めてこの地球に光が達するというのである。空間の無限であると天体の広大であることは、実に驚くべきものである。三千世界というのはこれを概括していったのであって、事釈でいえばそういうようなことである。

観心釈でいうと、三千大千国土ということは、我々の精神の世界を指していうのである。我々の心の世界には、何も事実上の世界のように、距離が何万里あるの、どうのというのではないが、この空間の無限なるが如くに、我々の心の世界も無限である。その世界に一杯満ちている夜叉羅刹、我々は平生、何も気がつかないけれども、この無限の心の中に含まれているいろいろの心の作用は、皆な夜叉羅刹である。夜叉というのは翻訳すると疾捷鬼《しっしょうき》という字を使っている。これは瞬間にして幾千万里を飛び去る鬼である。羅刹というのはこの間も申したが、食人鬼である。これは皆な梵語で翻訳するとそういうことになる。疾捷鬼とか食人鬼とかいうものは、今どこに住んでいるかといえば、そこは観心釈でいってみると、三千大千国土は、すなわち我々の精神の世界である。その精神の世界のどんな処にいるかと点検して見るに、決して遠望ではない。いわゆる煩悩、妄想、貪慾、瞋恚、愚痴、それから分かれて八万四千と一口にいうけれども、それどころではない。無量無辺の夜叉羅刹を心にもっている。

我々は優しい心をもっているが、それがひとたび心の向けようによっては、なかなか恐ろしい心となって現われるので、昔《むか》し婦人に対していった言葉にも、内心如夜叉《ないしんにょやしゃ》、外面如菩薩《げめんにょぼさつ》といっている。婦人ばかりでなく人間は皆そうである。人面獣心である。表は人間でも心は獣である。そういうふうに人の心を調べて見ると恐るべき見にくいふるまいも、表に見えない心が作るのである。「我が心鏡に写るものならば、さぞや姿のみにくかるらん」という歌があるが、そんなものである。精神的に観じて見ると皆その通りである。

その三千大千国土に満つる夜叉羅刹が来って人を悩ますというのである。我々のような小さい目では分からないけれども、我が心に一点悪心を起こすというと、加勢する悪魔が始終我々を悪い方へ導いて行く。また一点善心を生ずると、善神が現れて、そんなことをするもんじゃないといったようなものである。畢竟《ひっきょう》ずるに順境といい、逆境というも、仔細《しさい》に点検すれば皆な心の影法師である。確《しっ》かり眺めてみるとそうである。

この影法師ということについて、ある本に面白いことが書いてある。こういう話。あるところに若い夫婦があって、その女房が難産のために、ついに命を取られてしまった。ところが亭主は、まことに可哀そうなことをした。気の毒なことであると、どうしてもあきらめられず朝な夕なうつうつとしていたので、その不憫だと不憫だという思いが嵩《こう》じてきて、しまいには女房の形《すがた》が現われて見えるようになった。

おりしも夏の夜のことであるから、蚊帳を吊っていると、その蚊帳の外に元の女房が寂しげな態《かたち》をして立っている。その姿が目に附いた。さぁ、それからは夜の目もろくに寝られず、起《た》ってもいてもただ女房のことばかり気になってならない。明日の晩になると、また同じような元の女房の姿が見える。その翌晩もまたその翌晩も同様に憐れな姿を現わすので、果たしてこれが元の女房であるかどうだか、その痩せ衰えた姿が今度は恐ろしくて溜まらなくなった。それで平生、仕事をしていても、またあれが来るかどうかと、そんなことばかり考えて、また今夜も恐ろしい目を見るのか、これは我が迷いであろうか、もしくは女房が浮かばれないのであろうかと、いろいろさまざまに思い悩んで、苦しくて溜まらない。

そういうことが絶え間ないので、仕方がないから、彼《か》の禅寺にいる和尚さんに頼んで、何とかして退治してもらおうと、ある日その和尚さんのところへ尋ねて行って、実はかくかくのわけで女房が死にましたので、不憫なと思っていたところが、ついに幽霊になって現われて来るようになりました。なにぶん毎夜のように出てこられるので、恐ろしくて堪《たま》りませんが、どういうふうにしたならば退治ができますか、彼女を浮かばせることができますかと問うた。

すると坊さんは無造作にそこに豆を一杯入れてあった盆を持ち出して、なにその幽霊は造作なく退治できよう。この御盆《おぼん》の豆を一つかみつかんで、これを内《うち》へ持って帰って、そして今晩寝る時に、確《しっ》かり手の中に豆を握っておるがいい。もし時刻になって、元の女房が現われたならば、こうこうこういうわけにして、先ずこういう問いを出してみよ。この手の内にあるものは何かといって、手を出して見よ。その時幽霊はきっと豆であるというに違いない。それならば、この豆の数はいかほどあるか、とまた問うてみよ。今度は幽霊の方で答えがあるまい。そうすると大丈夫、退治ができたので、直《す》ぐ形が消えてしまうに違いない。わけもないことであると教えた。

亭主は喜んで、その晩教えられた通りにやっていると、果たして元の女房が姿を現わした。すると直《す》ぐに握った豆を突き出して、これは何かと問うてみた。声に応じて幽霊は豆であると答えた。それなら幾つあるかというと、今度は答えがない。はっと思って見ると、もう姿が消えていた。妙なこともあるものだ、あの通りちゃんと幽霊が出ていたのが灯火《ともしび》を消す如く、まるで影を隠してしまったと不思議がった。翌晩もさっぱり出てこない。亭主はそれで安心して、ともかくも和尚さんに礼をいってわけを聴いてみようと、早速《さっそく》出掛けて行った。

どうも不思議なことで、貴僧《あなた》のお言葉の通りやってみると、全く姿を現わさない。これはどういうわけでありましょうと問うと、坊さんのいうには、不思議も何もあったものでない。お前が女房の難産で死んでしまったのを、ああ可哀そうだ、浮かばれないでいるだろうと、そのことばかり思い詰めて、とうとう不憫が嵩じて、女房の姿が目につくようになったのだ。言わばお前の心から現われる幽霊である。

それが証拠には、手に握っているものが豆であることは、お前が知っているから、こちらの思っている通り、幽霊が豆であると答えたが、数だけはお前も知っていなかったから、幾つかと問うたら答えがないのはあたりまえである。皆な自分の心である。心から現われ出でたところの影法師である。何でもないことであるが、世間の人は、その何でもないことに、いろいろ苦しむことが多いと、そういうことがある書物に書いてあった。

今いう夜叉羅刹もその影法師である。なにゆえとならば、その観世音菩薩の名《みな》を称するものを聞く時において は、そういう場合においては、このもろもろの悪鬼もなお能く悪眼をもってこれを見ないというのであるから、我々が観世音菩薩の名を念じて、その大慈悲、大智慧、大勇猛心の現われであると、深く自覚しているならば格別、そうでないと心が弱くして直《す》ぐに周囲の事物に囚《とら》われてしまう。

悪鬼は常に我々を覗《ねら》って、我々を呪わんとしている。ちょうど足許《あしもと》から鳥が起つようなもので、つまり我々の心がお留主《るす》になって、我々を取り囲んでいる周囲の事情が複雑していると、直《す》ぐそれに囚《とら》われてしまって、いろいろの罪科を作るようになるのであるが、どんな周囲の事情があろうとも、何にこれしきのことと思って、心強くしておれば、思うことが易《やす》く行われるのである。

それをいくたびか経験してくると、つまりこの悪鬼もなお能く悪眼をもって自分の顔をのぞくことができなくなる。心が弱くして周囲の事情に制せられると、前に申した亭主が女房の幽霊を見るようなもので、自分から諸々の悪鬼を招くことになる。要するに対境《たいきょう》は影法師である自分の心から招くのである。

実例をもって申せば昔し洞山《とうざん》の鎮守の神が洞山禅師のお顔を拝みたいと思ったが、どうしても洞山禅師のお姿を見ることができなかった。しかるにある日ふと洞山和尚が無作法《ぶさほう》なる侍者をお叱りなされた時、漸《ようや》くちらと洞山和尚のお顔を拝むことができたということがある。こういうようにひとたび観世音菩薩の御名《みな》を唱える時には、諸々の悪鬼、夜叉羅刹のようなものも、悪眼をもって眺めることができないのである。まして況んや復た害を加えるということはできるものではない。そういうように私は解釈している。

観音経講話第五回

設復有人。若有罪。若無罪。杻械枷鎖。検繋其身。称観世音菩薩名者。皆悉断壊。即得解脱。若三千大千国土。満中怨賊。有一商主。将諸商人。齎持重宝。経過険路。其中一人。作是唱言。諸善男子。勿得恐怖。汝等応当。一心称観世音菩薩名号。是菩薩。能以無畏。施於衆生。汝等若称名者。於此怨賊。当得解脱。衆商人聞。倶発声言。南無観世音菩薩。称其名故即得解脱。無尽意。観世音菩薩摩訶薩。威神之力。巍巍如是。

［和訓］設《も》し復《ま》た人ありて、若《も》しくは罪あり若くは罪無きも、杻械枷鎖《ちゅうかいかさ》を以て其の身を検繋《けんげ》せられんに、観世音菩薩の名を称する者は、皆な悉《ことごと》く断壊《だんえ》して即ち解脱を得ん。若し三千大千国土の中に満つる怨賊《おんぞく》、一人《いちにん》の商主あり、諸々の商人を将《もっ》て、重宝《じゅうほう》を齎持《さいじ》して険路を経過せんに、その中の一人是《こ》の唱言を作《な》さんに、諸々の善男子、恐怖を得ること勿《なか》れ、汝等当《まさ》に一心に観世音菩薩の名号を称すべし。是の菩薩は能く無畏《むい》を以て衆生に施す。汝等《なんじら》若し名を称する者あらば、此《こ》の怨賊に於《おい》て当《ま》さに解脱することを得べし。衆々《もろもろ》の商人

聞いて倶《とも》に声を発して、南無観世音菩薩と言うなり。其の名を称するが故に即ち解脱を得。無尽意、観世音菩薩摩訶薩、威神の力、巍々《ぎぎ》たること是《かく》の如し。

［講話］当《とう》、婦人道話会では、私のつもりでは家庭の教えにもという考えで、かくのごとく観音経を講ずるのであって、別にむつかしい講釈をしたり、一種の仏教学者を作《な》ろうなどいう考えではない。つまり家庭の教えとして、この普門品《ふもんぼん》のようなものがまことに適当であろうかと思うのであります。私は多少、世間の家庭のありさまを知っている。日本では家庭の教えというものが、まことに乏しい。昔からこうであったか、あるいは近頃こうなったのであるかわからないけれども、どっちかというと——社会を仮りに階級を分けて上中下とすると、いわゆる上流社会、中流社会というようなところに、比較的家庭の教えが少ない。

欧米のことは詳しくは知らないけれども、あちらとこちらとはあべこべであろうと思う。亜米利加人《アメリカじん》の下層社会には家庭の教えがまことに少ないけれども、しかしながら中流、上流の社会に這入ってみると、いずれも宗教の空気が十分に行きわたっているように私は見受けた。私は前年渡米して十ヶ月ばかりあちらの家庭にいたのです。

ところが日本には、貴族富豪というような人々になると、まことに宗教がただ形式だけになっていて、墓参りするもお寺参りするも、ほとんど形式——儀式のようなありさまである。人々の心を安んじて、それを本《もと》として、一家内になにかの宗教的意味において、親子夫婦兄弟姉妹それぞれの一家族が、敬虔信愛の情に繋がれているというような家庭が乏しい。また私の見聞の狭いからでもあろうが、ただ教育ということはいかにも結構《けっこう》で皆それは盛んであるけれども、独り教育だけで、円満に何もかも整うかというに、そうは行くまいと思う。教育ともう一つ精神の根底ともなすべき宗教的信念がなければならない。

私は今、特更《ことさら》に宗教的信念と云うので、どの宗教を捨ててどの宗教を取ったらいいとおすすめするわけではない。どの宗教でも宗教的生命が活きていれば結構である。ただ宗教といえば、お祀《まつ》りだとか葬式だとかそんなことだけに思われるのは、はなはだ迷惑のことである。それらは全く宗教の本領を会得しない人々の云うことであろうと思う。

それについて多少、所感があるけれども、それは他日に譲っておいて、このたびはそういう家庭の宗教とも見るべき、その宗教心を養成する資料として普門品を選び取ったのである。家庭においては婦人に責めがある。ゆえにこれは婦人本位としてお話しするのであるが、男子方もそのつもりで聞いてくだされはありがたい。

「設《も》し復《ま》た人ありて、若《も》しくは有罪《つみあり》若《も》しくは無罪《つみなし》」云々。かねてもいう通り現在お互いは有罪でないけれども仮に有罪というので、そのつもりで聞けばよろしい。

この本文だけは平易で明らかであるが、同時にこういう本文をちょっと聞くと妙な考えを起こす人がある。観音経は無暗《むやみ》なことを説いている、果たしてこの経文通りならば、観音を信じさえすれば刑法も法律もいらないものになる。仏法を信じさえすれば国家の法律が役に立たなくなるとは不都合である。こういうことを考えている人がある。何か立派な博士でそういうことを云っているのを見たことがある。それは仏法を知らないから早合点をするのである。

そうではない。総《すべ》て仏法はどの解釈でも、いつもいう通り事釈と理釈、事実上の解釈と道理上の解釈、もう一つ言い換えれば物質上の解釈と精神上の解釈と、この二通りが始終ついて廻っていて、なかんずく我々が重きを措《お》いているのは、理釈、もしくは観心釈という方で、それによってお話するのである。

ゆえに何遍も繰り返して、貴女方《あなたがた》の心の中から喚《よ》び起こすのであるが、もともと観世音菩薩というのは、事釈でいろいろいうこともある、すなわち歴史的にお話することもあるが、それは二の次である。もう一つの観心釈、これは決して明らかに眼の先に現われた菩薩でも何でもない、我々が精神上から生み出すところの観世音菩薩である。

それがかつてもいった通り、大慈悲心、大智慧心、大勇猛心の塊《かた》まりで、独り慈悲ばかりではない。智慧も勇猛も併せて観音菩薩の根本精神である。世間でいわゆる知仁勇、そういう根本精神を具体化して観世音菩薩と立てているのである。私は観世音菩薩の現われであると、こう堅《かた》く信じてお話するのである。同時に貴女方《あなたがた》もやはり我は観音の権化であるという自覚をちゃんともたれたならば、聞く方と説く方とが一致融合して、ここに始めて生きた観音のご説法が始まるのである。

そういうようなありさまで、今ここに罪あり罪なしというは、世間の刑法、治罪法とかそういうことに照らして、罪あり罪なしというのではない。つまり精神上からいうのであって、第一、我が心の上に罪があるかないかを自分自身に反省したらよいのである。ずっといってみれば心の上に罪があると知れれば、これを有罪というので、すなわち悪人といってよい。また無罪というのは善人のことで、良き心持ちといってよかろう。

今この観音の根本的大精神から眺めてみると、心の上に罪があると思う者も罪がないと思う者も、一心に観世音菩薩の名を称え奉《たてま》つる、そういう意味である。罪のある者はもちろんのこと、罪のない者でも冤罪のために鉄窓のもとに苦しめられるということがある。これを事実の上でお話しすれば、「杻械枷鎖《ちゅうかいかさ》を以て其の身を検繋《けんげ》せんに」と、こうある。

これは字義をお話しすればよくわかることで、杻《ちゅう》は手かせ、械《かい》は足かせ、枷《か》は首かせ、鎖《さ》は身体を縛っておくところの鎖である。ところが私は無垢な身体で縛られるはずはないと、そういう人もあろうけれども、それは事実の上のことである。ひとたび精神的に我れ自身の心の状態を考えてみると、なかなか手かせも嵌められ、足かせも嵌められ、首かせも嵌められ、身体中いろいろのものが纏《まと》っている。言い換えれば、杻械枷鎖とは、我が貪慾、瞋恚、愚痴、懈怠《けたい》というようないろいろの心に執着していることをいうので、いわゆる八万四千の妄想煩悩をここでは杻械枷鎖というのである。なかなかこれに纏われている。

ゆえに表面《うわべ》から世間を眺めて見ると、妙なもので隣りの牡丹餅《ぼたもち》は甘《うま》いようで、いやあの人は身分がよいとか結構な身柄であるとかいうけれども、云われているその人の精神的状態を見ると、なるほど暖かな着物を着、旨い物に食べ飽きて、楽な身分のようであるけれども、ややもするとあべこべに、そういう身柄の人に限って精神の上にいろいろ苦しみがある。

私は処々方々を巡っていろいろの家庭を見ることがあるが、そういうふうのものがだいぶあるようだ。夫婦であってもうまく調子が整わず、兄弟であってもややもすると他人同然に疎々《うとうと》しく、はなはだしきは、慾のために親子同士が財産を争って、あるいは親類を煩《わずら》わし、あるいは法廷を煩わして、汚名を世間に流すものなどいろいろある。それが何か平常はいろいろの飾り物やいろいろの粧《よそおい》を外から着けて、辛うじて醜態を蔽っているだけのものである。比較的人に羨《うらや》まれる人に、杻械枷鎖の検繋が多いのである。それは人々自身で心に照らしてみればわかることである。

その身を検繋せられるというは、検束《けんそく》せられている、縛られている、繋がれているということで、これは誰が苛《いじ》めるというのでもなく、誰が苦しめるというのでもない。その実、自身独りで苦しんでいるのである。近頃は男で神経衰弱、女性ではヒステリーというような病気で、ちょっと見たところでは、よそ目では苦しいようでもないが、その人自身は朝から晩までなにか気になって非常に苦しんでいる。そういう気の毒の人がたくさんある。あまり贅沢我侭《ぜいたくわがまま》がきき過ぎると、得てそういうことになるのである。

これがあべこべに、碌《ろく》なものも食べられず、子供に着物も充分に着せられないような分際でも、表面《うわべ》から見ればいかにも苦しいように思われるが、その実、精神上から見ればかえってそれが励みになるので、その日その日を愉快に暮らして行ける。こういう者がいわゆる下層社会にある。全体人間を下層とか中層とか分けるのは間違っているが、仮にまずそういっておくのである。

そこで若《も》しくは罪あり、若くは罪なきも、杻械枷鎖をもって身を縛られても、言わば悪念妄想の中に没頭していても、ひとたび熱信《ねっしん》の心をもって観世音菩薩の名を称する者は、悉《ことごと》く断壊《だんね》してとある。ここがありがたい。ここが宗教的精神をもっている人と、もっていない人とが違うところであろうと思う。

平常、無事太平に立派な顔をしているけれども、人間の宛《あ》て事《ごと》となにやらは先から外れるもので、いつ何時、不慮のことがないとも限らない。幸福が直《じき》に不幸に陥ることは珍しくない。そういう時に苦しい時の神頼みというが、こういう時に宗教心がむらむらと起こってくるのである。ここが平常、宗教的の心得のあるものと心得のないものとで、安心不安心のよって分かれるところである。

こういうあさましい物に身体を縛られていても、観世音菩薩の名を称する時は、観世音菩薩は、「世の中に憎しと思う人ぞなし、罪ある人はなお憐れなり」と、こういう歌があるが、観音様はつまり慈悲、智慧の塊であるから、どうぞして救い上げたいという御心《みこころ》ばかりである。我々もまた観世音菩薩の片割れであるという確信が腹に湧いてくると、その御心《みこころ》とぴったり出遭《であ》う。
――南無観世音菩薩、この一声の下に皆な悉《ことごと》く断壊《だんね》する。すなわち手かせ足かせ首かせ総《すべ》て我々を縛っているところのものが悉く断たれてしまう。総ての邪魔物が砕《くだ》けてしまう。そんなものは、すっぱりさっぱり段々に破壊されて直《す》ぐに解脱するのである。

解脱というのは、この世の中がうるさいから静かなところへ行くとか、安らかなところへ行くとか、そういう意味ではない。解脱ということは「自由」と認めてよい。すなわち自由を得ることになる。そういう意味である。

以上は、何もわざわざ妻子あるものが、恩愛の絆を切ってしまうというような、そういう無理な考えを起こさなくとも、確乎たる信念さえあれば、妻子、眷族、財産、地位、名誉、それが何も自分の煩《わず》らいにならないのであるから、愉快に自由にこの世を送ることができる。すなわち解脱することを得んというのである。

「若《も》し三千大千国土の中に満つる怨賊《おんぞく》」。この三千大千世界ということは、先達《せんだつ》ても一言申しておいた通りで、再び詳しくお話は致さないが、ただ無限の国土とそう解釈すればよい。無限の国土はどこにあるかというならば、これを精神的に解釈すると、限りもない我が心の国土である。現在、事実の上の国土は限りがあるけれども、我が心の国土には限りがない。その中に満ちている怨賊である。

怨賊というのは、我を害する賊である。怨賊に捕らわれて観音の信者がその難を免れたことは、霊験記や縁起などにたくさんある話でありがたい功徳であるが、今、主としてお話するのは、その賊の方である。すなわち我が心の中に満ちている賊、例えば王陽明の言葉にもある通り、山中の賊は平らげ易《やす》く、心内の賊は平らげ難《かた》しで、我が心の中に潜んでいる賊は退治しにくいものである。

菅原道真公は熱心な観音の信者であったが、この賊逃るるところなしと大声疾呼《たいせいしっこ》せられた。逃るるところはないが、観音を念ずること一回すれば、即時に安楽を得んと云う長篇の詩をお作りになったこともある。その外いろいろあるが、仏印対東坡《ぶっちんたいとうば》の観音問答などもすこぶる面白いことである。

昔《むか》し空也上人は金枝玉葉《きんしぎょくよう》の立派な皇族の御一人であらせられたが、その御修行中に、雲水姿をしてある山中を一人で、しかも日の暮れがたに、とぼとぼ歩いておられた。ところが——昔はそういうことが多かったのであるが、ふと山の曲がり角に、雲突くような大男がすっと目の前に現われた。そうして上人の身辺を見廻わして、何か大事な宝を持っているに違いないと見て取って、大音声で「持っているだけの物を残らず目の前にさらけ出せ。もう我々の手に捕まった上は、逃げようとしても逃がしはしない」と呼ばわった。

その時、空也上人ははらはらと涙を溢《こぼ》された。ところが盗人《どろぼう》は早合点して、見れば出家の沙門の身である。すでに慾も得も離れたそういう姿であるのに、今持っている物を皆な出せといったら、まことに見苦しくも涙を溢した。そういう詰《つ》まらない坊主であるのか。そんな輩《やから》は裸にしてしまうからそう思っておれと息巻いた。

空也上人は静かに言われるのには、涙を溢したのは外のわけではない。お前たちも同じ身体に同じ心で、しかも見受けるところによると、十人、並み勝れた立派な体格をもっていて、血気あたかも盛んである。世に人間のすることはたくさんあるが、それにことを欠いて追剥泥棒《おいはぎどろぼう》、人の物をただ取る。こういうことをして世渡りとするとはいかにも残念なことではないか。そういうあさましいことをしては、現在の罪《つ》み咎《とが》は言うまでもなく、未来の果報も思いやられる。いかにも可哀《かわい》そうなことだと思ったので、見苦しくも一点の涙を注いだのであると仰せられた。

それが拵《こしら》えごとならば彼等に何の感じもなかったであろうが、満身、ただ憐れだ、気の毒だという、大同情の心をもって諭されたのであるから、その真実心が頑迷な彼等の心にも感通したと見える。盗人はふと何か思い出したようで、それからうって変わって優しくなってすっと雲隠れしてしまった。

その時は何も言わなかったが、二、三日経ってから、御上人様にお目に掛かりたいといって、大きな男がやって来た。よく見ると、先達《せんだっ》て自分を追剥ごうとした盗賊である。お前達は何をしに来たかと問うと、あの時のお上人の一言が私の胆《きも》にこたえました。その晩に他処へ行って仕事をしようと思っても、やる勇気が出ませぬ。かりそめにも物を取ろう、人を苛めようという気も力もなくなりました。そうして自分の身を考えると、長い年月、強盗、殺人、姦淫、あらゆる悪いことをなし、人を悩めたことを思い出し、慚愧恨悔《ざんきこんかい》身を容れるところがありませぬ。今、翻然としてこの心を改めました。我々のような罪深き者でも、お弟子にしてくだされましょうか、どうぞお願い申し上げますと云った。

もちろん仏法は罪を悪《にく》むもその人を憎まない。空也上人は、そうかそれは奇特なことである。昨日までは追剥強盗でも、ひとたび翻然として悔い改めた上は、無《む》垢清浄《くしょうじょう》一点の曇りのない身体で、観音の慈悲の光りがそこに現われたものである。そういう気になったか、しからば弟子にしてやろうと仰《おっ》しゃった。仏法は寛《ひろ》い。貴賤男女を問わず、ただ一片《いっぺん》真実の心を問うのである。それからその盗人は御弟子《みでし》にしてもらって生まれ換わったような立派な人になったと本に書いてある。

我《わが》この解釈はそういう意味で、言わば空也上人の慈悲の精神の現われたがごとくに、ひとたび観世音菩薩の名号を唱えれば、わざわざ勧めたわけではないが、知らず知らずその慈悲に感化されてしまう。ゆえにそういう意味において、もし三千大千国土の中に満つる怨賊があっても、此《ここ》に一人の商主があって、諸々の商人を引き連れて云々という。この商主ということは商隊の長ということで、そのわけはこういうのである。昔は商隊と云うのがあって隊を組んで外の国へ貿易に出掛けたものである。そういうことが多かったから、この本文にもそれを引いたのである。今でも亜剌比亜《アラビア》あたりで見てもそうである。沙漠の熱沙の中を駱駝《らくだ》に乗った商隊がよく通る。熱い砂の中を大きな駱駝がのそりのそり隊を組んで旅行しているような図は、洋行せられた方はどなたも御覧になっただろう。

ああいうような勢いで三、四日も宿のない野原に、天幕を張って泊まるのであるが、また往々、水のない地方に出遭うことがある。その時は駱駝の進み行くままに、野原の中の水のあるところまで行く。どうしても水が見つからない時は、駱駝を殺してその背にある瘤《こぶ》の中の水を飲むというようなこともある。なかなか我々の想像の及ばないようなことがたくさんある。

ところがその商隊にはそれぞれ長《かしら》がある。それが商主というので、商主が大勢の商人を引き連れて重宝を齎持《さいじ》する。ここのところもやはり精神的に見てよい。そうして重宝とは物質的にいえば、金剛石《ダイヤモンド》、金銀、そういう類《たぐい》のものであるが、また一面には今いう心の中の宝である。我々の大慈悲、大智慧、大勇猛ということの上もないところの宝である。

事実の上から云うと、その宝を齎らし持って険路を経過せんに、――険しいところの道を通るので、今ならば汽船あり汽車《きしゃ》あり、あるいは電車、自動車、飛行機などがあるけれども、昔はそういう便利なものがなく、まことに険しい道を通ったのである。それはやはり心の上の険しい道と見てよい。世の中の険しい坂路よりも、人の心はなお険しいと、詩や歌にもいっている。――その険路を過ぎて行かんに、誰も頼みないありさま、まるで無人のところを行くようなありさまである。

その時、その中の一人がこういうことを皆に教えた。「諸々の善男子、恐怖を得ること勿《なか》れ」。こういう場合に誰しも恐れを生ずる心がある。西洋人の言った言葉に、哲学者でも深夜には半ば神を信ずる、と。平常、哲学を研究して無神論を唱えている人でも、真夜中の森《しん》とした時には、何か神があるように思われる。人間の弱点がこういうところに現われるのである。私《わたくし》始めそうである。行末のわからないことについては、どうしても何かに動く。いわゆる疑心暗鬼を生ずるようになる。徹底した自覚がなく大信仰がないというと、なんと力んでも恐れる心は免れない。誰しもそうであろう。

ところが一人の人があって、こういうことを言った。皆々恐怖を抱くこと勿《なか》れ。「汝等応《まさ》に一心に観世音菩薩の名号を称すべし」。けれどもこれが当たり前の人ならば、すなわち徹底した悟りが欠けている並みの人ならば、怖ること勿《なか》れといっても怖れるのである。夜分歩く時、哲学の講釈を聞いた人でもそうである。頭に木の葉が触ってもびくとする。心の中に疑い恐れがあるに相違《ちがい》ない。小供《こども》がお化けや幽霊に恐れるのもそうである。昔は関東にお化けは出ないといって力んでもそうである。そこがそれ弱いところがあるからである。

例えば親戚の大事な人が亡くなって、その葬った墓場に残された生々しい白張提灯《しらはりちょうちん》が、まだぶら下がっているところへ行って、陰気な風が吹いて芒《すすき》の葉が動くのを見ると、誰しも足並みが違う。そこに何か恃《たの》むところがあったならばどうでしょう。一心に観世音菩薩の名号を称するとか、または観世音菩薩には限らないが、何か徹底して自分に卓爾《たくじ》として立っているところのものがあるというと、たいへんに違う。一心不乱に南無観世音菩薩の名号を唱えよという。一心という字がよく利いている。平生、我々の心は散乱している。その場合に頭も足も口も心も全然一団となって現われて、ただただ南無観世音菩薩と称するのである。

けれども、これについておかしい話を思いついたが、これがやはりそういう意味でないと、ただ口の上ばかり観世音菩薩と無暗《むやみ》に数多く唱えても、それでよいものではない。昔《むか》し念仏婆《ねんぶつばあ》さんというのがあって、何十年来、南無阿弥陀仏南無阿弥陀仏と幾万遍唱えたかわからないほど、念仏に凝っていた。そうなってくると、念仏屋という屋号までもらって、曇天だといっては南無阿弥陀仏、雨が降り出したといっては南無阿弥陀仏、もちろん青天にも南無阿弥陀仏、善いにつけ悪いにつけ南無阿弥陀仏、それでしまいには、内の嫁が悋気《りんき》深いといっては南無阿弥陀仏、今日来た客は長尻《ながじり》だといっては南無阿弥陀仏、一向《いっこう》無意味にやっているから、傍《そば》からそれではいけないといったところが婆さんは一向、聞き容れない。ただただ南無阿弥陀仏と数多く唱えるのが自慢で、やがて七十余りで死んだが、極楽土産ができたつもりで、幾台かの車に名号をうんと積んで、それを持って彼《あ》の世へ出掛けた。

ところが行き当たってみると、黒金の厳めしい門が立って、虎の皮の褌《ふんどし》をしめた鬼が番をしていた。これは可笑しい、門が違ったかと思っているうちに、鬼共《おにども》がやって来て、婆さんなんかたくさん持参したようだが、いったいそれは何だと尋ねた。婆さんは、「貴君方《あなたがた》喜んでください。これは私が七十年間唱えた阿弥陀様の名号でございます」。鬼共はしばらく小首を傾けていたが、ああそうか、それはたいへんなものだ、しかし一つ試験に掛けてみよう。そこで唐箕《とうみ》を持って来てばたばたやって試験をした。見ると、どうもどの名号も薄っぺらで、ふわふわ風に飛んでしまう。たいへん持って来たけれども止まるものが一つもない。はー、この婆さんここへ来たのも当然であると思って、なお段々調べて行くと、うちにたった一つ手堅いのがあった。これが一つあるから、ここを転じて良いところへ行けるかも知れない。全体この一つは、婆さんどうしたのだと聞くと、婆さんよく考えて思い出した。

ある年の夏、蚕を飼っていて桑摘みに行ったことがある。ところが雲一つない青天であったにもかかわらず、たちまち一天かき曇って、電《いなずま》の光、雷《いかずち》の音、凄まじい天気になって、ついに雷が頭の上でごろごろと鳴りはためいた。その時思わず知らず、心から南無阿弥陀仏と称えたことがある。その時のがそれでございましょう。そういえばそれに違いなかろうといったという話がある。

お道化《どけ》話のようであるけれども、そういうことがないとも限らない。口で幾ら唱えても、一心に唱えたものでなければ、今の話のように、虎の皮の褌をしめた鬼に調べられたら、皆な飛んでしまうに違いない。そこで一心ということが大事である。一心に観世音菩薩と称する。本当に一心に唱えるならば、観世音菩薩がそこに現われる。それを実現するということがたいへん必要である。その観音の名号を称するのである。

「この菩薩は能く無畏を以て衆生に施す」。無畏というのは畏れることがないというので、浅草の観音堂の額に施無畏とある。大いに無畏を施す。これが智仁勇の勇気に当たるのである。観音様はごく優しい女の懐に抱かれるように、誰でも普通に思っているようだが、優しいのはその一面である。また一面には太陽の輝くような明らかな智慧がある。また一面には悪魔外道を悉《ことごと》く摧《くだきふく》服する鉄鎚のような大勇猛心を備えている。このことは後に至って詳しくお話することにする。

「是《こ》の菩薩は能く無畏を以て衆生に施す。汝等若し名を称する者は、此の怨賊に於て当《ま》さに解脱することを得《え》ん」とこうある。一心に名を唱えるならば、我が煩悩妄想はたちどころに消え失せて、十年懲役終身徒刑も直《ただ》ちに赦《ゆる》されて、青天白日の身となることができる。前にあったように、その中の一人がこういって皆に警告した。そこで大勢の商人が声を発して南無観世音菩薩と唱えた。心に念じて口に唱えるのは結構であるが、さらにそれを身に行うようにしなければならない。心に思うだけでは徹底しない。身心一如に南無観世音菩薩とその名《みな》を唱えて行けば、すなわち解脱することを得る。

たいへん長くなったから、簡単にお話を終えますが、「無尽意、観世音菩薩摩訶薩、威神の力、巍々たること是《かく》の如し」。初めにあった通り、無尽意菩薩、その外、大勢の方々が、観世音菩薩の因縁を仏にお尋ねしたので、仏が無尽意菩薩に答えられたのであるから、ここでも無尽意と呼ばれるのである。「観世音菩薩摩訶薩」、摩訶薩と付け加えたのは丁寧にいっただけである。これは大心の衆生と翻訳される梵語である。「菩薩摩訶薩、威神の力、巍々たること是《かく》の如し」。観世音菩薩はただ優しいばかりでなく、一切の怨賊、一切の悪魔、一切の外道、一切我を迫害するところのものども、皆な悉《ことごと》くそれに打ち勝ってしまうという力が、巍々堂々たることかくの通りである。これは二つに分けて言わなかったが、初め七難といった中の、これがその怨賊の難である。

観音経講話第六回

若有衆生。多於婬欲。常念恭敬。観世音菩薩。便得離欲。若多瞋恚。常念恭敬。観世音菩薩。便得離瞋。若多愚癡。常念恭敬。観世音菩薩。便得離癡。無尽意。観世音菩薩。有如是等。大威神力。多所饒益。是故衆生。常応心念。

［和訓］若し衆生有って婬欲《いんよく》多からんに、常に念じて観世音菩薩を恭敬《くぎょう》すれば、便ち欲に離るることを得ん。若し瞋恚《しんい》多からんに、常に念じて観世音菩薩を恭敬すれば、便ち瞋を離るることを得ん。若し愚癡多からんに、常に念じて観世音菩薩を恭敬すれば、便ち癡を離るることを得ん。無尽意、観世音菩薩は、是の如《かく》き等の大威神力あり、饒益《にょうやく》する所多し。是の故に衆生は常に応《まさ》に心に念ずべし。

［講話］これまでお話いたしたところは、七難と、こうひとくちに称す。今日からお話しするところは、三《さん》毒《どく》である。七難というのは外から来るところの禍《わざわい》、三毒というのは内から起るところの禍である。しかし

外からとか内からとかいうのも、一応そう申すのであって、いつも申すがごとく、お経には事釈といって事実のうえの解釈、また観心釈といって精神的の解釈と、こう二様あることはしばしば申す通りである。しかし仮りに分けて見れば内外ということが言える。

さて毎々《まいまい》申すのであるが、やはり我々は観世音菩薩の権化であるという、こういう信仰がいつでも真っ向にかざされておらなければならない。観世音菩薩はどういう菩薩であるかとこう考えて、今ここに現われている我々自身が、すなわち慈悲なり智慧なり勇気なりにおいて満ち満ちている、観世音菩薩は我々の身体に潜んでおられる、というこの信仰がいつも心に満ちているならば、まことにありがたみがそこにある。お互いにお話しする者も聴く者も、いつもその心をしていればお話がよく分かる。

「若し衆生あって婬欲多からんに」云々。これはただ今も申したごとく、三毒のなかの第一番の婬欲である。やはり経文などの言葉は、我々が考えるとごく質実な言葉を使ったものである。質実、質素、まことに飾り気のない言葉を使ったもので、今ならば性欲とか生殖欲とか、廻り遠い言葉がたくさんあるけれども、あからさまに包み隠しもなく婬欲といっている。婬欲ということは推し広めてみると、広いことになるのであるが、だいたい易の言葉にもある通り、「天地あって万物あり、万物あって男女あり、男女あって夫婦あり、夫婦あって父子あり、父子あって君臣あり、君臣あって上下あり、上下あって礼義錯《そな》わる所あり、夫婦の道は久しからざるべからざるなり」。こういうような言葉が易経のなかに出ていたと記憶する。その言葉のなかに「然《しか》る後《のち》」にという言葉が入っているけれども、それは省いて申したのである。

そういうようなありさまで、この天地間、人類それ自身を初めとして一切のものを眺めてみると、皆、天地間にありとあらゆるものは、畢竟《ひっきょう》、陽とか陰とか、あるいは剛とか柔とか、あるいは男とか女とか、言わば夫婦雌雄の現われで、それはもういろいろの学問のうえから、例えば生理学上から眺めてもよい。心理学上から眺めてもよい。その他、植物学のうえから見ても、動物学のうえから見ても、それぞれ専門の学問から眺めて見ても、何物か夫婦ならざるものはないのである。これが天地自然の正しいありさまといってよいのである。

ところが疑う者があって、仏教ではややもすると五戒《ごかい》とか十善《じゅうぜん》とかいうようなものを立て、そのなかにはずいぶん倫理に背いた行いがあるとこういっている人が昔から今までたくさんある。つまり仏教では親子というものの縁も断ち、夫婦の縁も打ち切ってしまい、ただ独身生活をして、しかして己《おの》れ一人を潔《きよ》くするということを、仏がさまざまに誡めているると、昔から儒者が攻撃したものである。

ところがそれはその一を知ってそのほかを知らないものといってよろしい。仏は男女の関係を、だいたい二つに別けている。男女の欲というものを、邪婬《じゃいん》、不邪婬《ふじゃいん》とこういう二つに別けている。邪婬はすなわち婬欲と、そういっている。不邪婬は正しい欲で、これは差し支えないことになっている。

邪婬は仏教の戒法でごくやかましくいっている。戒法のうえではそのしたに戒の字がある。仏の弟子にはたいへん種類が多い。階級が非常に多い。そのなかで比丘《びく》という一階級の者には、独身生活を奨励されている。生涯妻を娶らずに、道のために世界を家として働けよ。こういうことを比丘に教えておられている。つまり私共はこの比丘の端くれとして、こういうふうに仏から教えられているのである。ところが一方には在家、比丘に対して在家の信者あるいは優婆塞《うばそく》ともいうが、その在家の方に向かってはそういうことは、教えられていない。ただ邪婬をいたすことは相成《あいな》らないと、こういう誡めである。一夫一婦はもとより天地の正道である。その一夫一婦は生涯睦まじく相信ぜよ。こういっている。詩経にあるがごとく、「関々たる睢鳩《しょきゅう》は河の洲にあり、窈窕《ようちょう》なる淑女は君子の好逑《こうきゅう》」、この詩は文王ご夫婦の睦まじいことを歌ったのであろうが、そういう睦まじい夫婦の間柄を続けようとするには、どうしても夫婦外の邪の交わりは慎まなければならない。それ故に邪婬という邪《よこしま》な男女関係を仏は誡められているのである。邪な男女の関係、すなわち一夫一婦のほかに女を求め男を求める、こういうのを仏は邪婬であるといってお誡めになっている。

ところがそういうことは、いまさら説教を聞かなくてもよく分かりきったものであるが、だんだん詳しく考えてみると、夫婦のなかにも邪婬がある。仏様はなかなかそういう内密のことにも詳しいので、一夫一婦といえば、何もその間に邪なことがないようであるが、そのなかにも邪婬があると説かれている。それについて種類が挙げられている。例えば非時《ひじ》とか非処《ひしょ》とか非支《ひし》とか非量《ひりょう》とか、こういうのがある。こればかりではないが、まずこれについてお話してみると、非時というのは時ならぬ時の男女の交わりである。非処というのは処にあらざるところの男女の交わりである。非支というのは、総て男女はちゃんと交わるべきところの筋が決まっている。それ以外の筋を使って交わるのを非支という。仏は戒法にもよほど詳しいことを云われるので、そういう不合理な交わりをしてはならないというのである。それから非量というのは、分量にあらざるところの男女の交わりをいう。分量といってもいい。また節度といってもいい。ともかくも度を超えたところの交わりをいうのである。これは夫婦のなかにもあることで、こういうようなものを数えて、それが邪婬であると仏は誡められている。故に婬欲と二字で読んでしまえばそれまでであるけれども、詳しく別けるとすれば、なかなか広い意味にわたるのである。ともかくも一夫一婦の大倫を全くせしめようと、仏は懇々として詳しくお説きになっている。

今の教育上にもそういうことがあろうと思う。文化の進んだ国には、盛んに性欲の研究をやって、もっと進んだところになると、その研究を教育の意味において会得せしめようと勉めている国さえある。つまりそれが会得されていないから、非時、非処、非支、非量というようなあらゆる邪婬を犯すことになるのである。戒法のうえにおいては、仏が人を誤らせないようにと、こういうように懇々とお説きになっている。ところが講釈としてこういうことを言えば妙なものであろうが、実際こういうことは――いわゆる人間の性欲というか本能の衝動といおうか、なかなかこれで制御するということは、教育のうえからでも、または宗教のうえからでも、よほど心を真面目にして考えなければならない。

殷鑑《いんかん》遠からず、歴史を読んでみると、たいてい事の起こりが閨門《けいもん》である。わずかに閨門の治まると治まらないとのそれからして、乱れると乱れないとの道が分かれてくるようになる。古より英雄豪傑学者宗教家と云われている者でも、たいてい歴史を繙いてみると、皆この一事のために身を誤り国を滅ぼし、害毒を社会に流す者がなかなか数えきれないほどである。

歴史を知る者は分かってもいようが、まず日本の英雄では豊太閤を思い起こすけれども、豊太閤の歴史は、ある点に至ると、やはりこの一事のために、大いに誤っている。また忠臣の一人に数えてよいであろうが、新田義貞はどうであるかというと、やはりこの点において鈍るところがあったようなわけである。そういう例は一々数え立てると際限がない。西洋の方で見ても、シーザーであるとか、ナポレオンであるとか、皆この一事に至って大いに惑っているのである。そういうようなありさまであるから、例えばこの世間で何心《なにごころ》なく謡っている歌でもそうである。浄瑠璃でもそうである。たいてい皆このことから発している。例えば曾根崎心中などもそうである。あれ一つではない。近松の心中物と云われているものは皆そうである。西洋でもシェークスピヤのハムレットなどが、やはりそういうようなところから起こっているのである。たいていの事柄が皆そこから出ている。今日の新聞でも、雑報欄内《ざっぽうらん》を眺めてみると、日々の記事が多くはみなそれである。そういう点に人間が多く身を誤るものである。ところで仏はそこへ眼を着けて、三毒の初めの一つとして、このことをここでお説きになるのである。

ところが仏教の眼の着け方は、心の方を先にして形は次にしている。それは四十二章経であったと思うが、ある若い坊さんが——それを一人の人とも書いているところもある。ともかく誰でもよい。——若い人があって、どうも性欲を制することができない。婬欲というものは、どうもその念が始終、我を煩わすので、自から気を激《はげ》まして、これでは仏道の修行ができない、女のためにもならない。いかにも我は浅ましいものである。と深く愧じ入って自から憤慨して、その根を断とうとした、とこうある。利器を持ち来たって自分の精根を断とうとした。それを仏がお聞きになって、それはとんでもない謬《あやま》りである。我が教えは決してそういうことを奨めるものではない。決してそういうことを教えるのではないと云われた。

その言葉のなかに、「其の陰を断ぜんよりは其の心を断ぜよ」。その今の男の根を切ってしまうよりも、その心——惑えるところの心を切ってしまえ。心をぶち切ってしまえ。とこういうので、仏の教えは常にそうである。私のところへもいろいろな人が来て、この婬欲の一事について人間の最も偽らないことを言ってくるものが多い。年老《としと》った人もあれば、立派な学者もある。その人はきっと真面目な人に相違ない。私はいろいろ自分の経験なり考えなりを、その人々に話したことがたくさんある。しかしながら何をいっても、仏法では形は次である。まずその婬心をぶち断《き》ってしまえ。こう仏が言われたので、若い人が気がついて、いまさらのごとく目が覚めて、それからたいへん偉い人になったということが四十二章経に見えている。なかなかこれは容易なことではない。

瞋《いか》る心、愚癡の心、婬欲の心は誰にもあるけれども、ここにその欲を除け、婬欲を除けとあるは、その婬欲の機械をなくしてしまえというのではない。そこが大乗仏教のありがたいところである。誰が不具的生活をせよと勧めるものがあろう。これは大乗仏教では奨励しないのである。ただ婬欲の心を転じて慈悲の心とせよ。こう書いてある。瞋りの心をもってすぐに勇猛精進の心とせよ。愚癡の心をそのままに転じて智慧の心とせよというのである。それはここに字面には現われていないけれども、法華経のなか、ことに普門品には、観世音菩薩が大慈悲をもって説法せられているところの意味、その意味が籠もっているのである。そこで第一番に三毒を挙げて――我が身を毒するものを三毒というが、そのなかの一番は婬欲である。「衆生あって婬欲多からんには」。もし人々のなかに婬欲の多きに苦しみ悩む輩があるならば、婬欲を断とうということに――その方に力を用いなくともよい。

ただこの方に力を用いればよい。すなわち、常に念じて観世音菩薩を恭敬せば、その欲に離るることを得ん。常念ということはありがたい言葉である。誰でもいっぺんは念ずることができる。あるいは数回念ずることはあるけれども、継続しない。宗教はある一事を幾度か繰り返し繰り返していくところに最もありがたみがあるのである。我々は母の胎内に宿って、それから生まれ出でたものである。四時の循環とか昼夜の交代とか、別に珍しいことはないが、そのうちからあらゆるものが生み出され、あらゆる善きことがそのうちから発育されている。故に婬欲を断てよというのではない。婬欲あるがために万物は生育していくのである。やはりそのものから万物が生ずるので、決して妄《みだ》りに断ち切るべきものではない。

ただただもしそれがために悩み苦しむならば、常に念じて観世音菩薩――この慈悲の心に満ちたる観世音菩薩、勇猛精進の力に満ちたる観世音菩薩、大智慧に満ちたるところの観世音菩薩、こう三つに分けたけれども、三つに限るというわけではない。あらゆる大威神力をもっておられるその観世音菩薩を常念して、恭敬——これは呉音で読むとクギョウであるけれども、漢音ではキョウケイ、恭しく敬うという意味、——常念して敬い仰いでいるならば、すなわち我れ自身が観音の現われであるという信念信仰を重ねて来たならば、その欲に離れることを得るであろう。まことにありがたいところと思うがどうですか？

「若し瞋恚多からんに、常に念じて観世音菩薩を恭敬すれば、便ち瞋を離るることを得ん」。これもなかなか難しいことである。瞋《いか》るということは、だんだんこう偉い人の伝記などを見ても——怒る心のない人は一人もないようであるが、ただ優れた人は人に怒りを移さずして自分に向かって怒る。人を叱らずして自分を叱る。大いに怒るには相違ないけれども、人に向かって怒りを移さない。我を叱り、我を鞭《むちう》ち、我に向かって誡めている。凡人とはそれだけの違いがあろうと思う。だがしかし、そこに怒るという言葉はよくいうことであるが、論語にも「一朝の忿《いか》りに其の身を忘れ、もって其の親に及ぼすは惑いに非ざるか」といっている。どんなに善いことをして、あの人は感心な人だと云われても、一朝、怒ったためにせっかくの善いことを何もかもなくしてしまうことはよくあることである。

経文を読んでみると、怒りを制するためにありがたい金言がたくさんある。「怒りは功徳の林を焼く」という言葉があって、ひとたび瞋りの心を生ずれば、生涯積んだ功徳も一朝にしてなくしてしまうと仏は誡められている。ところがこれを身分のうえでいうと、人に使われる者よりも、人を使う者の方に誡むべきはこの瞋りである。人に使われるものは、よしや心に怒ることがあってもこれを発することのできない場合が少なくない。人を使う人になると、容易に自分の怒りを人に移すことができるのである。身分ある人、たとえば、学者、政治家、宗教家、富豪、貴族というような、人を使う側の人は、最もこの一事を慎まなければならない。こういうように懇々と古人の教えられたことがたくさんある。たいてい日常の事実を見ても、何でもない怒りによって、身を滅ぼし財をなくすことが珍しくない。小さい怒りになると、無教育の者、または考えのない人が、主人から叱られたために腹を立てて、その怒りを移すことができないから、器物を毀《こわ》すはまだしも、家宅に火を放《つ》けるというようなことがある。そういうことをやらない輩《ともがら》でも、自から首をくくるとか、水のなかに飛び込むというようなことをするのは、みなこれ、怒りのためである。

瞋恚、愚癡、婬欲、この三つが始終、関連している。婬欲の酷い者が、やはり身を滅ぼし財を失う。愚癡もそうである。ところが古人の例をみると――だんだん思い起こすのであるが――後漢の時代の人に劉寛《りゅうかん》饒《にょう》というような人がある。有名な人である。非常に人格の高い、生涯その憤ったことを一家族のうちでも見たことがないと云われた人である。いつも朝早く起きて沐浴し、それが済むと神仏に天下国家の泰平を祈りあげる。それから朝服を着けて参内の時刻を待っている。そういうふうに万事正しい人であったが、ある日、朝服を着けて食事をしていた時に、下婢《かひ》がお給仕に出て来て、熱い羹物《あつもの》を、主人が恭しくきちんと官服を着けている膝のうえにだらだらとこぼした。これはたいへんなことをしたと、下女が慌てて詫びをいうと、劉寛饒は顔色も変えずして、お前、手を傷《や》きはしなかったかと云われた。自分の朝服の汚れたことには少しも気を留めない様子で、かえって下女の身をいたわったのである。そういうところにその人の面影が現われている。ちゃんと晴れ着を着ているところへ、茶を一滴こぼしても心を動かすのが普通の人情であるのに、官服を着けて今や参内しようという間際に、熱い羹物でそれを汚されても、その方へは目もくれずに、手を傷きはしなかったかと、過ちを犯した者をいたわれるとは、さすがに有名な人だけあって違ったものである。昔の人が瞋恚の心を転じて心の修養をしたことはかくのごとくである。

そういう例はほかにもたくさんある。有名な物理学者のアボジットもそうである。アボジットは大気圧の真理を発明しようと思って、二十七年の間、毎日毎日、晴雨計《せいうけい》を見つめて、その結果を日記に書き入れて、非常に苦心して研究していた。そのくらい綿密に心を潜《ひそ》めて研究していたところが、新しく雇った下女が、ある日、先生の留守の間に書斎の掃除をしようと思って書斎へ行ってみると、机のうえから部屋一面に何か紙に書いたものが散らばっている。下女はそれが貴重な先生の研究書類とは心つかずに、こんな反古紙が散らばっているのはまことに見苦しいという忠義立てから、皆それを纏めて火をつけて焼いてしまった。そのところへ先生が帰って来られて、部屋の様子を見て驚いて仔細を問うと、下女は得意顔に、あんな汚い反古紙を部屋中に散らかしておいては、掃除もできないので困ったから焼きましたと答えた。それを聞いたアボジットは一方《ひとかた》ならず失望落胆したけれども、決して怒りを移すことをしない。しばらく手を拱《こまね》いて考えていたが、やがて徐々として静かに下女に向い、このごろ雇い入れたばかりのお前だから知るまいが、あれは私にとっては大事なものであった。しかしすでに焼いてしまった以上はいたしかたないが、この後、部屋の掃除は私がするからお前はかまわないでいい。今回の事は私の注意の足らなかったためで、私の落ち度である。おまえはなにも心配せずとよいといって、少しも怒りを発しなかったということが、その伝記に書いてある。

そういう例はほかにもたくさんある。かのニュートンなどにも、それに似たことがある。これも有名な大学者であるが、かねてニュートンは可愛らしい犬を飼っていた。ダイヤモンドという名をつけて、始終可愛がって養っていたところが、何といっても犬のことであるから仕方のないもので、先生が留守の間に居間へ来て、机の上にある大事な書き物、すなわちニュートンが苦心して考えて書いておいた書類を、口にくわえて、噛んで噛んで噛み破ってしまった。そこへニュートンが帰って来て、それを見てたいへん失望したであろうけれども、――我々どもなら、ただちに怒るところであろうが、ニュートンは少しも怒らないで、犬に向かって言うには、「なるほど、貴様には大事な書類とも結構な書類とも知れまいが、これは多年の苦心をもって私がようやく考え出した大切の事柄の記録である。以後は決してここへ入ってはならないぞよ」と、そっと縁さきから抱き下ろしたということがある本に書いてある。こういうことは、平生の修養がなければなかなかできるものでない。

さて、裏からいうとそういうことであるが、表からいうと前の通りである。瞋恚があるために、よほど偉い学者や物知りでも、また財産や地位があっても、一朝の怒りのために、じきに名誉を損じ身を害したる類例《ためし》は敢えて少くない。故に大いに慎むべきは怒りである。

昔ある村夫子《そんふうし》のところへ、物を知らない質朴な老爺《おやじ》が来て、「どうも私は何も知らないで困りますが、一生涯の守りになるもので、何か手軽いことがありますものなら、それを一つ教えていただきたい」と云った。そこで先生は、難しいことを教えたところで仕方がないが、勘忍《かんにん》ということは何事にも大切であるというところからして、勘忍の二字を書いて、これは生きた守り本尊であるぞ、一生涯の守りはたったこの二字で足るぞといって、その書いたものを老爺に与えた。

ところが老爺は質朴で、いわゆる知らぬが仏であるから、「勘忍の二字と仰しゃるけれども、「かんにん」では四字ではござりませぬか」といった。なるほど何も知らない人から見れば、「かんにん」は四字である。ところが先生は怒った。「勘忍といえば二字ではないか。そういうことをいうから、貴様は何も知らないと云われるのだ。馬鹿者はしようのないものだ。丁寧に言えば、勘忍ということは堪え忍ぶということである」とさらに教えた。そうすると老爺は、ますます不思議な顔つきで、「たえしのぶ」というと今度は五字になりますといった。すると先生は真っ赤になって、そういう馬鹿ものでは、もう俺は何も言わないと、ぶりぶり怒ってしまった。ところが老爺は無我な顔をして、「貴君《あなた》は怒りなさるけれども、堪忍という字を守れとあなたがいわれるから、私は腹を立てません」といったとやら。

おどけ話のようであるけれども、その通りである。瞋るということは、いかなる大人学者でも、往々にして陥り易い穴である。故に、「若し瞋恚多からんには、常に念じて観世音菩薩を恭敬すれば」、恭《うやま》い敬《うやま》うというならば、「便ち瞋に離るることを得ん」、瞋恚の心が本から離れるのみならず、それがじきに勇猛精進の心となるであろう。

「若し愚癡多からんに、常に念じて観世音菩薩を恭敬すれば、便ち癡に離るることを得ん」。愚癡ということは、愚というも癡というも、ともに「おろか」なことで、これはどちらかというと、物を知らない考えない人に愚癡が多い。ちょうど我々の愚癡というものは、この智慧の光りを蔽うところの雲みたいなようなものである。仰いで空を見ても雲がかかると、太陽の光りも月の光りも星の光りも一切見えない。そういうように愚癡の心があると、仏教で教えるところの三世《さんぜ》因果《いんが》応報《おうほう》の道理もさっぱり分からない。それがだいたい分からないから、神もない、仏もないとこういう。君子はそうではない。天命を畏れ大人を畏れ聖人の言を畏れるといっている。畏れ敬うという心がなかったならば、その人は方辟邪思《ほうへきじゃし》到らざるところがないと思う。人間は何かほかに抵抗すべきものがあれば物の存在を知るけれども、いちいち神といい仏といっても、別に何も抵抗するものがないから分からないようであるけれども、人間の小さな目には分かるものでない。大なる不可思議なものがあるということは、昔から偉い人、霊眼を持っている人の、皆な認めていることである。

今の世は調子が変わって来ているから、ただわずかな学問技術の智慧ができたといって、それでいいと思っている。これが皆、愚癡のいたすところで、神あることも分からなければ、仏あることも分からない。実在あることも分からない。三世因果応報の道理あることも分からない。そういう者が、すなわち雲のごとく霧のごとき愚癡に目を蔽われたものである。

そういうようなわけであるから、そのなかからいろいろの邪見というような、そういう結晶物が降って来たり、貪《とん》、瞋《じん》、癡《ち》、我執《がしゅう》、我見《がけん》というような雹《ひょう》、霰《あられ》、雪、また電《いなずま》、雷鳴の起こるのも皆それからである。その仏の邪見といわれるのは、これを常見《じょうけん》と断見《だんけん》との二つに分けてある。断見というのは、一切因果の真理を打ち切ってしまった恐るべき考え。常見というのは、いつもこの通り人間界には山が聳え、水が流れ、いつもかも月夜のごとく、いつもかも春の夜のようであるという考え。どちらかというと、断見と常見の間に多くの人が往来している。その間に往来して、それが己れの見識をもって考えているように思っているけれども、仏はそれを邪見という。煩悩から起こり、所智障《しょちしょう》から起こる。それは皆、愚癡というものである。

故にもし愚癡が多からんには、常に念じて観世音菩薩を恭しく敬えば、癡に離れることを得んというのである。どういう塩梅に恭しく敬うかというに、自分の信念で我は大慈悲、大智慧、大勇猛の力に満ちているところの観世音菩薩を一身に活現したものである。我は観世音菩薩の権化である。こういう信念をもって恭敬すれば、すなわち癡を離れることを得る。もう、そういっておいて敢えて差し支えなかろうと思う。

そうしておいて、「無尽意よ、観世音菩薩は是の如き等の大威神力あり、饒益する所多し。この故に衆生は常に応さに心に念ずべし」。前にも申したように、無尽意菩薩が多くの菩薩の総代となって、仏に向かって観世音菩薩の因縁を問うたのであるから、ここに無尽意ということがあるのである。無尽意よ、観世音菩薩はかくのごとき大威神力がある。まことに恐るべきところの淫欲を断ち切り、瞋恚を断ち切り、愚癡をことごとく焼き亡ぼしてしまうところの大なる威神力がある。言い換えれば、かくのごとく堅固なるところの威神力がある。「饒益する所多し」というのは、観世音菩薩の功徳が一切衆生を利益するところが多い。「この故に衆生は常に応に心に念ずべし」。始終自分に持っている観世音菩薩であるから、しばらくも忘れることなく、常住不断、心に念ずべし。その心をもって家庭を治め、その心をもって妻子に対し、その心をもって婢僕《ひぼく》に対していくならば、家庭は常に春の海のごとく、平和に長閑《のどか》に治まっていくであろうと思う。観音経の特色として、未来のことはあまり説いていない。死んで後どうなるかとか、そういうことは説いていない。人間の身体を棄ててどうなるものでもない。現在の男、女、そのままにしておいて、しかして皆な苦しみを離れ、楽しみを得ることができる。それがこのお経の特色と私は思っている。ゆえに家庭における教えとして、普門品がまことによくできているというように私は考えている。

観音経講話第七回

若有女人。設欲求男。礼拝供養。観世音菩薩。便生福徳智慧之男。設欲求女。便生端正有相之女。宿植徳本。衆人愛敬。無尽意。観世音菩薩。有如是力。

〔和訓〕若し女人ありて、設《も》し男を求めんと欲して礼拝供養せば、観世音菩薩、便ち福徳智慧の男を生ぜん。設し女を求めんと欲せば、便ち端正有相の女を生ぜん。宿《つと》に徳本を植えて衆人に愛敬せらる。無尽意、観世音菩薩は是の如き力あり。

〔講話〕観音経もだんだんお話いたしてきて、ついにここにいたりましたが、この前には七難と三毒ということのお話をいたしました。それは初めをお聴きになった方々はお分かりになりましたでしょうが、言わば七つの難を転じて七つの福となす。言い換えると、禍《わざわい》を転じて福《さいわ》いとなすというのである。その次は三毒、すなわち貪瞋癡《とんじんち》の三毒で、なかにはこの貪を淫欲としているものもあるが、同じことである。その三毒の迷いを転じて智慧となす。これもやはり禍を転じて福となすというのであって、それからついに今日のところに至ったのである。今日のところは一口にいうと、二求章《ぐしょう》と称する。二求《く》というのは二つの求めである。それは何であるかということが、これからのお話である。

前述のごとく難を転じて易《い》となし、毒を転じて薬となせば、我々の心というものは、奇麗さっぱりとなる。そこで始めてこの二通りの願いが叶うというわけである。これは前々からたびたび私が申し上げたのであるが、私のお話しするのは、観世音菩薩の慈悲を身に体してのお話で。しかして貴女方《あなたがた》のお聴きになるのは、貴女方が取りも直さず観世音菩薩の慈悲の現われとしてお聴きになるのである。そういう観念を始終もっていなければならない。つまり、そういう考えでいるところで、我々凡夫と観世音菩薩とが親しく出遭うことができる。

どちらかと申せば、慈悲と慈悲とが相接触するのである。けれども、我々の地位からいうと、慈悲とは云わないで信心の信となる。菩薩の方からは願いとなす。菩薩の慈悲の誓願力と我々の信仰力と出遭ったところが、取りも直さず生きた観世音菩薩の現われというものである。そういう観念でお聴きになったならば、総てこの経文が解釈ができようと思う。

「若し女人ありて、設《も》し男を求めんと欲して礼拝供養せば、観世音菩薩、便ち福徳智慧の男を生ぜん」。いま読んだところは、私に考えさせるというと、これはひとつの胎教と見なしてよいと思う。胎教というのは、ご存知の通り胎内から教えていくことである。教えということは、つまりただ今は学校教育といって、学齢になれば初等の学校に入れ、だんだん進んで高等の学校に導いていく。それも教育の一つとして大切な教えであるけれども、およそ教育というものは、生まれ出た後の教育はその必要が分かっているが、その以前においても教育しなければならない。まだ世界の風に吹かれない前に、すでに我々は何らかの教育を受けていて、しかして生まれ出て来たものである。その意味からいうと、こういうところが胎内の教えとみてよかろうと思う。

胎内における教えということは、教育家が講釈すると、教育的に胎教をいろいろに説明する。それは立派な説もあるが、もうひとつ我々の希望を言わしめるならば、ただ教育的であるばかりでなく、宗教的にも胎内の教えを施していかなければならない。それ故にこれを胎教のご説法と見なしてよかろうと思う。もしそう認めないで、ただ皮相的にこれを考えると、観世音菩薩はどういう菩薩であるか知らないけれども、何でも飴屋が飴人形をこしらえると同様に、福徳智慧の男でも端正有相の女でも、勝手次第にこしらえあげる。昔から神が人間を作って、魂まで細工したという話があるが、それと変わりがない。仏教は科学的の道理には適わない教えであると、こういうふうに見られるであろう。それは全く皮相から起こるところの、ごく浅薄な考えというものである。

宗教というものは、どうしても智慧いっぺんだけのものではない。どちらかというと、智慧とともに慈悲を重んじなければならない。世間の言葉で言うと、智に伴う情である。情意をよく噛み分けていかなければならない。こういう工合であれば、まずよく子を思うということは、女として一番先立つところの考えであろうと思うのである。女ばかりでなく、言うまでもなく男でもそうであろうと思う。我々はいろいろの務めをもって生まれ出ているけれども、我々の祖先が我々に良いものを残してくれたごとく、我々はそれに倍して、もっと良いものをこしらえて後世子孫に遺さなければならない。これはどうしてもそう考えなければならない。またそうでなければ、人間の務めとして面白くない。その願いを果たそうとするには、どうしても良い人間を一人でも余計にもうけなければならないのである。

そこで夫婦相寄って、その因縁により、子供というものができるのであるけれども、特に直接その重任に当たる人は誰かというと、どうしても婦人を推さなければならない。この本文に、若し男子ありと云わないで、女人ありてとあるのはそのためである。開けない時代には、男子と女子と先天的に違うと思っていた時代もあるけれども、そうではない。男も女もほとんど同等同位のものである。なかんずく、子供をこしらえるということに至っては、直接に女の務めといわなければならない。特に日本では、昔から、「敷島《しきしま》の岩戸神楽の昔より　女ならでは夜の明けぬ国」などといっている。この歌は意味の取りようによっては妙なことにも聞こえるけれども、全くこの直接に子供をこしらえることをいったものに違いない。また一休和尚は、ご承知の通り滑稽な坊さんで、いろいろな狂歌を作っているが、そのなかに、「女ほど世にも尊きものはなし釈迦も達磨もひょいひょいと生む」。言葉は可笑しいけれども、全くその通りである。重い責任を負っているものは女である。昔から聖人賢人英雄豪傑といわれたものも、皆な母の胎内を煩《わずら》わして生まれ出て来たものである。女の責任は実に容易ならないと謂わなければならない。

元来、私は家庭をもたないけれども、同時にいろいろな家庭を知っている。富んだ家庭、貧しい家庭、貴い家庭、賤しい家庭、その他いろいろな家庭を知っている。それであるから、家庭の実情はよく分かっているが、家庭の治まると治まらないのとは、婦人の力にある。ことに子女を教育し良い子供を育て上げるということは、男よりも婦人の責めに掛かっていることがたいへん多いのである。昔からのいろいろな人の伝記などを読んでみても、母親の賢いものは皆、立派な子供をもっている。それは理屈でも何でもない、事実が証明している。

ゆえに婦人にあっては、第一に人の妻になると、まず良い子を生みたいでありましょう。またそうでなければならない。それには、生み出した後に始めてどうしようとかこうしようとかいうのでは、もうすでに遅い。我が胎内に一人の子供を宿した日より、言わば一種の教育の意味をもっていなければならない。宗教的には何かそこに一つの信仰がなければならないのである。それであるから、ことに欧米などの様子を聞いてみてもそうであるが、母親たる者で無宗教者などはほとんど一人もないらしい。故に後には大哲学者になる人でも——無神論を唱えるようになる人でも、また学問上から無宗教を唱える人でもそうである。母の胎内に宿った時は、宗教を聞きながら大きくなったものである。無心な胎児の時代にも、宗教的の教育を受けて、しかしてこの世のなかに生まれ出て来たものである。私はしばらく欧米の家庭にもいたが、その実状をみるに、どうしてもこうならなければならないと思う。

ことに観音経というものは、未来だとか冥途だとかいうことは、粟粒ほども説いていない、全く現世の教えである。現世の教えであるのみならず、特に家庭において最も適切な教えである。そういうようなところから、今ここに二求ということをご説法になって、子を生むというところから、こういう考えをもっていなければならぬと説かれてあるのである。

「若し女人ありて、設《も》し男を求めんと欲して礼拝供養せば、観世音菩薩、便ち福徳智慧の男を生ぜん」——本文だけで見ると、何のこともないようであるけれども、いろいろ考えてみるとまことにありがたい。これがたびたび申す通り、お経を見る時には、いつも事釈、観心釈——義釈《ぎしゃく》といってもよい、また理釈《りしゃく》といってもよい。事釈、すなわち事実のうえからいっぺん眺めてみ、それから観心であるから、さらに心のうえからいっぺん眺めてみなければならない。ここに現われている男という字と女という字でもそうである。形に現われている男、女は、言うまでもなく互いに顔を突き合わせているのであるが、もういっぺん、観心釈、すなわち精神的に眺めてみると、男ということは智慧を代表したのである。それに人格をつけて男という。女というのは慈悲という意味である。それに人格をつけてみると、ここに現われている優しい女の子となる。

本来、お経は活読しなければならない。文句のままでは分からない。活きた眼をもってお経を見ようとするには、いつも心のうえから眺めてみなければならない。そうして眺めると、男は智慧なり、女は慈悲なり。しかして我々がここに礼拝供養する観世音菩薩は、一面には慈悲の現われであり、智慧の現われである。同時にまた一面には、勇猛精進の現われである。しかしてこれが一つの心である。こういう工合に見ていくと、どんな難しいお経でも、ちゃんとすぐ分かるのである。

もしここに婦人があって男を求めんと思うならば、ただ心で思っただけではいけない。礼拝供養するというのである。礼拝供養ということも、難しく字義をいうと、いろいろな礼拝があるけれども、我々が平生、普通にやっている礼拝は、三遍ずつ礼拝するのであって、その三遍ずつするという訳は、三毒の汚れの心を去って、しかして浄き三宝を崇め奉《たてまつ》るという意味で礼拝するのである。供養ということも、いろいろあるけれども、あるいは敬供養《けいくよう》といったり、あるいは経供養《きょうくよう》といったり、または利供養《りくよう》という。これを三供養というのである。

お経にはいろいろこれについて微細《みさい》なことが書いてある。敬供養というのは、寺を建てるとか立派な道場を建てるとかいうことである。経供養というのは、お経を読んだりお経を書写したりすることである。利供養というのは、すなわち他の方で四供養という、飲食《おんじき》――食物であるとか、衣服《えふく》、臥具、あるいは医薬、そういうような供養である。そんなことはお経の文字を講釈する時には必要なことであるが、今ここでは省いておく。

どうぞして良い男の子をえたいとこういったならば、思っただけではいけないから、これを実行に現わすのである。しかして、いかにするかといえば、礼拝供養を怠ってはいけない。誰でも良い子を産みたいと思うはずであって、今日、私の見たところでも、あの人は華族であるとか、あるいは富豪であるとか、高い地位があり、立派な肩書きがあるとかいっても、それはほんのうわべから見たのであって、ややもすると上流社会の家庭から、いろいろの不良なるものが現われてき、いろいろ堕落したものが現われてくるのである。まして況《いわ》んやそれのみならず、生んだ子が、生まれながらにして病いであったならばどうしたものである、生まれながらにして五体不満足であったならばどうしたものである。もしそういうことであったならばたいへんなご心配であろうと思う。それであるから、未だ生み出さない前において、胎教としてまず教育しなければならないというのは、そこをいうのである。

やはり母親たるもののその心次第によって、良い子を生むことができようと思う。世間に遺伝説ということがあって、それに関したことがたくさんあるが、その辺のことをさらに生物学的に眺めてみると、青い葉の上にいる虫は、やはり青い色をしている。それを保護色という。また、蝶々などは始終奇麗な花のなかを飛んでいるから、奇麗な羽をもっている。そのほか総てそういうようなありさまである。母親が一念、宗教の心があって、その心に生きた観世音菩薩を朝夕、礼拝供養して、しかして善いことを口にし、善いことを身に行い、善いことを常に考えているならば、その腹に宿ってくるものは、どうしても善い子でなければならない。教育のうえから講釈したならば、立派な説明もできるであろうが、私は宗教的にお話しするのであある。とにかく、母なる人が一種の温かい慈悲深き聡明の心をもって、宿した子供を天然の仏であるように育て上げるということは、よほど大切なことであろうと思う。

もし一人でも悪い息子ができたならば、いかに立派な家庭でもこれがために傷つけられることになる。一家が一生、悲惨ななかに暮らさなければならないことになる。そういう浮き目をみることがある。一人の子供の善悪で、影響するところが非常に大きいことを考えてみると、容易ならないところのものである。それであるから、もしここに女人があって、一人の男子を得たいといって礼拝供養したならば、観世音菩薩は、すなわち福徳智慧の男を生ぜしむというのである。観世音菩薩が子を作るわけではない。子を作るものは女人である。

仏教ではそのへんの解釈を一々因縁によって明らかにする。本来、銘々《めいめい》因縁によって生まれ出ているのであるけれども、ここには宗教的胎教の意味で解釈しなければならない。そこでその考えでお願いをいたしたならば、「便ち福徳智慧の男を生ぜん」とこうある。世のなかには福があっても徳のない人があるまた徳があっても福のない人がある。偉い人になると福徳ともにある。偉くなければ福も徳もない。ところが福徳あっても、智慧がなければいかんともすることができない。男子としてはどうしても智慧が本領である。これとともに福徳——徳行ということがまた、男子としての本領である。今のごとくにして願ったならば、すなわちこの福徳智慧の良い男の子を生ぜしめることができる。平たく言えば授けられるのである。

これを事実のうえでいうと、たくさん観音霊験記などに現われている。例えば法然上人とか、将軍田村麻《たむらま》呂《ろ》とかの話は有名なものである。そういうことは一々挙げて言わなくとも、たくさんある例である。しかし今はその辺のことは略して申し上げません。かくのごとく善いことを口にし、善いことを身に行い、善いことを常に考えていたならば、必ず福あり徳あり智慧備わった男が授かるであろう。

「設《も》し女を求めんと欲せば、便ち端正有相の女を生ぜん」とこうある。端正ということは、ひとくちにいうとまことに欠け目のない立派な顔貌《かおかたち》にできあがったのがそれである。顔貌が立派にできあがっても、またたとえ、いかに美しいといっても、傾城《けいせい》や白拍子のような美しいのでは、徳が現われない。そこで有相《うそう》ということが必要なので、婦道、婦徳というものが姿形《すがたかたち》のうえに現われなければならない。それが女の品位として大切なものである。その品位ということを、ここでは有相という文字に書いているのである。

どうぞ一人の娘を得たいという願いがあるならば、正しい心に正しい行い、正しいことを口にしていれば、すなわち端正有相の娘を生むことができよう。この経文をみると、男の方には礼拝供養ということが現われていて、女の方には礼拝供養という文字が現われていないけれども、もちろんその意味はあるわけで、ただ文字を略してあるだけである。顔貌ということも、幾らか男の方にも加わっている、福徳智慧ということも、まあ女の方にも付いて廻っているのである。これらはただお経の言葉を略さんとしたためである。それで表には男は福徳智慧で、裏面には顔貌が伴っている。女は表面からは端正有相であるけれども、裏面からは福徳智慧が相伴っているのである、互い互いに入り合わせているのである。そういう意味で「設《も》し女を求めんと欲せば、便ち端正有相の女を生ぜん」。

これも読み方によっては、「端正有相の女、夙《つと》に徳本を植えて、衆人に愛敬《あいきょう》せらるるものを生ぜん」と読む者もある。私の読んでいるのは普通の読み方である。すなわち「設し女を求めんと欲せば、便ち端正有相の女を生ぜん」と句切っておいて、それから「宿《つと》に徳本を植えて衆人に愛敬せらる」と読んでおく。その生まれ出たところの娘でも息子でも、それが一夜細工に観世音菩薩が男でも女でも作るというわけではない。すなわち前に申した胎教の意味であって、そういう信仰心をもっていなければ、そこに宿った男にもせよ、女にもせよ、つとに徳本を植えて衆人に愛敬せられることができない。人に愛せられ人に敬われるということは、ただその人が愛くるしいとか何とかいう意味ではない、大いによってくるところがあることを説いたのである。つとにというのは、今よりも前にということである。前にということは古くという意味で、ずっと大昔も中昔も、またその間の昔もあるが、とにかく人には根もなく葉もなくして、他から愛敬せられるということはなくして、愛敬せられるについては、必ずや深い深い因縁があるのである。それは何であるかというと、徳本を植えてあるというのである。徳の本を植えているのである。

我々はお互いにただ人というと、母の胎内から生まれ出て、墓場の土になる間だけを人間の生命と思っているけれども、人間の生命は、大昔から今日まで一貫している。そのなかに若い時もあればだんだんに年が寄り、果ては病気になって遂に死ぬのである。いわゆる生老病死、大海のなかの波みたいなようなものである。あるいは交代していくところの昼夜みたいなようなものである。あるいは四時の循環するがごときものである。いま生きていると思うのは働いている時で、死んだというのは一時休息したものに過ぎない。ひとたび目をつぶってしまえば、後は野となれ山となれといって済むものではない。因縁《いんねん》和合《わごう》して幾度《いくた》びか隠れたり現われたりして、無限にわたって決してその間に尽きるわけではない。

遠いところを眺め深いところに心をつけてみると、人に愛せられて人に敬われるということは、決してあだなことではない。昔し昔しに立派な徳の本を植えているからである。徳の本を植えて根が張り葉が繁っておればこそ、それが報い来て人に愛敬せられることになるのである。徳の本を植えるにもいろいろある。六《ろく》波羅蜜《はらみつ》の布施《ふせ》、持戒《じかい》、忍辱《にんにく》、精進《しょうじん》、禅定《ぜんじょう》、智慧《ちえ》をだんだん推し拡げると八万四千の徳本となる。偉い徳を植えつけるようであるけれども、ずっと本に立ち返ってみると、やはり観世音菩薩の現われである、慈悲、智慧、勇猛精進の力で、その根底に向かって金剛不壊《こんごうふえ》の信仰心を打ち立てたということに帰する。

徳本の業は分けてみれば幾つもあるけれども、まずこの信ずるという信の一字が大切である。信はあらゆる善根功徳《ぜんごんくどく》の母である。ちょうど母が子を生むがごとくに、この信仰心を一心に打ち立てれば、あらゆる善根功徳、何もかもこれより生まれ出でるものである。それによってみると、徳本を植えるということは、正しい信の一字に帰するといっても、あえて言い損ないではなかろうと思う。つとに徳本を植えて衆人に愛敬せられるというような、そういう良い娘を生み出し、そういう良い息子を生み出そうとするには、この信の一字を平生から大切に守らなければならない。

「宿《つと》に徳本を植えて衆人に愛敬せらる」。無尽意、観世音菩薩は是の如き力あり」。無尽意菩薩よ。そう心得よ。観世音菩薩はこの通りの力がある。力ということは、経文を調べてみるといろいろあって、赤ん坊の啼《な》くのも力である。または婦人は怒るのをもって力となすとも書いてある。妙な力もあるものである。菩薩は慈悲をもって力となす。今ここに観世音菩薩は、すなわち大慈大悲の願力をもって力となすのである。この大慈大悲の願をもってなすところの力には、何ものも敵するものがない。仁者は敵なし、仁心《じんしん》あるものには天下に敵するものがないというのと同じことである。大願力のなかには一切衆生が抱かれてある。一切の世界は皆この力のなかに包まれてあるといっても差し支えがないのである。観世音菩薩はかくのごとき力があるぞよと仰せられたのであります。

観音経講話第八回

若有衆生。恭敬礼拝。観世音菩薩。福不唐捐。是故衆生。皆応受持。観世音菩薩名号。無尽意。若有人受持。六十二億。恒河沙菩薩名字。復尽形供養。飲食。衣服。臥具。医薬。於汝意云何。是善男子。善女人。功徳多不。無尽意言。甚多世尊。仏言。若復有人。受持観世音菩薩名号。乃至一時。礼拝供養。是二人福。正等無異。於百千万億劫。不可窮尽。無尽意。受持観世音菩薩名号。得如是。無量無辺。福徳之利。

［和訓］若し衆生あって、観世音菩薩を恭敬礼拝《くぎょうらいはい》せば、福、唐捐《とうえん》せざらん。是の故に、衆生皆応《ま》さに観世音菩薩の名号《みょうごう》を受持《じゅじ》すべし。無尽意よ、若し人あり、六十二億恒河沙《ごうがしゃ》の菩薩の名字を受持し、復た形を尽くすまで、飲食《おんじき》、衣服《えふく》、臥具、医薬を供養せんに、汝の意《こころ》に於て云何《いかん》。是の善男子善女人、功徳多きや否《いな》や。無尽意言《もう》さく、甚《はなは》だ多し、世尊、仏言《のたま》わく、若し復た人あり、観世音菩薩の名号を受持し、乃至一時に礼拝供養せんに、是の二人、福、正等《しょうとう》にして異なること無く、百千万億劫に於いても、窮尽《ぐうじん》するべからず。無尽意、観世音菩薩の名号を受持せば、是の如く無量無辺の福徳の利を得んと。

［講話］実は、観音経を講じる前に当たって、和讃ようのものを異口同音に大勢の人が唱えることができるならば、それは良いことであろうと思う。しかしながら、こういうことはこちらから少しでも無理に強いるようになっては、どうも面白くないから、そこは銘々の思し召し次第であるが、――この間、自坊の古倉《ふるくら》の反古《はご》のなかからこんな和讃が出てまいりました。誰が作ったのか、いま記憶しないけれども、こういうものが見付かったから披露しておいて、ざっと素読をして見ます。仮に他日、ここで講話の始まる前にこれを読むとしても、調子が揃わなければいけませんから、ご参考までに一通り読むことにいたします。文句はごく平易にできております。

　帰命頂礼観世音《きみょうちょうらいかんぜおん》　昔は勝宝妙如来《しょうぼうみょうにょらい》　未来は光明功徳仏《こうみょうくどくぶつ》　十大願の海ふかく　今此の娑婆《しゃば》に示現《じげん》して　生《いき》とし生ける者のため　大慈大悲《だいずだいひ》の手を垂れて　種々に済度《さいど》を成《な》し給う　譬えば万《よろず》の水澄みて　一《ひとつ》の月のうつる如く　感応《かんのう》れいけん新《あらた》なり　聞くに法華の普門品《ふもんぼん》　三十三に身をわけて　十九の説法有《あり》がたく　七難三毒みな滅し　二求両願《にぐりょうがん》も成就せり　若し人現世は安穏に　後生も善処と思いなば　常々菩薩を念ずべし　念彼観音《ねんぴかんのん》の其のちから　如何なる障《さわ》りも除《のぞく》なり　無量の福徳集まりて　春の晨《あした》に鳴く鳥も　秋の夕べの虫の音も　畢竟梵音海潮音《ひっきょうぼんおんかいちょうおん》　聞声悟道《もんしょうごどう》の法《のり》のこえ　実《げ》にやあおぐも愚《おろか》なり　扨《さて》また行者の臨終は　蓮の台《うてな》をささげ来て　随願往生《ずいがんおうじょう》とげしめり　これ此《この》菩薩を信ぜずば　渡《わたり》に船をいむならん　然《しか》らば高きも賎《いやし》きも　童男童女に至るまで　念々疑うこころなく　誠に頂礼いたすべし　南無大悲観世音　奄阿盧利《おんあすり》伽娑婆訶《きゃそわか》

これだけであります。他日これが印刷でもできたならば、ご銘々に一枚ずつ分けたならよかろうと思う。ちょっとここに披露しておいて、素読して見たのであります。

「若し衆生あって、観世音菩薩を恭敬礼拝せば、福唐捐せざらん」。いつもいつも繰り返して申し上げることであるが、いやしくも我々が観世音菩薩に親しくお目に掛かろうと思うならば、ぜんたい我々は何ものであるか、我はすなわち観世音菩薩の権化であると、こういう観念を常に持っていなければならない。今までも申す通り、観世音菩薩というは、すなわち大慈悲、大智慧、大勇猛心、――智慧と慈悲と勇猛精進の力とのその現われが、すなわち観世音菩薩である。その観世音菩薩の現われが、直きにすなわちこの我々であると、こういう確かな自信力というものを常に持っていなければならない。それをもって昔からいろいろさまざま功徳霊験が現われるのである。

今までもお話しいたして来た通り、初めに七難ということがあった。その七通りの難儀を転じて、それをじきに七通りの幸となす。――七難を転じて七福とする。世間の言葉にいう通り、禍いを転じて福となすということができる。それは何によってそうなるかといえば、詳しくいうと、願いと信心との力である。それで七難を転じて七福となす。その次は三毒を転じて三徳となす。いろいろ言い方もあるが、我が心を害するところの三通りの毒、それを転じてじきに三通りの徳となす。こういうことがある。それは初めからお話いたした通り、七難三毒ということである。

それから二求《ぐ》というのがある。二つの求めということで、良き男の子、好き女の子の二つを求めて、しかしてその願いが満足せられる。こういうような霊験は昔からたくさんあるが、皆なこの心より転じて来たもので、自分の信じる力によって、かくのごとき功徳因縁を自分で生み出すのである。ちょうど母親が子を生むがごとくに、どんな良い子でも皆な我から生み出だす。こういうことを申して来たのである。

ここにおいてか、観世音菩薩はこれくらいの広大なる力があるのであるから、今もし衆生あって、観世音菩薩を恭敬礼拝すれば、福唐捐なからんというのである。唐捐ということは、字の通り唐は空《むな》しくということ、捐は捨てると、こういう。「えん」とも読み「けん」とも読む場合がある。空しく捨てることなからんということは、平たくいうと無駄ではないということである。もし衆生あって――衆生とは我れ人ばかりではないが、まず人を重《おも》にして、今日生きとし生けるもの、誰でも観世音菩薩を恭敬礼拝すれば、――恭敬礼拝という文字はよく分かっているが、恭敬は恭しく敬うということで、しかして礼拝は拝むということ。それを文字上から詳しく考えると、初めの七難のところでは、観音菩薩の御名を唱えんと、こうある。それから三毒二求のところにおいては、観世音菩薩を心に念ずると、こういう工合に書いてある。

ここには念ずるとは云わない。また御名を唱えるとも云わない。ただ恭敬礼拝せばとある。これを仏教家の用いる言葉に当て嵌めてみると、身口意《しんくい》――三業《さんごう》の功徳ということになっている。心に念ずるというのは、すなわち身口意の意である。御名を唱えるというのは、口の業。身は身の業で、恭敬し礼拝することは身体で行う。心に念じ、口に唱え、しかして身体において親しく恭敬礼拝する。こういうことである。恭敬礼拝するというは、ただ観音様を向こうに立てておいて、しかして我が身体をもって幾度か拝み礼拝するのであるけれども、仏教においてはおよそ七通りに礼拝を分けてあるということが経文に出ている。

こういうところの礼拝は、平等実相《びょうどうじっそう》の礼拝という。平等実相ということは、平生の言葉にあまり用いないことであるが、ちょっと言うと、平等は平らか、同様の意味で、実相は真実の姿と書いてある。その心で向こうに崇め立ててあるところの、諸仏なり、菩薩なりを礼拝する。表面《うわべ》からいうと、我と彼であるが、我れ我れを忘れ、彼れ彼れを忘れるのである。彼はこれに向かって礼拝するといい施すという、そういう心を忘れてしまうのである。願信一如《がんしんいちにょ》で、願いと信心とが一体になって、すなわち一心不乱にずっと成り来たったところ、「実相平等の現われを礼拝恭敬する」という。かような心持ちであるから、心と身体がぴったり一つになってくる。そこに大いに味わうべきところがあるであろうと思う。

古歌に「唱うれば我れも仏もなかりけり」とあるが、そういうありさまで、ただ南無阿弥陀仏である。ここではすなわち南無観世音菩薩である。南無観世音菩薩と、こういう。そういうことは、自覚していない人からみると、たわいないように思うかも知れないけれども、まことに力あり意味あることである。それであるから、ただうわべから仏教を眺める人は、仏教は偶像礼拝教である、仏教徒は偶像礼拝者である、と、そういう工合に見てしまうから、仏教にとってはまことに迷惑千万な話である。

しかるに今いう平等実相の恭敬礼拝ということにいたるというと、例えば、向こうに崇めている恭敬する仏が、たとえ石や金《かね》で作ったものに過ぎないで、しかもそのなかには手の抜けているものもあり、半分鼻の欠けたものもあるといっても、これを平等実相のうえからみると、ちょっとも差し支えがない。向こうに立てた仏様なら仏様と、観音様なら観音様と自分とがぴったり一つになって、そこにちっとも別け隔てがない。かくのごとくに恭敬礼拝するならば、そこには生きた仏様、生きた観音様が現われてくるのである。それであるから、仏様における礼拝は偶像崇拝などという意味とはたいへん違うものである。こうなってくると、我が身を初めとし総てのものが、ことごとく仏様なり観音様なりの大慈悲の現われ、大智慧の現われ、大勇猛心の現われでないことはない。こうなってくる。

ところが世の浅見の学者などが仏教を誹《そし》る場合には、そういうところを見てくれないで、ただうわべから眺めてかれこれ言っているのである。そんなことで敲《たた》かれても踏まれても、我が仏教ではちっとも痛くない。何でも恭敬礼拝を身体で実地に行う、ここに心を据えなければならない。そこに願心一如の境涯があるので、まことにありがたい。

しかしこういうことが経文に書いてある。仏在世の時に出家した坊さんが一人あった。その坊さんは一向《いっこう》、深い学問もなければ、あまり智慧のあった方でもない。どっちかというと、正直一方《いっぽう》という人であった。ところがその時分には、声聞乗《しょうもんじょう》の人の悟りにはいろいろ階級が決まっていて、例えば羅漢の境涯を得るには、初めは須陀洹《しゅだごん》、斯陀含《しだごん》、阿那含《あなごん》、それから阿羅漢《あらかん》、こういうふうに悟りを開く順序がある。順序によってそれぞれの資格があって、低いところから高いところとだんだんに攀《よ》じ上《のぼ》っていく。決して一足飛《いっそくと》びに大乗の方面にいかれるというようなわけではなかった。その坊さんは、どうしても羅漢の境涯を得なければならないと熱心に思い詰めていた。

ただ羅漢といえば、よく平生でも人がいっている言葉であるが、それがどんな人を指していうかというと、羅漢はいったい梵語のアラハット――これを翻訳すると、殺賊《せつぞく》ということで、盗人を殺すという意味になる。そういうと、何か警察官か監獄の役人のように聞こえるけれども、そんなものではない。我が心のなかの一切の悪念妄想、この煩悩の盗人を殺し尽くした人、その境涯に至ったものを殺賊というのである。その他、羅漢の意味の翻訳は二、三通りあるけれども、他は省いて申しません。そういう境涯である。

ところが今道心《いまどうしん》のこの坊さん、ごく正直な、むしろ愚直な方であるが、どうか羅漢の悟りを得たいと思ったけれども、なにぶん一足飛びにいかれないから、人に頼んで手引きを得たいと思って、ある時、若い他の仏弟子達の大勢集まっているところに行って、「私はどうしたならば悟りが開かれようか。悟りを開いて羅漢の境涯を得ようと思いますが、如何にしたらよいか」と、まことに正直正面で相談した。ところが、若い人達というものはいつでもそうだが、軽はずみなものであるから、あいつは何も知らないくせに、羅漢の境涯を得たいなどとは、分に過ぎた大望である。一つ愚弄してやれというので、「よろしい。羅漢の境涯は、我々が得させてやろう。それにはまず、手を合わせてお辞儀をして、じっと慎んで、何でもこちらのする通りになっておれ」。こう若い人達がいった。

そこでどうしたかというと、若い人達は手毬を持って来て、「羅漢の境涯を得るには、初めに須陀洹の境涯から、だんだんに順序を履《ふ》んでいかなければならない。我々がそれを一つ一つ得させるから、そのつもりでありがたく思え」といって、持って来た手毬をもって、その今道心の坊さんの頭を力任せにぼんと殴りつけて、そら須陀洹向だ。またぼんと殴って、そら須陀洹果だ、そら斯陀含向だ、そら斯陀含果だ、阿那含向だ、阿那含果だと、ぼんぼんやった。今道心の坊さんは、何だかわけは分からないけれども、まことにありがたい、まことに忝《かた》じけないと、ただ一心不乱に真っ正直に受けた。そうすると、若い人達はさらにその手毬をもって、そら今度は阿羅漢向の境涯を得させるぞ、ぼーん、どうもありがたい。今度はいよいよ阿羅漢果の境涯を得させるぞといって、大きくぼーんとやった。その時に、その正直坊さん、不思議に阿羅漢の境涯を得た。これを支那ふうの口調でいうと、豁然《かつねん》として大悟した。というのは、学問でも理屈でもなく、坊さんが願信一如に、親しく這入《はい》り込んだからである。こういう話が経文に出ている。

今、観世音菩薩といっても、もし信念のないものから見れば、これに向かって頭を下げるのは何であるかというが、それは親しく観世音菩薩の慈悲を我々自身の相出遭《あい》ったところに恭敬礼拝したならば、その功徳は無量無辺、大きさ測るべからざるものがあろう。こういうところがありがたい。ややもすると、禅宗の坊さんは拝むこともいらない、礼拝恭敬をしないのが悟りを開いたものであるとか、坊さんは悲しい時に涙を出したり、嬉しいときに笑ったり、そういうことはしないはずである。それが禅宗坊さんの真面目であるなどと、いかがわしい坊さんの大言壮語するのを見て、大乗仏教を誤解している者のなかには、それを悟りを得たもののように考えているものもある。識者からすると、こんなばかげたことはない。もしそれが大乗仏教であるならば、じつに非宗教的、非倫理的、非常識的のはなはだつまらないものである。これはよほど細心に考えなければならない。

もう一つ例を挙げると、これも有名な話であるが、黄檗《おうばく》の希運《きうん》禅師、すなわち我が宗祖臨済禅師のお師匠さんに当たる人、この人が二六時中、常によく礼拝した。私も支那へ行って実地に見たのであるが、あちらで本式の最敬礼をやる時には、腰を曲げて、敷瓦《しきがわら》のうえでもタタキのうえでもこの額をもっていってこつんこつんとやる。それを永年やっているうちには、この額に瘤《こぶ》ができる。ところが黄檗禅師は宗旨のうえにおいても実に大機大用《だいきだいゆう》を備えた人であって、実に非凡な人であるにもかかわらず、毎朝毎朝、仏の前に行って、何か唱えては礼拝をする。

その頃、大中という人がいたが、この人は後に宋の真宗《しんそう》皇帝となられた方で、その頃は大中と云われて、禅宗の坊さんと一緒に修行しておられた。その大中が、ある時和尚の礼拝を見て、黄檗和尚はあれほどの大機大用があるにもかかわらず、そしてまた平生、仏についても求めないと、こういっていながら、礼拝をするとはどうもおかしいと。そこで、黄檗和尚にこう尋ねた。「仏について求めず、法について求めず、衆について求めず、しかるに礼拝して何を求めるのでありますか」。すると黄檗和尚、仏について求めず、法について求めず、衆について求めず、常に礼拝することかくのごとしと答えられた。そこで大中が、何も向こうについて求めることがなければ。礼拝するに及びますまい。（ちょっと言いそうなことであるが）そうすると、黄檗和尚はことごとしく講釈しないで、じきに大きな手を差し出して、大中の頬桁《ほうべた》をぴしゃりとやった。ここでは哲学的講釈や理屈では追っ付かない。すると大中が、大麤生《だいそせい》、これは手あらな、というと、黄檗和尚、「この真箇礼拝《しんこらいはい》の境涯に向《むか》ってなんの麤《そ》だの細だのということがあろうか」といって、またまたぴしゃりとやった。こういうことが有名な話であるが、これがまことにありがたい。

今のなまなかな禅者は仏を拝むとか崇めるとかすると、何とかかんとか云うであろうが、なかなかそうではない。本当の禅定仏法の境涯は、いつもいう通り、意《い》は毘盧頂顊《びるちょうねい》を踏むといって、仏の頭の上をも土足で踏むほどに志は高く持っていても、それと同時に日常の行は鼻垂小僧《はなたれこぞう》の足許をも礼拝するくらいに卑近な実地な行いをする。それが禅坊主の実行方法である。それで始めて大乗仏法の全き境涯が現われるのである。

「若し衆生あって、観世音菩薩を恭敬礼拝せば、福、唐捐せざらん」。初めに七難三毒二求を挙げて来たが、あらゆる福《さいわい》はまたここにある。恭敬礼拝は決して無駄にはならない。この故に衆生、すなわち生きとし生けるところの人は、観世音菩薩の御名を唱えて、恭敬礼拝すべし。無尽意——またお呼び出しになっている。無尽意菩薩は大勢の人々の代表者であるから、いつもこうお呼び出しになっている。無尽意よ、「若し人あり、六十二億恒河沙の菩薩の名字を受持し、復た形を尽くすまで、飲食、衣服、臥具、医薬を供養せんに、汝の意に於て云何」。

これは経文の言葉で、ちゃんと申すところが決まっていて、四多《た》四少《しょう》の功徳の比較、すなわち四多四少とは、四つの多いことと四つの少ないことで、それを比較して説かれたのである。何が多いことと少ないことであるかというと、一つは福田《ふくでん》。福田とは仏の施された福の田地で、百姓が田地に種を播《ま》けば、秋豊《みの》るがごとくに、仏は礼拝供養すれば必ず福徳を与える。ちょうど田地から穀物が上《あが》ると同じであるから、福田というのである。すなわち仏菩薩の福田である。それからもう一つは持名《じみょう》、名を保つということである。この福田を持名する。それから時節《じせつ》、すなわち時である。それからまた供養。四番目は供養。四供養といって四通りの供養がある。本文にもある通り、飲食、衣服、臥具、医薬、これが四通りの供養である。最初から数えると、第一福田、第二持名、第三時節、第四供養、とこうなる。その一つは多い福田、多い持名、多い時節、多い供養で、もう一つは、ごく少ないところの福田、ごく少ないところの持名、ごく少ないところの時節、ごく少ないところの供養。こういうことである。それを較べてお説きになったのである。

無尽意よ、若し人あって、六十二億恒河沙のという。この恒河というのは、今はガンジス河といって、これは印度における四大河のなかの大きい川である。川も大きいが、そのまた川の真砂《まさご》の数であるから、なかなかたいへんなものである。おおかた、誰も数えたものは一人もあるまい。その数知れない真砂が六十二億――門外漢などは、仏教というものは、こういう空想的ないい加減なことをいって、俗にいう大法螺吹きのようなことをいうと思うかも知れないが、そうではない。これは観心釈、すなわち精神的解釈からいうと、六十というのは、いわゆる六大――地《ち》、水《すい》、火《か》、風《ふう》、空《くう》、識《しき》というもので、それから二億というのは、身体とこの心とである。こういうものを標準として六十二億という数を挙げるのである。いつもいう通り、精神的にはこういう解釈をするのである。また事釈、すなわち事実的にいうと、今お話したように、ガンジスの川の真砂を、六十二億ほども合わせた大多数の数である。故に大きいことをいうのは趣意でないけれども、今までの多いことと少ないこととを較べるために、こういう数を挙げたのである。

もし人あって、六十二億もある恒河のその真砂の数――たいへんな数である。それほど多いところの菩薩の名字、勢至菩薩であるとか、地蔵菩薩であるとか、普賢菩薩であるとか、いろいろ変わった菩薩の名字――名前である。その名字を受持し、しかして名前をお唱え申して、しかも形を尽くすまでというのであるから、生きている一生涯の間、いろいろ供養する。ただ礼拝――拝むばかりでなく、飲み物を施し、食い物を施し、寝る時の臥具を施し、病気に用いる医薬を施し、あらゆる供養をして、その長い間勉めるというならば、汝の意においていかん。無尽意よ、こなたは何と考えるか。この善男子善女人、功徳多きや否や。こういう数えきれないほどの菩薩の名前を受持し、一生涯の長い間、こういう供養をしたら、その徳というものは多いと思うか、少ないと思うか、どうであるか。(言うまでもなく広大無量である。)無尽意申《もう》さく、仰せまでもなく、甚だ多し、世尊。こう答えた。

するとまた、仏は少ない方をお挙げになって、もしまた人あり、今度はいろいろの菩薩の名ではなく、すなわち六十二億恒河沙の菩薩の名前ではなく、たった一つの観世音菩薩の御名を受持し、乃至、礼拝供養せんに。この一時というのは、ほんの一時間ということではなく、ただ一念といってもよい、たった今この時といってもよい。ごく僅かな時間の間、礼拝供養したならばどうだ。この二人の福、正等《しょうとう》にして異なることなし。初めはたいへん広大のことであり、今はごく簡単なことであるが、すなわち四通りの福田、持名、時節、供養、それが多いと少ないとたいへん事が違っているけれども、当人の得るところの幸福は、正に等しくて寸分も功徳に違いはない。こういうのである。

しかしながら、素人にはちとおかしなことに考えられるかも知れない。どうもわかりにくいと思われるかも知れない。何故というに、我々は比較的かた一方は良いといい、かた一方は悪いという。またかた一方は仏であり、かた一方は凡夫である。一方は迷いで、一方は悟りである。一つは清らかであり、一つは穢れてある。それがすなわち解しにくいところであると思う。

しかしそれにはいろいろ昔の人が解釈をしているが、私共の調べたところによると、天台大師のいうには、今挙げた六十二億恒河沙の仏というのは、どれもこれも一人の観世音菩薩の分身である。名こそ違え、数こそ違え、総じて観世音菩薩の平等実相の現われである。大智慧、大慈悲、大勇猛心の本体の現われである。それが場合と時によって、あるいは普賢菩薩として現われ、あるいは地蔵菩薩として現われ、あるいは勢至菩薩として現われるというように、いろいろさまざまの仏や菩薩になって現われるのであるが、つまるところ、一つの観世音菩薩にほかならない。いかんせん、我々は数の多少によって見ようとするのであるから、賎しむべき心を起こすのである。天台大師はそういう工合の解釈である。

いろいろ古人には、解釈しようとして種々の物を持って来て、くっつけたような話がある。例えば、いかに大勢の菩薩方の名前を唱えようとしても、心にはそうそう唱えられるものではない。ただ一心不乱に唱えるうえは、功徳は等しいというものである。こういう意味に解釈しているものがたくさんあるけれども、簡単明白ではない。それなどよりも、天台大師のみる通り、元来、観世音菩薩は、無量無辺に形を変え、手を換え品を換えて、ここかしこに現われている。

これから後の本文にもある通り、三十二相いろいろさまざまに身を現じて、子供にもなれば、女にもなり、居士にもなれば婆羅門《ばらもん》にもなる、比丘尼《びくに》にもなる、そういうようにいろいろの相に現われるのである。それ故にこの二人の福正等にして異なることなし。それのみならず、時間からいうならば、百千万億劫の時間。この劫というのは長時間を指していうのである。経文のなかに、ある土地に四十余方里の大石があって、一千年に一回ずつ、その石のところへ天人が天降って来て、薄絹のような柔らかい羽衣をもって、いっぺんずつその石に触る。そういうふうに千年ごとに一度ずつ触っていくうちに、だんだんその石が摩滅してしまう。その時を劫というので、その劫が百千万億というのであるから、たいへんな長時間である。ところが観音菩薩を念じたその功徳というものが広大無辺にして、窮め尽くすべからざるものである。無尽意よ、観世音菩薩の名号を受持すれば、かくのごとく無量無辺の福徳利益を得るぞよと、こう仰せられたのである。

本文からみると、ごく易い文字ばかりであるが、いろいろ深く考えれば考えるほど、観世音菩薩の広大無辺なることが感じられる。

観音経講話第九回

無尽意菩薩。白仏言。世尊。観世音菩薩。云何遊此娑婆世界。云何而為衆生説法。方便之力。其事云何。仏告無尽意菩薩。善男子。若有国土衆生。応以仏身。得度者。観世音菩薩。即現仏身。而為説法。応以辟支仏身。得度者。即現辟支仏身。而為説法。応以声聞身。得度者。即現声聞身。而為説法。

［和訓］無尽意菩薩、仏に白《もう》して言《もう》さく、世尊、観世音菩薩は云何《いかん》が此の娑婆《しゃば》世界に遊び、云何《いか》にして衆生の為に説法す。方便の力其事《そのじ》云何《いかん》。仏無尽意菩薩に告げ給うらく、善男子、若し国土の衆生ありて、応《まさ》に仏身を以て得度《とくど》すべき者には、観世音菩薩即ち仏身を現じて而《しか》も為に説法す。応に辟支《びゃくし》仏身を以て得度すべき者には、即ち辟支仏身を現じて而も為に説法す。応に声聞《しょうもん》身を以て得度すべき者には、即ち声聞身を現じて而も為に説法す。

［講話］これから以下、三十二応身《おうじん》についてお話しするのであるが、無尽意菩薩が、仏すなわち釈迦牟尼如

来に向かって申されるには、「世尊よ」、こう呼び掛けておいて、観世音菩薩はいかにしてこの娑婆世界に遊ぶかとお尋ねになった。――この娑婆というのは梵語であって、こちらの言葉に翻訳すれば、忍土《にんど》ということである。

今日我々が現在生息しているこの世界というものは、四苦《しく》及び八苦《はっく》の世界といってもいいほどのもので、四苦というのはすなわち四つの苦しみで、四つの苦しみというのは、生老病死の事である。およそ世のなかに生まれたものは必ず死ぬ。また健康であるというものも、いつかは病気に罹《かか》ることを免れない。若いからといっている者も、じきに衰老《すいろう》の境に陥ってしまって、その次には死ぬ。これが生老病死というもので、これを称して四苦というのである。

我々がこの世界にいて、最も希望するところのものは常楽《じょうらく》我浄《がじょう》である。この常楽我浄の境涯にいるのをもって、人間の極楽なり幸福なりと申しているのである。けれども、思うことがそうそう思い通りにゆくものではなくして、つまりどうかこうありたいといっているうちに、日々夜々時々刻々に皆な死に近づいていくのである。我々が血気盛んな時代には水火なお辞せずという勢いがあるが、しかしそれも束の間で、じきに年が寄ってしまう。我々はまことに健康である、百までも生きる、百二十五までも生きるといっていても、いつ病魔に襲われるか分からない。ついにこの止滅の境涯にいたってしまう。そうして見れば、我々の希望というものは、常に後から後からとなって、外れてしまうものであるから、この間を通って行く我々の心持ちは、まことに苦しいわけのものである。そういうありさまを称して四苦という。

この四苦にさらに四つを加えたものが八苦である。その四つというのは、第一が会者定離《えしゃじょうり》。会うものは必ず離れる。それが一つの苦《くるしみ》である。どうぞして親子夫婦兄弟一家団欒としていつまでも離れたくない。

我々の願いとしては常にそうであろうけれども、いろいろの事情のもとに、親子夫婦兄弟はだんだん分散してしまわなければならない。これが世のなかの常である。

第二が怨憎会苦《おんぞうえく》。どうぞして逢いたくない、我と彼とはどうしても心が合わないから、そういうものに逢いたくないと思っているような、そういう言わば仇《あだ》、敵《かたき》とかいうものにも、朝な夕なに顔を合わさなければならないようなことがしばしばあるものである。

第三が求不得苦《ぐふとっく》。我々の求めというものは限りのないものである。第一、我々人間はまず、知識欲というようなものをもっている。世間にありとあらゆるものを皆な知り得たいというような、何かしら欲望をもっているけれども、とうてい宇宙間の万物、ことごとくその物を知り尽くすということはできない。一つ知り得たならば、さらに第二の疑問が起こってくる。それが分かればまた第三の疑問が起こってくるというように、知り得る範囲が広ければ広いだけに、なおさら分からないことが多くなってくるものである。そういうことがやはり一つの苦しみの本である。

また人間は名利欲《みょうりよく》というものをもっている。我々にはなるべく名の達せんことを欲する欲望がある。また利益のますます増進せんことを希《こいねが》う欲望がある。この名のいよいよ達せんことを願い、利益のますます多からんことを望む心は、誰も皆なもっているけれども、思う通りにならない。それが一つの苦しみである。

それから生存欲。すなわちこの世にながらえていたい、いつがいつまでもこの世にながらえて、あらゆる幸福を享受したいということは、万人の願いであるけれども、そうはいかない。常に天地間の現象というものは、昼夜の交替するがごとく、四時の循環するがごとく、我が身のうえに生老病死が時々刻々に逼《せま》り来たって、あたかも後から何物かが我を追い掛けて来るがごとくに、我を追い詰めている。そういうようなありさまで、ついに死滅になってしまわなければならないので、とうていいつまでもながらえることはできない。

　こんな塩梅で例を挙げてみると、知識欲とか名利欲とか、または生存欲とか、そういう欲望が次から次へと起こってくるけれども、それがやはり次から次に滅び去ってしまうというようなわけで、とうてい天が全きを人に与えないというがごとく、両手に花を持つような思う存分のことは、我々がいかに求めても求め得られるものでない。そういうことが大なる苦しみである。

　第四が憂悲悩苦《うひのうく》。これは総ての苦しみを集めたもの。常に我々は何かといえば憂い悲しみ、しかして悩む。今算《かぞ》えたようないろいろの希望があっても、それを充たすことができないというので、貧賤にいる輩は貧賤のために憂い、富貴にある輩は富貴のために悲しみの絶え間なく、ほとんど身を火宅《かたく》に置くようなもので、世のなかは火事場同様に、寸時寸刻しばらくの間も安心していることができないというありさまである。こういうようなことを四苦ならびに八苦と称しているのである。かかる四苦八苦、言わば憂い悲しみ悩みの多い世のなかにいて、しかしてしばらくでも我々は生活を続けていかなければならない。

　それにはどうしても忍耐の力がなければならない。互いにつらいことを忍び、まことに苦しいことに耐えて、その日を安らかに送っていかなければならない。常に不便、不満、不自由、不足を耐え忍んで、苦中に楽を見出すよりほかに仕方がない。こういう苦悩の多い世界に生息している以上、自分の心の平和を得、自身の安心を得て、いかなることに出遭っても、それに耐えられ、それを忍び得られる力を養成していかなければならない。つまり昔の人の言葉にある通り、静《じょう》中の静は真静《しんじょう》にあらず、動処静《どうしょじょう》にし得来たってわずかにこれ性天《せいてん》の真境《しんきょう》、楽処《らくしょ》の楽は真楽にあらず、苦中楽にし得来たってわずかに心体の真機《しんき》をみる。そういう塩梅で、世のなかがいかに苦しみの海であっても、涙の谷であっても、自分の心さえ常に静かにして、自分の心さえ常に楽しく安心《あんじん》を得られるならば、たとえ身はいかに四苦八苦のなかに出没し往来しているといっても、いわゆる苦しみを転じて楽しみとなし、禍《わざわい》を翻《ひるがえ》して福《さいわい》となし得ることができる。それを遂げ得るには、一つの信念、または宗教心というものによって修養せられた力によるほかはない。

いま、無尽意菩薩が仏に申されるには、「その大慈大智大勇猛の力をもっているところの観世音菩薩は、いかにしてこの苦悩多き娑婆世界に遊び、遊戯《ゆげ》三昧せられるのであるか。換言すれば、この苦しい不自由な世のなかを楽しみと見、不足を満足と見、不完全なものを完全と見て、しかしてあたかも遊戯せられるがごとく、その愉快な心をもって、この娑婆世界の衆生を済度せられるのであるか。いかに衆生のために方便の力を用いられるか。観世音菩薩がこの世界に臨んで衆生のために説法《せっぽう》度生《どしょう》せられるが、その方便の力はどういうものであるか」と。

――ここに方便というのは、仏法では常に真実ということに対せられているのである。これを世俗では嘘も方便というように用いているが、決してそういう意味ではない、それはたいへん誤解したるところの説で、つまり方便というのは、いわゆる真実に達するまでの道行きである。すなわち言葉を換えていうならば、一つの目的を達する手段方法といってよい。それ故に、常に反して道に合するを権道《けんどう》というのである。常には背いているが、道には適っている。これを権道と称する。ちょうど世間に正道《しょうどう》と権道との二つあるがごとくに、仏法でもそういうものが入用《にゅうよう》である。

衆生を済度するためには、手を換え品を換え、いろいろの手段方法を講じて、ちょうど良医が病に応じて薬を与えるがごとくに、衆生の境遇境遇に応じて、これを道に引き入れていこうという。その観世音菩薩の遊戯せられ、方便の力を用いられるその事は、いかがであるか、承りたいと、無尽意菩薩が申されたのである。そこで仏が無尽意菩薩に告げ給わく、「善男子、若し国土の衆生ありて、応さに仏身を以て得度すべき者には、観世音菩薩即ち仏身を現じて而も為に説法す」。

この、仏身を現じて而も為に説法す、というこれからが三十二応身に入るので、これがその第一である。菩薩の本体は常に一つである。菩薩の本体は常に一つであるのだが、菩薩の本地《ほんじ》というものは「妙覚果満《みょうがくかまん》なり」とあって、仏の本地に似ているのであるが、ひとたび衆生済度となると、じきに妙覚果満の位地をへりくだって出て来て、しかして何物にでも応じて方便の力をもって説法せられるのである。ちょうど磨ぎ澄ました明鏡の物を映すがごとく、柳は緑に花は紅に、美人は美しく醜婦《しゅうふ》はみにくく、物そのものがありのままに写るがごとくに、菩薩もその前に来たものに応じて身を現わすのである。「面白や散る紅葉《もみじば》も咲く花も自《おの》ずからなる法《のり》の御姿」という歌があるが、そういうような赴きである。まずそういうありさまで、もしここに衆生あって、それが仏身をもって得度してよいものならば、観世音菩薩は我を忘れて、じきに仏身を現わして、しかもために説法する。

そもそも仏身というものは、いかなるものであるかというに、世のなかには仏ということをたいへん誤解しているものが多い。仏とは人身以外のものであるような考えをもっている。仏というものは活きている人ではなくして、死人を指していうものと考えている。誰それが仏になったというのは、その人が死んだということである。仏というものは現世において活動している時に要がなくして、死んで後、ただ冥途の道案内として要するように思われている。そういうようにはなはだしく誤解されている。ひとかどの物識《ものし》り、儒者と云われている人までが仏を誤解して、説文《せつぶん》的に文字の組み立てからいうと、人偏《にんべん》に弗《あらず》で、人に弗《あら》ずと書いてあるから、ほとんど人非人《にんぴにん》というがごときものと解釈して、この世から縁遠いもののごとくに見ている。

したがって、仏を字のままにすると、じきに悲観的に考えたり、厭世じみたものと考えたりして、だんだん誤解に誤解を重ねて、今日では仏の意義が晦《くら》まされてしまったようなありさまである。

いつもいうがごとく、仏は梵語では仏陀というので、それを翻訳すれば覚ということになる。自覚覚他覚《じかくかくたかく》行円満《ぎょうえんまん》、これが昔からの定義である。つまり我々が観世音菩薩の誓願の如くに、この智慧、慈悲、勇気、の三つを全くしたならば、それがすなわち仏である。ところがそれを仏教学の教相ふうに解すると、仏というのはなかなか広い意味があって、一口に言うと、法、報《ほう》、応《おう》の三身《さんしん》である。つまり一身が三身あって、三身がまた一身である。それを仏というのである。この三身を別けてお話すれば、覚行円満の本体というものを指して法身《ほっしん》と称する。次に本体から現われ出でたところのこの姿、すなわち真《まこと》に智徳円満の身体を指して報身《ほうじん》と称する。それから応身《おうじん》または化身《けしん》といったりするのは、すなわち応用自在という現われである。

法報応《ほっぽうおう》の三身ということはまたほかの言葉でいってみると、理智用《りちゆう》ともいうことができる。法身というのが理体で、報身というのが智慧の現われである。しかして応身というのがその作用である。これを理智用といったり、またはお経お経によって言葉が違って、体相用《たいそうゆう》ともいったりしている。例えば起信論などにはその通り体相用といっている。どういってもよろしい。同じ仏といっても、本体から眺め、または現象のうえから眺めて、本体と現象とが感応道交《かんのうどうこう》して、現象はすなわち本体から出たものであって、本体を離れての現象ではない。ちょうど水と波のごときもので、水が体ならば波がすなわち用である。すなわち体と用とが常に陰陽融合して、しかして働いているのである。この道理は仏教各宗の見地について、いたるところにあらざるところはない。そのあるところには、本体を平等と呼び、現象を差別といっている。平等即差別、差別即平等、すなわち作用ということに当たっている。本体を離れて現象のあるものではない。本体と離れて作用のあるものではない。つまり仏身といっても、これを哲学的に言えば、今のごとくいろいろであるけれども、今ここでお話しするのはそういう哲学じみたことではない。その一つの理想をここに実現したそのうえからいうのである。「もし仏身を以て得度すべきものあれば、即ち仏の身体を現わして人のために説法する」、とこういう。もちろんかくのごとく現わす仏身はすなわち応身である。

「応《ま》さに辟支仏身を以て得度すべきものには、即ち辟支仏身を現じて而も為に説法す」。この辟支仏というのは、やはり原語であって、その辟支仏という意義を翻訳すれば、縁覚《えんがく》といったり、または独覚《どっかく》ともいう。なぜ辟支仏という意味を独覚というかというと、仏がこの世に在《おわ》さざる時にあって、独り森林のなかに住んでいて、飛花落葉《ひからくよう》の無常を観じて、それによって悟りを開いた人である。独りで自分の悟りを開いたというところから独覚というのである。また縁覚というのはどういうわけかというと、独覚者たるこの人が、十二因縁または十二因果ともいうが、すなわち十二因縁というものを自分の心に観念して、しかして一つの悟りを開くくらいの人であるからである。その縁覚または独覚ということは、原語で言えば辟支仏というのである。

この十二因縁を詳しく説こうとするには、今この席では容易に尽くすことができないから、ただその名目だけを挙げてみると、無明、行《ぎょう》、識、名色《みょうしき》、六入《ろくにゅう》、触《そく》、受《じゅ》、愛、取《しゅ》、有《う》、生《しょう》、老死《ろうし》、というので、合わせて十二である。この十二のものたる、原因が結果を来たし、その結果がまた原因となって次の結果を来たし、その結果がまた原因となって結果を来たすというように、原因と結果が連関して少しも離れないで、次から次へといろいろの法を生み出していくのである。

一言《いちごん》ついでにそれらの意義を解釈すると、つまり我々の本体というものは、元来、仏にも変わらない、神にも変わらない、大なる明らかなるものをもっているのであるが、それが長い間にいつとなく一点の曇りがついたようなありさまになる。あたかもよく醒めていた人がふと眠気がさしたような工合で、それを無明というのである。つまり無明は迷いと訓じてもいい。すなわち一点、迷いの心が起こる。それが無明である。その次は行。心にそういう迷いが起こると、じきに事実に現われる。身口意の三つの業《わざ》によって、善悪二業を作っていくことになる。この無明を業というが、その無明業が右にいうような工合に原因となって、自ら善業も作れば悪業も作り、それからその結果がまた原因となって次の結果を生むのである。しかしてこの無明と行とは過去に属するものであるから、これを過去の二因という。

この過去の二因からして——今度は現在にその結果が現われてくる。すなわち第三の識から現在に移るので、現在においてまた次のごとく結果を受けていくのである。すなわちこの識というのはどういう状態であるかというと、ところどころによって解釈は違うが、ここにある識というのは、父と母とが交接をして、母の胎内に一点、意識の宿ったところの状態をいうので、それを識の一字をもって現わしたものである。父と母が和合《わごう》して母の胎内に一点の心持ちの宿ったところを識という。詳しいことは他日のお話に譲るとして、今は字義だけ解釈しておく。すなわち一点母の胎内に宿った心持ち、その刹那の状態を識というのである。

次は名色。これは平たく言えばある一つの肉の塊で、いったん母が懐妊して、やっと一二ヶ月も経ったばかりの頃は、まだ目や鼻や耳まで総て五官の形が現われないもので、言わば心らしい生きたものがある。すなわち名《みょう》は心の方で、色《しき》は身体の方に当たるのである。こういう状態を名色という。

この名色がだんだん進んでいくと、今度は六入となる。平生の言葉で六根《ろっこん》とも称し、また六処《ろくしょ》とも称する。母親が懐妊して四、五ヶ月もたち、だんだん月を重ねてくるにしたがって、今までただの肉団であったものが、おいおいに耳ができ、鼻ができ、目ができるという塩梅に、母の胎内にあってそういうようなものができる。そのくらいのところを六入と称する。つまりいろいろのものが入り込むというようなわけである。これが十ヶ月の間、母の胎内にあってだんだんできあがってしまうと、すなわち臨月になって母体から分かれ、呱々《ここ》の声をあげることになる。

それが第六番目の触である。始めてこの世のなかの風に触れるのである。それが生まれてから一ヶ年、もしくは一箇年半ほどの間は、やはりまだ触であって、純然たる赤ん坊の時代である。この時代はほとんど意識というべきほどのものはなく、赤いものをみるとただ手を出して掴もうとする。光るものをみると這い寄っていく。奇麗な物をみると無頓着に口にくわえる時代である。熱いものに遭っても本当に感じない。感じても意識しない。冷たいものを握ってもやはり無頓着である。赤裸々で人前に出ても羞《はず》かしいとも思わない。何とも思わない時代である。その時代を触という。

その次が受である。十二歳から四十五歳まで、だんだん成人していくにしたがって、外界の物を心に受ける。善いものを見れば楽しむ。悪いものを見れば苦しむ。嫌なものは捨てる。苦楽捨《くらくしゃ》の三受と云われているものである。頭を叩いても心持ちがいいと、にっこりしている。少し何かに突き当たりでもすると、痛いといって逃げ出す。捨でもない、苦でもない、楽でもない、そこまではっきりと意識するまでに至らない状態を名づけて、受というのである。ともかくも子供が成人していく間に、苦しいとか楽しいとかいうことを知って来て、苦しいから嫌だ、楽しいから好きだ、とこういうような心が出てくるのである。それがすなわち受の時代である。

それから愛の順に移る。これはまず十四、五歳からの時代を名づけるのであるが、それでも早熟する輩はもっと早いのもあり、晩熟する輩は反対に遅いのもあって、一様には言えないけれども、とにかく人間は少なくとも十四、五歳から二十歳前後に掛けて、愛着の心が起こるものである。それは五欲といって、まず喰うところの欲、または眠るところの欲、それから男女間の欲、あるいは自分の名をなす欲、または自分の宝の欲、すなわち財産の欲、そういう欲が起こってくる。したがって愛着の心が著しく現われるものである。

それからまた、愛の最も力強いものになると、道理も利害も眼中になく、いったん思い立ったものならば、そのことの善たると悪たるを問わずして、例えば火のなかにも飛び込んでしまう。波の渦巻くなかにも飛び込んでしまう。そういう勢いで自分の欲を達しなければやまない。これが愛に続いての取の時代である。つまり愛欲の心がますます盛んになって、遂げるということにどこまでも執着する。例えば女の一念岩をも透《とお》すという意気込みで、どこまでもその物を我が手に入れなければならないという強烈な心を起こすのである。この時代が最も危険な時代である。

かくのごとく火のなかでも水のなかでも、貪愛のためには構わず飛び込むという危険の時代を通って、次に移るというと、今度は有という時代になる。年齢もだんだん重ねて四十、五十という年寄《としより》時代になると、今までの善果なり悪果なり、ちゃんと未来の結果を所有してしまう。こういうことを有というのである。未来にこういう果を得よう、言わば善い果を得よう、善い果報を作ろうと、現にちゃんと所有してしまう。花が開いて実を結んで、その実が熟して種となるように、いよいよ善悪の業を定めてしまうのである。

前に述べた識、名色、六入以下、この取、有に至るまでが、現在の果であって、それから次の生、老死という順序で、未来に入るのである。こんな工合で無明の基《もと》いが行となり、行が識となり、識が名色となるというように、だんだん原因が結果を生じ、結果がまた原因となって次の結果を生み、後から後からと原因結果が常に相関連して、どこまでいっても循環して果てがない。これを流転門《るてんもん》という。無明が行となり、識となり、過去の因が現在を生み、現在が未来を生んで、次第次第にだんだん生まれ出ていく。故に流転門という。これは迷いの方の原因である。

また反対に悟りの方の因果をお話しすると、無明が滅すれば行から以下ことごとく滅亡してしまうというところから、さかさまに見ていく。老死は何からくるかというと、生からくるのである。生はどこからくるかというと、有からくる。そういうようにだんだん原因に遡って、ついに根本の無明を滅してしまう。その方の側を還滅門《げんめつもん》という。始めの流転門の方では、次から次へとものを生み出していく。還滅門の方では、次から次へとものを亡くしていく。流転門の方は迷いの因果で、還滅門の方は悟りの因果である。

こんな塩梅に、世のなかでは我が身体ばかりでなく、総てのものが生老病死していく。我が身体が生老病死し、総てのものが生住異滅《しょうじゅういめつ》するという。どっちにしても同じである。世のなかにはこの通り紛然雑然《ふんぜんざつぜん》として、あるものが現われ、あるものが纏《まとわ》っているけれども、十二因縁の因果観からして眺めると、つまりこれをほどいてしまうと、世のなかには何もあるものでない、とこういう工合に自分に一つの悟りを開くことを辟支仏の悟りという。もし相手方が辟支仏の権化というようなものであるならば、観世音菩薩はじきに辟支仏にくるりと変わって説法度生《どしょう》する。総て相手方次第である。観世音菩薩はいつもお話しするがごとく、一面の磨ぎ澄ました明鏡の如く、柳は緑に花は紅に、相手方次第にその通り姿を現わして説法する。

「応《まさ》に声聞身を以て得度すべき者には、即ち声聞身を現じて而も為に説法する」。この声聞という字は、世間に用いない字で、これは仏様の聖教を聞いて、そうして悟りを開くという意味からきたのである。すなわち、仏の在世時代のお弟子方が皆な声聞である。しかして辟支仏も声聞もいずれも自利的の人で、菩薩の位《くらい》はない。しかし声聞に属する人は、どういう法を観じて悟りを開くかというと、それには四諦《したい》の法というものがある。諦《たい》というのは真実不虚《ふこ》の義である。四つの道といってもいい。すなわち四通りの道を観じて、しかして一つの悟りを開くのである。

その四諦は何かといえば、苦、集、滅、道の、四つである。つまりこれは本来から云えば、集苦道滅というのが当たり前である。何故かというと、集というものが原因で、苦がその結果である。しかして道が原因で滅がまた結果であるからである。もちろん集苦という方は迷いの方の原因結果であり、道滅という方は悟りの方の原因結果である。分けていうとそうである。

ところが、普通ならば集苦道滅というべきはずであるにもかかわらず、ここでは結果を原因の前において、苦集滅道といっている。何故かというと、声聞身位の人々には、まず結果というものを見せておいて、この結果がどこから来たかといえば、こういう原因から来たものであるというふうに云った方が、彼等にも分かり易いためである。これはひとり声聞身の人ばかりではなく、世間には先に結果を見せて、それがこういう原因から来たと説明した方が分かり易い場合がたくさんある。そういう仏の方便によって、集苦というべきところを苦集といい、道滅というべきところを滅道と、あべこべに云ったのである。

今、迷いの方でいうと、世のなかは皆な苦しみばかりである。我々の身体には生老病死の四苦があり、世間の物には生住異滅の四変《しへん》があって、いかなるものにも常住不変のものはなく、何もかも世のなかは苦しみばかりである。なぜ、我々の利益、幸福、快楽と云われるものに、いちいち何かの苦しみが伴ってくるのであるか。喜びの裏には悲しみが潜んでいるのであるか。この意味から云えば、実に三界は苦ならざるものはないといってよい。

その苦という結果はどこから来たものであるかと、だんだん原因を尋ねてみると、集諦というこれからできあがってきたものに違いない。自分の心のなかにおいて、いろいろの煩悩妄想を起こして、色、声、香、味、触、法の六塵《ろくじん》を集め、五欲のために貪瞋癡の三毒を恣《ほしいま》まにして、いろいろさまざまの迷いを起こすのである。

これを教相的にいうと、見惑《けんわく》八十八使《し》と思惑《しわく》八十一品《ほん》などが寄り集まって、この苦しみをなすのである。言わば大きい迷い、小さい迷い、そういう幾つかの迷いを我が心のなかに集めて、つまりそれがためにこの苦しい結果というものを我が身に受けるのである。これが迷いの方の因果である。それから悟りの方の因果に移っていくと、つまり滅するということは、これは仏法の最終の目的である。詳しくいうならば滅道である。この滅道ということは原語でいうと涅槃である。涅槃ということは滅道ともいい、また寂滅ともいう。大乗的の言葉でいうと不生不滅、大きい場合の悟りということである。真の大安心を得て煩悩を一切消滅せしめることは、この滅の一字に現われている。

この安心滅道の境涯を得ようというならば、この結果を得ようというならば、まず道を修めなければならない。道ということは三学八正道《さんがくはっしょうどう》の他、いろいろある。三学とは戒、定《じょう》、慧の三つで、八正道とは正見《しょうけん》、正思惟《しょうしゆい》、正語《しょうご》、正業《しょうごう》、正精進《しょうしょうじん》、正定《しょうじょう》、正念《しょうねん》、正命《しょうみょう》で、つまり仏の教えられたる正しき道理で、正しく三学八正道その他の道品《どうほん》によって、すなわちいろいろ善きことの道を修める結果、ついに寂滅の悟りを開くことになるのである。四諦ということは、始めの二字、すなわち苦集ということにおいて迷いの因果を現わし、後の二字、すなわち滅道は悟りの因果を現わしたものである。こういう四諦の法門を観じて、しかして自分独りの悟りを開くことを、声聞身の悟りという。ただこれだけでは十分に説明が徹底しなかろうけれども、あまり学問ふうに教相的に話したところでかえって分かりにくいこともあろうから、まずこのくらいにしておく。

要するに多くの衆生がこの三界六道に生死流転して、解脱する時がないから、これを解脱してめでたく涅槃の楽果を得せしめようという。これが観世音菩薩の衆生済度の本願である。決して我がためでなく、人のためにするのであるが、今もいう通り辟支仏の身をもって得度すべきものには、じきに辟支仏の身を現わし、声聞身をもって得度してよい人には、じきに声聞の身を現わして、しかして説法度生せられるのである。ちょうど檜舞台において、千両役者が役により百人が百人、いちいちその扮装《いでたち》を異にしてその役柄を演ずるようなもので、観世音菩薩の本体もちょうどそれに変わらない。じきに早変わりして、来たものを相手に仕事をせられるのである。我が身体で言えばやはり同じことで、寒い時には衣を重ね、暑い時には衣を薄くする。冬は綿入、夏は軽衫《かたびら》とその時節時節に相応した身なりをする。それと同じことで、観世音菩薩も時には辟支仏となり声聞身となり、または仏身にも現じてみたりして、かくのごとくにして、しかして説法度生せられるのである。

観音経講話第十回

応以梵王身。得度者。即現梵王身。而為説法。応以帝釈身。得度者。即現帝釈身。而為説法。応以自在天身。得度者。即現自在天身。而為説法。応以大自在天身。得度者。即現大自在天身。而為説法。

〔和訓〕応に梵王身を以て得度すべき者には、即ち梵王身を現じて而も為めに説法す。応に帝釈身を以て得度すべき者には、即ち帝釈身を現じて而も為めに説法す。応に自在天身を以て得度すべき者には、即ち自在天身を現じて而も為めに説法す。応に大自在天身を以て得度すべき者には、即ち大自在天身を現じて而も為めに説法す。

〔講話〕これまでもたびたび申したように、我々は観音の化身である。観世音菩薩の化身であるという観念を始終もっていなければならない。もう一つ広げていうならば、この観音の本体は何であるかというと、慈悲、智慧、しかして勇気これである。この観念を始終もっていたならば、その霊験はじきに我々一身上にも、また家庭のうえにもその他いろいろの方面に向かっても、きっと現われるに違いない。こう私共は固く信じている。

この普門品の終わりの方にいくと、具足神通力《ぐそくじんつうりき》、広修智方便《こうしゅうちほうべん》、十方諸国土《じっぽうしょこくど》、無刹不現身《むせつふげんじん》とこうある。棒読み――いわゆる坊さん読みであるから、ちょっとこれだけでは分からないかもしれないが、右の原文を平たく読んでみると、「神通力《じんつうりき》を具足《ぐそく》して、広く智方便《ちほうべん》を修め、十方諸々の国土、刹《せつ》として身を現ぜずということ無し」。刹という字は、まず処《ところ》と訓《よ》んでよい。この十方諸々の国土において、処として身を現わさないということはない。こういう文字が後にいたって出てくる。

そういう工合に我々が観音を眺めてみると、言わば世界中どこもかしこも皆な観世音菩薩の現われでないところはない。であるから初めからたびたびお話した三十二応身ということが、それから出てくるのである。もちろん三十二と限ったことはない。総てのものに応じて衆生を済度せられることは、あたかも水中の月影のごとき塩梅で、どこもかしこも観世音菩薩の現われでないところはないというのである。それをつづめて、ここには三十二通りに分けてあるが、その三十二のうちで、これまでに仏身がすみ、辟支仏がすみ、次に声聞身がすんで、今席、第四番目の梵王身《ぼんのうしん》というそこから話をすすめるのである。

応さに梵王の身を以て得度すべきものには、即ち梵王の身を現わす。ちょうど姿身の前に我々がすっと立ったようなものである。我々のような円頂黒衣《えんちょうこくえ》の身は、円頂黒衣の姿そのままに現われる。貴女方のような婦人の姿はまた、婦人のままに現われる。すっと写って、去ってまた来て写って、いろいろに影を現わすが、そこには汚《けが》れも穢《よご》れも何もない。そのままに手加減も何もあるわけのものではない。そういうありさまで、観世音菩薩がもし梵王のために説法しようとする時には、梵王の通りに身を現ずる。こういうことは奇術とか魔法とか云うものでなくてはできないと思うのが我々平生の考えであるが、しかしただこの五尺の身体にのみくっついていては自由の働きはできないが、しばらくこの身体をこのままにして、これを忘れてしまいさえすればできる。奇術でも魔法でもない。心を主として、そういう意味の心になれば現われようと思う。

第一に梵王という王様の身であるが、詳しくお話しするには、古い時代の印度の学問、――三界《さんがい》、須弥山《しゅみせん》などの講釈もしないと十分ではないが、今そういうことはさほど必要でもなく、また暇もないから略しておいて、今ここに出た梵王というのは、三界といって、世界を欲界《よくかい》、色界《しきかい》、無色界《むしきかい》の三つに分けている。そのうちの欲界、――欲界というのは五欲の満ちた世界。色界というのは、字は色という字を書いてあるけれども、我々が常にいう色という意味ではなく、むしろ形という意味をもっている。すなわち形のある世界。無色界というのは、心ばかりの世界であって、形を離れた世界。こうみたところで、詳しくいうと際限がないから、だいたいだけを申しておくが、その三界がまた二十五通りに分けてある。その三界のうちの色界の天部のうち、初禅天《しょぜんてん》の第三番目の天、天は必ずしも高いところに限らないが、その三番目にくらいしているところの天神を指して、それを梵王という。大梵王と大の字をつけることもある。あるいは尸棄《しき》などという名前もあり、あるいは螺髻《ろげ》梵王などという名前もあったり、いろいろである。ところでその梵王の梵という字は、すなわち梵語などという梵の字で、その意味は清浄と翻訳する。汚れない、清らかなという意味である。

そういう王がどこにいるかと詮索すると、我々は自身に梵王という意味をもっている。私共の解釈はそういう解釈である。それだけでは十分お分かりになるまいが、何故そういうふうに梵王が我々自身にあるかというに、我々は三毒、五欲というようなものを腹一杯もっている。それがすなわち汚《けが》れで穢《よご》れである。もし我々がひとたび観世音菩薩の大慈悲に投じて、貪欲、瞋恚、愚癡というような迷いの夢を醒ましてしまえば、じきに我々の貪欲は慈悲心に変わっていく。我々がひとたび活きた観世音菩薩の権化であるということに気が付いたならば、今までの貪欲は大慈悲心の現われということになる。今まで我々の瞋恚の炎、怒りも腹立つ心――腹が立ってたまらないというのが、ひとたび我々に観世音菩薩の現われである、少なくとも我々はその片割れであるということを体得してみると、じきに大勇猛心、勇猛精進の心となる。世間でいう努力奮闘の心となるのである。それから智慧――もしひとたび観世音菩薩というものを我々の身に体得してみると、今までの愚癡蒙昧、何も分からない心がそのままに、じきに大智慧光明《こうみょう》の心となる。

畢竟《ひっきょう》、煩悩を断ずるとか、煩悩を取り除くとか云うが、その意味は汚いものを取り去るというのではない。今まで汚かったそのものが、じきに奇麗になる。今までの貪欲、瞋恚、愚癡の心がじきに、大慈悲、大勇猛心、大智慧の現われとなるという意味である。つまり迷いの心を悟り、我自身の本体を明らかにして、離欲清浄の身となって働くというのである。それが分かれば、梵王は三界の初禅天のうちの第三天にいるとか、その第三天はどこにあるかなどというようなことを詮索するのは迂遠である。今、私が大乗仏教の意味で解すると、その座などは尋ねなくともよい。じきに自身に向かって梵王の身を現ずればよい。これは私が何も好んで附会《ふかい》し牽強《けんきょう》するのではない。大乗に事釈――事実的解釈と、理釈――道理的解釈との二つあるが、その道理的解釈で解するとすなわちそうなるのである。

今、観世音菩薩がもしも梵王身を現わさなければ済度することができないという場合に、じきに我れ自身が梵王となり、しかもために説法する。こういう意味のことは、貴女方も何らかの場合に必ず味わうことがあろうと思う。例えば大人と子供とはたいへん違うところがあるにもかかわらず。我々が頑是《がんぜ》ない幼児を懐に抱きあげた時には、我々の心が、すぐその幼児になってしまう。またそれに育んだり、乳房を含ませたりする母は、赤ん坊にならなければ育てることができない。意生身《いしょうしん》のうえからみると、年寄った母もじきに幼児そのものになってしまう。また人に応接するとしても、やはりそういう意味があろうと思う。向かうが強ければ強いように、弱いものには弱いように、じきに身を現ずる。今、梵王身をもって得度してやるべきもののために、じきに梵王の身体を現わして、しかして親しく説法する。こういうのである。

「応に帝釈身を以て得度すべき者には、即ち帝釈身を現じて而も為めに説法す」。帝釈というものは、これは印度の仏であって日本固有のものではない。ところが日本にはなかなかこの帝釈様が多い。東京付近では柴又の帝釈天が有名である。その他、田舎にはまだ有名な帝釈天がたくさんあるが、これも須弥山説からいうと、帝釈天の在所は知れる。それによると、欲界、色界、無色界、この三界のうちの欲界のうちに、また六通りの天部、すなわち欲界の六天というものがあって、その第一を四王天《しおうてん》といい、その四王天の次にくらいしたところに忉利天《とうりてん》というのがある。神戸の付近にある摩耶山《まやさん》の忉利天上寺《とうりてんじょうじ》というのは、それから名づけたのである。しかしてこの忉利天には四方に八天ずつあるから、四八、三十二天。その中央に帝釈天がいて、それで忉利天は三十三天に別れているというのである。

以上は事釈のうえのことであるが、理釈によれば、やはり自分の心の現われである。しからばこの帝釈天はどういうことを人のためにするかというに、帝釈は十善《じゅうぜん》というものをもって、人のためにする。十善については、他日詳しくお話することもあろうが、ここにだいたいだけを申せば、十善とは、身《しん》三、口《く》四、意《い》三、といって、すなわち身に三つ、口に四つ、心に三つ、これを合わせて十善である。それは善い意味で、悪い意味でそれを使えば、じきに十不善となる。手を翻《ひるがえ》せば善き働きをなし、手を覆えば悪しき行いとなる。

身三というのは、殺《せつ》、盗《とう》、淫《いん》をいうので、殺は生き物を殺す。盗は財物を盗む。淫は邪淫、姦淫などといって、男女の不正なる交わりである。この三つは身体ですることが多い。これも詳しく詮議立てをすると、心が本で人を殺し、または口先で殺すこともある。盗みもその通りあながち手に限ったわけではなく、口先でやることもあるが、しかしそれは細かに分けたうえでのお話で、だいたい身口意の三つに分けてみると、殺盗淫を行うには、おもに身体で行うのである。どうしても普通からいうと、手をくださないでは殺されるものでない。とにかく身体の仕業である。盗みもそうである。男女の関係も手を出さなければできない。これは不十善の方であるが、十善の方からいうと、不殺生《ふせっしょう》、不偸盗《ふちゅうとう》、不邪淫《ふじゃいん》とこういう。

殺生ということは、広く述べようとすると、たいへん深いお話となるのであるが、今日はただちょっとその糸口だけを申し上げておく。これは人間ばかりではない。人間ばかり殺してはならないというのではない。一切の生きとし生けるものは、決して故《ゆえ》なければ殺さない。蚤《のみ》一匹でもそこに理由がなければ殺さない。蚊一匹でも無益には殺さない。たいへん広い意味の不殺生であるが、それはわざわざそこにそういう制限を人為的に勝手に設けたのではない。天地自然の道理で、何物にもだんだん生成発育するという、一つの生命をもっている。それを奪わないというところに、天地自然の道理、すなわち慈悲の姿を現わしている。我々人間が生命を惜しむが如くに、他のものもおのおのその生命を大事に思う。それ故にやむを得ない場合のほかは物の命は取らない――ただこれだけでは殺生戒の講釈は十分でないが、だいたいのことだけをいうとそうである。

しかし、仏教ではいつも必ずかかる制限のもとに禁則せられる、云わばつくりつけのものであるかというに、戒法にもいろいろあって、ある場合には広く許すこともあれば、ある場合にはそうでないこともある。またある場合には保ち、またある場合には行わないということもある。世間ではどうかすると、仏教を信じると人間が弱くなる、生存競争の今日、ただ殺生しないというだけではいけないと一図《いちず》にいうけれども、戒法のことはなかなかそんな簡単なものではない。しかし、今ここでそれを詳《つまび》らかに説明することは時間が許さないのであるから、いずれ他日のおりを待つこととするが、場合によっては仏はことさらに破戒せられたこともあったのである。

それはとにかく、本来この戒ということは、世界成立の戒法といって、仏教を信じる人でも信じない人でも、今日人間として生得《しょうとく》かくのごときことは保たれなければならないはずのものである。決して仏が独断的にこしらえたものではない。人間として生得、それだけのことを保つべき資格をもっているというのである。だいたい身三――不殺生というのは、いかなる場合にも故《ゆえ》なくしては殺さないというので、言い換えれば慈悲の現われである。

それから不偸盗、盗みをしないということ、賊といってもいろいろあるが、ごく荒いところの盗み、手を出して盗むことを普通にいうけれども、人の物をただ取るばかりでなく、坊さんが職分を行わなければ、法を盗むことになる。やはり賊である。住持であって住持の勤めを怠れば、住持の位《くらい》を盗むものである。商工業家にしてその仕事に励まなければ、やはりその職を盗むことになる。そういうことが細かに戒法に書いてある。ただ財を盗むというだけの単純の意味ではない。

不邪淫というのは邪《よこ》しまなる淫行を慎めよというのである。この裏には夫婦はなるべく仲よくせよ、一夫一婦は人間の自然の道であるから、夫婦は互いに相敬愛するようにせよというのである。ところで今それを奨励するには、一方には邪淫、姦淫を戒《いまし》めなければならない。これが仏教の主義である。仏の階級はいろいろになっているが、そのうちで比丘には邪淫を堅く戒められている。けれども、世間一般には独身生活をせよとはどこにも説いてない。なるべく夫婦仲睦まじく暮らさせたい。それ以外に邪淫をしてはならない。それを説いていくのである。

以上が身三。次は口四。口に四つの戒めがある。この四つは善い方にも悪い方にも使い得られる。第一は悪口《あっこう》。それから両舌《りょうぜつ》、二枚の舌を使うこと。それから綺語《きご》、飾り言葉のこと。それから妄語《もうご》、嘘つきのこと。そう四つに分けてある。それを善い方の意味でいうならば、総て頭に不の字がつく。例えば、悪い方の嘘つきを妄語といえば、善い方では不妄語とこういう。総てその裏をいうのである。

しかしながら、これも細かな解釈について考えると、口で人を活かしたり殺したり、口で罪を作るというようなこともなかなか多いものである。心得ない人の考えでは、口で言うことは後に残らないから、一時的にその場さえ通り過ぎればよいと思って、何でも言うのである。しかし仏教の戒法で、精神上から眺めてみると、一言でも言ったことは、天地間に影響することであるとまで云っている。少なくとも人類社会にそれが影響する。一人に止まらず、広く一般に影響するのである。善いことをしてもやはりそうである。一人に止まらず広く影響する。ちょうど水面に小さな石を投げれば、小さい波紋をなして波及するようなものである。大きい石を投げれば、大きいなりに大きい波紋が波及するようなものである。善事でも悪事でも、社会的に我れ一人に止まらず、他に及ぼしていく。

人の悪口を言うということは、人として悪徳である。両舌の如きは最も悪徳である。人前にあって人の悪口をいって、また他の人に対して前の人の悪口をいったりして、人の身を離間中傷するような、いろいろの悪徳を犯すのは、皆な二枚舌を使うからである。それから綺語、飾り言葉を使うのもそうである。何か人の心の蕩《とろ》けるようなことを言ったり、人の心の掻きむしられるようなことを言ったりして、人を惑わすのは悪徳である。

だいたい修養のない人が、軟文学というようななまめかしい文学書でも手に取ると、いろいろな間違いを起こすことは世間にたくさん例がある。そういうように、若い者の心をそそるような言葉を使って人の身を誤るのは悪徳である。新聞の記事でも文学書でも、または音楽の如きものでも、ことさらに言葉を飾って人の心を蕩かすようなものは、総て同じことである。それであるから、何ごとに限らず飾り言葉を遠ざけることをいう。ただし、その心を堅固に保持さえしているならば、音楽会に出ようと、または慈善のために義太夫会に出ようと、過ちはないと思う。

それから妄語。親切を欠いた言葉は皆な妄語である。口では礼儀的に言っても、心に親切を欠いていたならば妄語である。もし口で鷺《さぎ》を烏と云わなければならないようなことがあっても、心に親切気が存する限り善意にして犯すならば、それは妄語にならない場合がある。とにかく親切を欠いた言葉は皆な妄語である。口がどうも一番罪を多く作るものであるから、それで口が四つになる。口は禍《わざわい》の門というが、いかにもそうである。

その次は意三、心における三つである。それが貪瞋癡《とんじんち》、すなわち貪欲《とんよく》、瞋恚《しんい》、愚癡ということにもなる。また愚癡の代わりに邪見《じゃけん》ということが入る場合もある。善い方から云うと、不慳貪《ふけんとん》、不瞋恚、不邪見といったりする。

それで第一の貪欲、これは心のうえにすることで、仏教の戒法は精神上の法律であるから、形に現われることばかりに重きを置かない。いわゆる心の動機に重きを置いている。故に意三といって心のうちに起こるところの貪欲、瞋恚、邪見、もしくは愚癡ということが、これをまた悪徳の大なるものとしている。これを最も善い意味で身体に働かせなければならない。この身三、口四、意三、合わせて十善である。この十善ということをもって、各宗各派を網羅している。

つい先だって亡くなられた雲照律師は、むしろこれを主として教えを立てられたのである。それのみならず、弘法大師も十善ということは、世間から見ると人道上の教えである。それを出世間的に見ると、広げれば十本の指、縮めれば一本の手であるごとく、つづむれば仏心、広げれば十善である。あらゆる万善万行はことごとくこの十善から出るのであって、十善がすなわちその根本になるのであるから、十善を保つ時には心が光明である。それを犯す時には、心が霞となると言われている。——そういう例を挙げるとたくさんある。——維摩経《ゆいまきょう》にも十善はこれ菩薩の浄土なりという語がある。——決して小さな法門ではない。

あまり長くなるからそのくらいにしておくが、すなわち帝釈天は十善をもって人のためにする。それが帝釈天の持ち前である。しかし初めにも言った通り、帝釈天は敢えて忉利天のなかの何番目にいるとか、それが経典のどこにあるとか、そういうことは穿鑿《せんさく》するに及ばない。我が一心は、すなわちこの十善で、この仏心を発見したところが、それが帝釈天の現われである。それ故に、まさに帝釈身をもって得度すべきものは、すなわち帝釈身を現わして、しかもために説法するとあるのであって、まことに自由なものである。初めに言った通り、鏡の映写の如きものであり、撞く鐘の響きのようなものである。

「応に自在天身を以て得度すべき者は、即ち自在天身を現じて而も為めに説法す」。この自在天も事釈のうえから解釈すれば、須弥山説にある通り、自在天というのは、ちょうど六欲天《ろくよくてん》と称する——欲界のなかに六つの天があって、そのなかの一番低い天である。六欲天の天神はどういうものかというと、魔王である。大自在天というも、自在天というも、皆な魔王の名である。恐ろしい魔王の名である。魔という字は梵語でいうと、妄執殺者《もうしゅうせっしゃ》という。翻訳すると、一切人の命を殺すということになる。つまり一切の功徳財産を奪い、しかして一切の智慧の命をなるべく殺すという意味から、妄執殺者というのである。

その大自在天の魔王は、そういうところに住んでいるのである。しかし前例の解釈と同じことで、第六天ばかりにその魔王が始終潜んでいるのではない。じきに我が心を侵し来たって、第六天が眼を瞋《いか》らし頭をもたげて来るのである。ところが観世音菩薩は世界中関係しないところはない。こういう観世音菩薩であるから、慈悲を体して、魔王が来たればじきに魔王の身をもって説得しようというのである。故に禅宗の修行でもそうである。ただ仏になったままで修行するというのではいけない。もう一つ一転して進んで行くと、今度は魔境涯と和合する。衆生済度のために魔境涯とも和合するのである。

善人ばかり相手にするのではない。悪人とも接して行かなければならない。善でも悪でも仏でも魔でも、それぞれの境涯に応じて修行を進めて行くのである。故に魔王が来たならば、よろしく魔王そのままとなって現われて行くのである。まさに自在天身をもって得度すべきものには、すなわち自在天身を現わして、しかもために説法する。

こういうところが、これを釈迦牟尼如来などの一代に見ると、釈迦御一代を八相《はっそう》（降兜率《ごうとそつ》、託胎《たくたい》、降生《ごうしょう》、出家、降魔《ごうま》、成道《じょうどう》、説法、涅槃《ねはん》）に分けているが、そのなかに降魔という一段がある。

すなわち釈迦牟尼如来が修行せられている前に当たって、いろいろの魔が現われて来る。恐ろしい魔もあれば、愛すべき魔もある。それは皆な自在天の仕業である。初めはたいへんな美人、実に天上より落ちてきたような美人が、仏の前に媚びを呈して仏を迷わせようとする。いろいろさまざまに媚態を呈する。仏の坐禅しておられる前に、そういうものがいろいろと現われる。つまり仏の禅定を乱すために、いろいろそういう手段をやって来るのである。ところが仏の禅定が動かないから、今度は夜叉のような鬼のような恐ろしいものが現われて来る。あるいは兇器を閃かせて逼《せま》ったり、あるいは弓をひいて仏を怒らせようとする。その時に弓の矢が雨の如くに降って来る。ところがその毒の矢が途中から落ちて、皆な変化して蓮華の弁となる。

そういうことは奇蹟でもなんでもない。我々お互いの間でも同じことである。他人がどういう悪意をもって来ても、自分がこれを善意に受け取ったならば、皆な今のお話のようなことになる。いろいろ自分を陥れよう、苦しめようと人が迫害を加えても、悪意を悪意として受け取らないで、これを善意として受け取ったならば、たいへん強いものであろう。そういう心を一点でも体していたならば、一身を修め、一家を治め、進んで広く国家社会に対しても、少しも意に介することがなくなる。強いといっても、この心がなければ真の強者ではない。仁者は天下に敵なしで、どんなに周囲から圧迫せられても、こういう心を一点でも宿していて、相手の悪意を悪意としないで、善意に解していたならば、毒の矢がじきに蓮華となって、皆な途中で落ちてしまうというようなことが、伝記に書いてある。これは奇蹟でも何でもない。不可思議のことでも何でもない。慈悲あるがために観世音菩薩が身を魔王に現じて説法するのである。

ある時一人の坊さんが、坐禅三昧に入ろうとしていると、不意に一人の女がその前に現われ、長い髪を振り乱して、「まことに貴僧《あなた》は怨めしい。私が命にも換えられない赤ん坊を、貴僧は殺してしまった。ぜひあの子を生かして返してくれ」、そういって坊さんの前に身を投げ伏せた。ところが坊さんの考えるには、いわゆる、かくいうのが魔の差すというのだろう。こういう魔は、じきに退治しなければならない。よし打ち殺してくれようと、切れ物をもって、「おのれ、そういう姿を装って来たが、畢竟《ひっきょう》、汝は魔である」といって突き刺した。そうすると急に夢が醒めたような心持ちになって、どこか冷やりとしたのに気がついた。膝を撫でてみると、滑らかなものが手に触る。そこでよく灯火に照らして見ると、外《ほか》の魔ではなく、自分の魔を刺したのであった。その刺し口から鮮血が淋漓《りんり》として流れていた。そういう物語を書いた本がある。

いわゆる心の作用から、いろいろのことが現われるのである。甚だしいのになると、今でもヒステリーなどの人が激しいのになると、よほど妙なことを心のうちに見ているものである。人が来て自分を縛るというように思うのである。または人の話から、何か人が我が身に迫害を加えるとか、兇器を携えて来て危害を加えるとかいうように思ったりして、身をもって敵対しようとして、障子を突いたり、もしくは刃物を揮ってとんでもない過ちを生ずることもある。それはしかし、病的であろうけれども、一種の精神上の情態として、そういうことがある。

またある時坊さんが坐禅をしていたら、魔が現われた。それは大きい魔である。しかして恐ろしい顔をしている。手もたいへん長いものである。そうかと見ると足が非常に短い。そういう怪物《ばけもの》が現われた。我々は腹をもっているが、その怪物は腹をもっていない。それを見た坊さんは、修行を積んでいたから、少しも恐れずに、「何か、お前はせっかくやって来たが、腹がないではないか。腹がないでは不自由であろう。しかし食う必要もなく、飲む必要もなくて、その方ではよほど調法なものであろう」。そう言ったら、魔が掻き消す如くに消え失せた。そういうように、ある時には魔に対して説法しなければならない。

また白隠禅師の室内に幽霊済度の公案がある。もしそういう幽霊じみたものが、枕元に怨めしいといって現われた時に、何といって済度するかというのである。故に菩薩は衆生済度のためには、梵王にも帝釈天にも自在天にもいろいろに姿を現わして、ただ善人にばかり優しいのではなく、恐ろしい大魔王の現われた時にも、それに身を現じて説法するのである。我々もこういう工合に総て何事に限らずそういう心になっていたならば、分相応に働くことができようと思う。今日はこれだけにしておきます。

観音経講話第十一回

応以天大将軍身。得度者。即現天大将軍身。而為説法。応以毘沙門身。得度者。即現毘沙門身。而為説法。応以小王身。得度者。即現小王身。而為説法。

［和訓］応《まさ》に天大将軍《てんだいしょうぐん》の身を以て得度すべき者には、即ち天大将軍の身を現じて、而も為めに説法す。応に毘沙門《びしゃもん》身を以て得度すべき者には、即ち毘沙門の身を現じて、而も為めに説法す。応に小王《しょうおう》身を以て得度すべき者には、即ち小王身を現じて、而も為めに説法す。

［講話］毎度お話いたしたように、観世音菩薩はいろいろの方面からその境涯を拝むことができる。いろいろの方面というちに、まず第一には大慈悲心の方面から観世音菩薩を拝むことができる。それからまた、大智慧という側から観世音菩薩を拝むことができる。それと同時に、またさらに大勇猛心という側からして、観世音菩薩を拝むことができる。しかしこれは、仮りに分けただけのものであって、別にここからここまで

が観世音菩薩の大慈悲心、ここからここまでが菩薩の大智慧、またここからここまでが、菩薩の大勇猛心ということではない。つまり観世音菩薩のその本領を仮りに分けてみれば、今いう通り三通りの方面からその面《おも》てを拝むことができると云うのである。

しかしそれと同時に、我々はいつも申す通り、観世音菩薩の分身である。少なくとも観世音菩薩と我々とは、決してその間に糸一筋も隔たりはないということを始終自分の心頭に信じていなければならない。しかしてその大慈悲、大智慧、大勇猛心と云うは、言葉こそ変わるけれども、世間で普通にいう智仁勇、それと同じに見てよろしいのである。その他まだいろいろの言葉で同じ意味のことを言い別けることがあるが、それは皆とくにご承知のことであろうと思う。

それで今日これからお話いたそうとするのは、天大将軍身であるが、この天大将軍は、どういう人であるかというと、経文を繙《ひもと》いてみるに、これは初めに現われていた梵王の臣下、あるいは帝釈天の御家来であるとかいうように、お経のなかには書いてあります。つまり天大将軍というのは、いつも云う通り経文の解釈には事釈、すなわち事実上の解釈と、理釈、すなわち精神的の解釈と二つあるが、事釈のうえからいうと右のごとく誰れそれのご家来であるということになるが、理釈のうえから見ると、自分の一つの意思の力、すなわち勇猛精進という側《がわ》をいうのである。我々が一つの意思を定めて、一つの目的に向かって傍《わ》き目をせずに真っ直ぐに進んで行くという、そういう心を指してここでは天大将軍というのである。

将軍というのは、今日、現実においてもそうであるが、多くの兵を率いて敵国を降伏せしめようとする勇猛の職である。天大将軍の任務はそれである。いま観世音菩薩は初めからいろいろの身体を現わされたが、いまもし天大将軍というような身を現じなければならないというような場合には、じきに天大将軍そのままに現われて、天大将軍のために説法する。こういうのである。

まことに一つの身体を、ここでは三十二通りほどに現わされるのであるが、何も三十二と数に限られたわけではなく、幾通りにも使い分けるのである。ちょうど千両役者が一つの身体をもって、いろいろの姿を現わすのと同じことである。熊谷《くまがい》にも敦盛《あつもり》にもなったり、睚《いが》みの権太にもなったりさまざまに変わってみせる。ちょうど観世音菩薩が一つのこの身をもって、さまざまに働きを現わすのは、それと同じことである。ついこの前には、大自在天に現われて説法をなされたが、今度は早変わりしてじきに天大将軍とこういう勇気凜々たるところの身体を現わして、そうして活説法をする。こういうのである。

この眼をもって観《み》ると、現在、欧羅巴《ヨーロッパ》に行われている戦闘というものは、ほとんどいろいろの姿になって現われているが、こういう意味からいうと、やはり観世音菩薩の一つの働きといってよい。独逸《ドイツ》のカイザーは、なるほど今は我々の敵であるけれども、その人の働きを見るとなかなか立派なことをやっている。言わば天大将軍の身を現わして説法している。私どもの洋行というのは全然《まるで》、夕立みたいな洋行であって、欧羅巴の辺りを暫時《ちょっと》の間、飛び回ったのに過ぎなかったのであるから、十分のことは解らないまでも、その洋行中に独逸人に途中で逢ってみると、皆カイザー髯を生やして肩を怒らして、言わば肩で風を切って歩くというような、または眼下に人を見くだしているというような、または張り肘して威張っているというような、そういうふうに人々がカイザー気取りで市街を大手を振って歩いていた。これは大いに面白いことだと思う。

一人のカイザーがあって仕事ができるのではない。幾千万の人間が、皆カイザー気取りで働いているからそこが面白い。ちゃんと一つの風采が決まっている。千人寄っても万人寄っても独逸人は皆カイザーの現われのごとくで、しかして働いている様子が——それは私がそう思って見たせいであるかも知れないが、そう思ってみれば、そう見えないこともない。なかなかあれまでに訓練することは、物質のうえにも精神のうえにも、一朝一夕のものではなかったろうと思う。挙国一致の精神、それが多方面に同様に現われている。これはひとり独逸のカイザーに限ったものではない。英国人でも仏国人でもまた同様で、英国は英国風に、仏蘭西《フランス》は仏蘭西風に、国民の精神がすこぶる緊張していて、国民総がかりで一致している。これが欧羅巴の生命で、皆な張り切った態度で仕事をしているように見えるのが面白い。

いま観世音菩薩もまたそうである。ああいう優しいお顔をしておられるけれども、ある場合には天大将軍のごとく四方皆な敵のなかへでも飛び込まれて、あらゆる仏事を行われるのが観世音菩薩の働きである。我々もやはり観世音菩薩の一つの現われであり、観世音菩薩の権化の一つであると見ると、――私は敢えて将軍といったからといって、血なまぐさい仕事をするに限ったというのではない。軍事上、政治上、事業上、別して宗教上、どこでも将軍的態度をもって、自分の指した目的に向かって進まなければならないことであろうと思う。それがいわゆる意思の力の現われというものである。

これはいつかお話したかもしれないが、仏の十大弟子のうちで、富楼那尊者《ふるなそんじゃ》という方があって、これは世間でたいてい知っている雄弁な方で、能弁の人といえば、富楼那の弁のようだとまで云われるほどの人である。これが仏に長らく付いて修行せられて、これからどうぞ仏の法を世界各国に弘めたいと思い立たれ、ある時仏に申されるには、「私はこれよりして無仏教、言わば無宗教の国へ行って、仏教の伝道をしたいと思うが、いかがでござりましょうか」と伺うと、仏の仰せられるには「それは結構な事である。別して今の無道心、無宗教というような国に這入って、仏心を行うということは、まことに結構なことである。しかし心得までにいっておくが、あの無道心の国の人民は凶悪軽躁《きょうあくけいそう》である。もしお前が伝道に行ったならば、周囲の人民はいろいろお前を罵り辱め、あらゆる迫害、妨害を試みるであろう。その時にはお前はどうするか」。

富楼那曰く、「それはありがたい。もしそういうことに出遭いましたならば、私はこういうふうに受け取ります。彼《か》の国の人は賢善《かしこ》くして仁和《なさけふか》い。彼らは瓦や石をもって、私を傷つけない。まことにありがたい。こう受け取ります」と。そこで釈迦の言われるには、「そうか。それならば、もしかの国の人民が瓦や石をもって汝を打擲《ちょうちゃく》することあらばどうするか」。富楼那曰く、「その時には私は善意にありがたく受け取ります。彼の国の人は賢善《かしこ》くして仁和《なさけふか》い。瓦や石をもって私を打擲するも、刀杖をもって私を傷つけない――刀をもって私を傷つけ、杖を振り回して私を打ち据えることはいたさない。それがありがたいと受け取ります」。その時に仏はさらに、「しからばもし彼の国の人が刀杖をもって汝を傷つけたならどうするか」。富楼那曰く、「それでも私はありがたいと思います。彼の国の人は、賢善《かしこ》く仁和《なさけふか》い。未だ私を殺すことをなさず、まことにありがたいと受け取ります」。その時釈迦がなお言われるには、「もしそれならば、彼の国の人が凶器を携え来たって、汝の首を刎ねたらどうするか」。富楼那曰く、「まことにありがたいと思います。そもそも道を修める人々のうちには、この五欲の身を厭って刀をもって自殺し、あるいは毒薬を飲み、縄に縊《くび》れ、深坑に投じて身を殺すものさえあるに、彼らは賢善《かしこ》く仁和《なさけぶか》くして、この朽敗《くちはて》た身を殺して、繋縛《けばく》から脱《のが》れしめた。ああ、ありがたいことであると受け取ります」とお答えしたということであります。

すると釈迦は「善哉、善哉。汝はよく道を修めて忍辱《にんにく》を学んだ。そういう決心と勇猛心とさえあれば、彼の国の人々を教え導くこともできよう。汝、今より行きて未だ安らかならざる者を安らかならしめ、未だ救われざる者を救い、未だ涅槃に入らざる者を涅槃に入らしめよ」と仰せられた。そこで翌日、富楼那は彼の国に赴き、一夏のうちに五百人の信者をえ、五百の伽藍を建てたという事であります。

この富楼那の精神はあえて富楼那一人に預けておくべきものではない。我々皆な総てそういう精神が必要である。釈迦が法を説かれた時などを考えてみても、後にこそ祇園精舎《ぎおんしょうじゃ》というようなたいへんな大伽藍——一面に黄金を敷き詰めたと云われるほどの荘麗《りっぱ》な建築物が信者によりて造られたけれども、最初、仏が山から出て来て、鹿野苑《ろくやおん》という公園のようなところで説法された時には、天上があったわけではなく、畳も何もあったわけではない。全く青天井のもとに立って、しかして大獅子吼をされたのである。釈迦でさえ初めはそういうやり方をなされたのであるから、弟子方が各地方に行って説法なされた時には、もちろん寺もなければ道場というものがあったわけではない。天幕もなかった時であるから、やはり青天井のもとに法を教えられたのである。

こういうのもやはり精神的将軍の身を現わしているといってよろしい。かりに悪魔外道というものがいくら蔓《はびこ》っていたとしても、その悪魔外道という醜草《しこぐさ》を刈り取って、そして仏の正法輪《しょうぼうりん》を所持し栄えしめようというのが、また将軍的態度である。ただに宗教を弘める人ばかりではない。およそ国を興し家を起こし、身を立て道を行うほどの者は精神上、事実上、何のうえにおいても皆な精神的将軍の身を現じて努力した人である。こういうのを総て観世音菩薩の大勇猛心の現われというのである。

右の話から今ふと思い出したが、別に書き留めておいたのでないから、多少本文とは相違するかもしれないが、列子という本に面白い話しが書いてある。それは北山に愚公という人があった。いずれこれは仮想的のものであろうが、その愚公は九十何歳かの老人であるが、ある時、私はこれから太行山《たいこうさん》、王屋山《おうおくさん》という二つの山をきりくずして、平坦なものにしてしまいたい、——太行山、王屋山というのは支那でも聞こえた高い山であるが、その高い山を低く均してしまいたいという話をした。それを聞いた人々は大笑いをして、

「耄碌爺《もうろくじい》さん、九十歳にもなって先もないくせに、山の中でも格別に高い、雲のなかに聳えているような大きな山を、一つのみならず二つまでも、手で均して平坦にしてしまいたいなどとは、よほど馬鹿気たことを考えたものである。よく臆面もなくそういうことが言われたものである」と嘲笑った。

するとと愚公が、「いやいや、そう笑ったものではない。私が死んでも子は残っている。その子にはまた子が生まれる。孫が生まれる。孫がまた子を生む。曾孫を産む。されば子々孫々は限りなく続いて行く。言わば第一の我れ、第二の我れ、第三の我れというように、私の形こそ変わって行くけれども、私自身の精神は、いつまでも子々孫々に伝わって行って、仕事をする。なるほど太行山や王屋山は大は大であるけれども、子も生まなければ孫も生まない。初めから一つの何千尺という山は、いつまで経っても同じ山である。石も殖《ふ》えない。土も増さない。言わば子孫まで仕事をしないが、私の子孫は限りなく、私の精神がこの子孫を通じて仕事をすることができる。あの太行山や王屋山はいくら高い山だといっても、これを平らげることはいと易い」といった。初め笑った人もその言で閉口してしまったという。

そういう話が列子という本に書いてある。人間の仕事はそれである。勇猛精進の力を揮って、不退転の仕事をせねばならない。今日、我々が世間を眺めてみてことに必要を感じるのは、個人としても国としても、もちろん智慧学問も入用《にゅうよう》であるが、なかんずく智慧学問の働きを実地の仕事に用立てるものが第一必要で、それは意思の力であると思うのであるが、これを人格化していったならば、将軍身そのものの働きのことである。「応に天大将軍の身を以て得度すべき者には、即ち天大将軍の身を現じて、而も為めに説法す」とあるのは、これをいうのである。

次に現われたのは毘沙門身である。我々が毎日いろいろ身を現わして仕事をしているように、今度は早替わりをして毘沙門身が現われた。毘沙門神というのは、これも須弥山説を一通り話さなければ分からないはずであるが、そういうことは他日詳しくお話することにする。だいたいを言えば須弥という高大な山があるとして、その須弥の四方に四天王というものがある。四天王のうちの一つは北方多聞天王《ほっぽうたもんてんのう》というのである。毘沙門というのは梵語であって、翻訳すれば多聞天という。それは事釈、すなわち事実上の解釈で、経文にはそう書いてあるが、これも精神上から見ると、毘沙門天の生まれはどこであるとか、どういうふうにどうしたとかいうことは尋ねるに及ばない。ひとたび毘沙門天を念ずる時は、ただちに毘沙門の身を現わすのである。

つまり毘沙門天は治国護王《じこくごおう》の神として、国を治めその国土を護衛するところの神様とも、あるいは福徳を授けるところの神様とも云われて、七福神のなかにくらいしている。それだけの勇気をもって現われている神である。とにかく善神を助けて悪神を退ける。災難から救って幸福を与える。貧しきを助けて福を生み出すというように、あらゆる善い意味のことは、毘沙門天がことごとく占めていて、あらゆる悪い意味のことは、毘沙門天の力をもって退治してしまうという、めでたいところの神である。もし毘沙門天の身を現じて説法しなければならない必要が起こる時には、じきに毘沙門天の身を現じて、しかもために説法する。あたかも天上の月は一つであるが、いろいろの水によってその影を宿すようなものである。澄んでいても頓着しない。濁っていても頓着しない。どんな水にでも影を宿す。それと同じく観世音菩薩はどこにでも身を現じて説法するのである。

説法するといえば、何か木魚でも叩いてお経でも読むというように思うかもしれないが、そうではない。鍛冶屋がかんかん汗みどろになって働くのも、それは鍛冶屋の説法である。商業家が算盤珠《そろばんだま》を膝のうえでぱちぱち弾いて、一生懸命に儲け事を考えるのも、それが商業家の説法である。この頃のような炎天で、いわゆる金を爍《と》かす暑さの時でも――これは汽車にでも乗って旅行する時に、よくそういう景色を見るが、煮えくり返るような田圃のなかや、熱風の吹き捲くる畑のなかで、鋤鍬をもって百姓が働いている。それがすなわち百姓の説法である。子が親に対して孝を尽くすも、臣が君に対して忠を尽くすも、また皆な説法である。説法は決して木魚を叩いてお経でも読んでやるばかりが説法ではない。

毘沙門天をもって得度すべきものには、すなわち毘沙門天を現じてしかもために説法する、とこういう。この毘沙門天についていろいろ因縁話をするとたくさんお話がある。第一に、今日あたりでも小さい子供の頭にさえ宿っているが、あの楠木正成は最初、毘沙門天に願掛けしてできた申し子で、幼名を多聞丸と称すと書物に書いてあるがそれである。すでに胎内に宿らない前から、毘沙門天に祈念したくらいであるから、胎内に宿ってからはなおさらその信仰が篤かったに相違ない。これがすなわち胎教で、そういうふうに精神的に育てられたのが正成公である。生まれ出てからももちろんのこと、家庭教育が総て精神的に行われたことは申すまでもない。そういう精神で、胎内にあっても生まれてからも育てられたから、だいぶん世間の普通の人とは違う。正成公一代の精神は、総て宗教的精神から割り出されて、それがいろいろの方面に働き掛けてある。ゆえに正成公の生涯の事蹟というものは、百歳千歳の後に至るまでも人口に膾炙せられて、その忠君愛国の精神は凜として天地の間に存し、いわゆる火に遭っても焼かれず、水に遭っても漂わされず、今日、我々の頭に厳かなる楠木正成公の顔が明らかに現われている。

この正成公が、かつて南都に遊びて一禅者に片岡の辺《ほとり》に出逢ったことがある。道々話する次いで、ついて心要を乞うた。するとその僧が公の名は何ぞと問うた。公曰く、「正成」。僧曰く、「者個《しゃこ》、是れ什麼《なん》ぞ」。公言下《ごんか》に省悟《せいご》す。招いて家第《かだい》に請《しょう》して慇懃に誨《おし》えを受く。爾来《じらい》兵を用いること自在にして、謀略《ぼうりゃく》神の如しとある。これは正成公がなにも突然にこういう問いを出して、それで偶然に省悟したというわけではない。平素深い深いところに修養があったから、この機会にそれが開発したのであることはもちろん言うまでもないことである。

その他、なお毘沙門天に関する事実因縁話はたくさんある。聖徳太子もそうである。有名な四天王寺の大伽藍を建設なされた由来というものがそれである。太子は守屋の軍に敵対せられる時に、四天王を頭に戴いて戦われた。なかにも毘沙門天の精神を頭に飾って、最も勇ましく戦われたというようなありさまである。ただに戦時においてのみならず、太子の精神は常にそういうところに向かって養われていたのである。

毘沙門天のお話は、仏説毘沙門経というお経に詳しく出ている。そのなかに十の福が算《かぞ》えられている。ちょっとその大略を言えば、毘沙門天王は無尽の福を与えると書いてある。それから毘沙門天王は愛敬の福や長命の福を与えるとある。次には、毘沙門天王は眷族の福を与えるとある。また毘沙門天王は将軍の福を与えるという。こういうふうに十の福が算えられている。これは十とはいうものの、これを応用すれば、千万無量の福に相当するのである。そういう毘沙門天である。ところでその毘沙門天はなにも須弥山までわざわざ捜しに行くには及ばない。一念毘沙門天を信仰すれば、覿面《てきめん》にここにその身を現わすことができるのである。

次に「小王身を以て得度すべき者には、即ち小王身を現じて而も為めに説法す」とある。初めの梵王とか帝釈とか、または自在天とか毘沙門天とかいうのは、いずれも天上界の神たちであるが、それらを指して大王と称する時は、それに対して小王と呼ぶのである。けれども人間界においては、ここに小王と称するものも小王ではなくして、やはり大王である。我々が現に戴いている日本天皇陛下は、すなわち我が国の大王である。ことに先帝明治天皇陛下に至っては、少なくとも東洋、いな世界における大王と申し上げるも決して差し支えはなかろうと思う。

その他、仏教において、昔から大王とも称すべき二、三の例を挙げてみると、仏滅後、約二百年ばかりに阿育王《あいくおう》というお方があったが、この人は仏法保護に全力を注いだお方で有名な人である。その人の現に建てた碑などが印度にまだ残っているが、それによってみると、いかに阿育王が仏事せられ、また仁政を布かれたかが明らかに分かる。西洋人の書いた書物のなかにも、コンスタンチヌス王が耶蘇教《やそきょう》を保護した功績よりも、なお大なるものがあるように始終書いている。そのくらい有力な大王である。いろいろ算え立てればたくさんあるが、ことに仏教の世界的に弘通《ぐずう》したのは、この阿育王の時代からである。仏一代のうちには、仏法も印度――五天竺くらいに限られたかもしれないが、それがだんだん印度全国に弘まったうえで進んで、今からいうと、東波斯《ひがしペルシャ》地方から欧羅巴の一部に及び、さらに蒙古満州方面から――亜米利加《アメリカ》にはその時分、渡っていないが、とにかく東洋以上の諸国に普及するに至ったのは、阿育王の力である。その人のやった事業の概略を述べれば、施薬院《せやくいん》とか療病院《りょうびょういん》とかその他いろいろあるが、つまりあらゆるものを仏教主義によってやったのである。公共のこと、慈善のこと、国家的のこと、宗教的のこと、皆な仏教主義によってやったのである。

次に日本において大王のご事績を申し上げれば、最も形のうえに残っているのが聖武天皇でありましょう。天皇が仏教のために尽くされたことは容易ならないものである。ために儒者神道家などは、聖武天皇が三宝の奴《ど》と称されて、三宝のためにはこの身をも捧げると仰せられた事を、その深いご精神をも知らないで、何か天皇が仏法に心酔せられてそういうことを仰せられたように論じている。ところが豈に知らんや、三宝とはすなわち仏法僧である。まことに宏大な精神的なものである。その仕事は天職的なものである。決して人爵《しゃく》をもってかれこれあてがうべきではない。それが宗教の宗教たる所以《ゆえん》である。法すなわち宗教――精神界のためには、我れみずからその奴隷であると仰せられたので、このくらい徹底したことを仰せられたことは、独り日本のみならず、他の国にもたんとないことである。そこに始めて宗教の神聖なる意味が現われている。欧米人でも、真の宗教を知っているものは、そういう辺を注意しているので、これは聖武天皇お一人に限らず、聖徳太子もそうである。

それから奈良朝、平安朝及び鎌倉時代、それから足利時代、徳川時代には身分が天子であり、または皇族であって出家せられた方がたくさんある。出家して僧形となられたという事がただありがたいというのではない。それだけでありがたいというのは可笑しなものである。とにかく仏教的精神、すなわちここに説くところの観世音菩薩の大智慧、大慈悲心、大勇猛心、こういうものを化して一団となした精神の現われが言い知れずありがたいのである。

それから支那では後漢の明帝《めいてい》、魏の明帝、宋の文帝、梁の武帝、唐の太宗皇帝などの仏事せられたことは実に容易ならないものである。仏事といってもお経を読むとか講釈を聴くとかいうようなことばかりでなく、仏教の精神を十分に体得して、あらゆる文学のうえなり、美術のうえなり、または政治のうえ学問のうえ教育のうえなりに、その精神が八方に発揮せられたのを指すので、歴史を見ればよく分かる。だいたいのことは書き載せられてある。

小王といい大王というのは、例えば印度にも王というのにいろいろあり、また支那の附庸国《ふようこく》でも、蒙古の各部落には王というものがたくさんある。小王というものはそういうものを指す場合もあるが、ここで云う小王はその辺の区別ではない。例えば露西亜《ロシア》のごとき大国の王でも、大王とはいわないのである。天と人とを仮りに分けて、天界の王が大王で人間の王を小王というのである。その人間の小王に身を現わして得度すべき場合には、すなわち小王の身を現わして、そのために説法する。今日はここまでにしておきます。

観音経講話第十二回

応以長者身。得度者。即現長者身。而為説法。応以居士身。得度者。即現居士身。而為説法。応以宰官身。得度者。即現宰官身。而為説法。応以婆羅門身。得度者。即現婆羅門身。而為説法。応以比丘。比丘尼。優婆塞。優婆夷身。得度者。即現比丘。比丘尼。優婆塞。優婆夷身。而為説法。

［和訓］応《まさ》に長者身を以て得度すべき者には、即ち長者身を現じて而も為めに説法す。応に居士身を以て得度すべき者には、即ち居士身を現じて而も為めに説法す。応に宰官身を以て得度すべき者には、即ち宰官身を現じて而も為めに説法す。応に婆羅門身を以て得度すべき者には、即ち婆羅門身を現じて而も為めに説法す。応に比丘、比丘尼、優婆塞、優婆夷身を以て得度すべき者は、即ち比丘、比丘尼、優婆塞、優婆夷身を現じて而も為めに説法す。

［講話］今日は、「長者身を以て得度すべき者には、即ち長者身を現じて而も為めに説法す」というところ

から説き起こすのでありますが、毎々《まいまい》申し上げる通り、常に観音経を読誦《どくじゅ》するには、我れ自身がやはり観世音菩薩の化身であるという観念を、始終もっていなければならない。これはあえて観音経を読む時ばかりに限ったことではないけれども、そういうふうに読むと、それがじきに一つの自分の修養の根本となる。すでにたびたび申し上げたごとく、観世音菩薩というのは、慈悲というものと、智慧というものと、勇猛心というものとの現われである。つまり観音菩薩は一身であるけれども、その一身を三通りに分けてみると、慈悲と智慧と勇猛心――世間の言葉でいうと、智仁勇といってもよい。それであるから、その向かうところはどこもかしこも観音の浄土ならざるところはなく、何人といえども皆な観音の現われでない者はない。

それでいまもし長者の身をもって得度すべきものと、こう見たならば、即坐に長者の身を現わして、しかしてために説法する。長者ということは、日本では何か財産でも多分にもっている人、それが長者であるように通俗一般に言いならわしているけれども、しかし銭があるばかりでは、決して長者とは云えない。長者というものにはそれぞれ資格が要《い》る。印度ではこういっている。長者に十の徳というものがある。それはちょっと言ってみると、一には性貴《せいき》、二には位高《いこう》、三には大富《たいふ》、四には威猛《いもう》、五には智深《ちしん》、六には年耆《ねんき》、七には行浄《ぎょうじょう》、八には礼備《れいび》、九には上歎《じょうたん》、十には下帰《かき》、だいたいこういう工合に徳を備えなければ長者とは云えない。

そこで第一の性貴というのは、およそ長者たるものは、まずこういう人格が一つ備わっておらなければならない。それは性質のまことに貴いところのものがなければならない。性質が賤しい者では、長者と云われるところの資格が欠けている。布衍していうと、なかなか時間が多く掛かるから、字義だけをいう。

第二の位高、これももう位《くらい》といっても位にはいろいろあって、人爵《じんしゃく》もあれば天爵《てんしゃく》もあるが、今はその人爵をいうので、やはり世間でいうところの位である。位の尊いものでなければ、人が尊敬いたさないところから位の高いことを要する。

三には大富。これは読んで字の通りである。富の力でなければ仕事ができない。これは一個人においても、一家においても、また一国においても、もとよりその通りで、いかに兵ばかりが強くても、国が富んでいなければ致し方がない。富ということは、いずれの時でも大切である。

第四は威猛。やはり一つの威猛というものがなければならない。人がこれに対して畏れ慎むだけの威光を備えていなければならない。そういう徳が必要である。

第五は智深。勇気が勝っていても、智慧が乏しければ、長者の資格が欠けている。今もいった通り、威猛の徳をもっていて、同時に一面には、この智というものを備えていなければならない。ごく根の深い智慧がなければならない。

六には年耆。つまり年高しというも同じである。何事も亀の甲より年の功で、実際そうである。若い時には元気があり勇気があるといっても、練れていないところがあって、事を損じ易い。老人はなかなか貴ぶべきものである。もっとも、あまり年をたくさん取ってはいけないけれども、経験を積んで行くには、どうしても年を重ねなければならない。それで年耆ということが長者の一つの徳になっている。

七には行浄。たとえ今まで算えて来たような徳が備わっていても、その人の日常行うところが浄くなければならない。

八には礼備。やはり総てのうえに礼儀作法というものを具備していなければならない。

第九には上歎。その人格に対して、その人よりも上にくらいしているものが歎美するくらいの人でなければならない。君臣の間柄でもそうである。君たる人が常に歎美するくらいの徳を備えていなければ、立派な臣ではない。

十には下帰。上から褒められるばかりでなく、自分の目下も常にその人に帰服して、その人を尊敬し、その人を慕うだけの徳をもっていなければならない。

以上、十通りの徳を備えていなければ、長者とは云われない。たんに財産があり、金銭だけを持っているだけでは、長者ということはできない。世間の実際を見ると、身における長者と心における長者とがある。十徳を持っているものは心のうえの長者でもあり、また身のうえの長者でもあるが、世間のは身柄は富んでいても、心の貧しい人がたくさんある。

どちらかというと、多く金銭があり財産のある人は、他の一面、すなわち心の方面から眺めてみると、かえって心のうえは貧しくて飢えている、道徳に飢え宗教心に凍えている人が多い。針の耳の穴のなかを駱駝に乗って通る——財産家というものには、多くの場合においてそういうようなものがたくさんある。小さな針の耳の穴を通ることはできるわけのものではない。それと同じ事で、ただ銭ばかりをもっているやからで、心に信仰もなく道徳もないもので、ほとんど度すべからざるものがある。言わば援《たす》けのない憫《あわ》れなものであるという意味であると思う。そういう意味で、仏教では有財《うざい》餓鬼ということをいっている。財産はたくさんもっているけれども、その心は餓鬼のごとく飢え凍えているというのである。

現在、我々が僅《わず》かに知りおる人のなかにもそういうふうの者があって、身は富んでおり、家は立派に飾っていて、衣服飲食に贅《ぜい》を尽くし、一見他人からは羨まれる身分の人のように見えるけれども、内容に立ち入ってみると、ずいぶん酷いのがある。まるで廉恥も道徳も欠けているといってよい。まして況んや真面目な宗教的信仰とか、最も高いところの精神的生活の意義とかいうことは、ほとんど度外に付して、初めからそういうことを自覚しないものが、少なからずあるのである。どっちかというと、心において富んでいる人は身において貧しく、身において富んでいる人は心において貧しいと云うのがよくある例で、身において富んでいる人で、心においても富んでいる人は、なかなかに世間に得難いのである。

例えば釈迦はじめそうである。なるほど生まれはとにかくも、儼然《げんぜん》たる一王国の太子として生まれたけれども、その位置を弊履《へいり》のごとくに棄てて、身を乞食の境遇にくだしてしまった。その点から見ると、ほとんど一個の乞食であるが、しかしながら、その仏となって世に現われたうえからいうと、今この法蔵を世人に与える――仏は世間に向かって精神的の倉庫を与えるために、我はここに現われたのであると云っている。すなわち釈迦は精神的財産を第一番に求めたのであろうと思う。この点からいうと、やはり釈迦は身において貧しいが、心において富んでいる。孔子もそうである。身において貧しい人であるが、その代わり心において富んでいた人である。こういう工合の人は、まだその他にもたくさんある。例えばソクラテスもそうである。ソクラテスは最も身において貧しい人である。しかし心においてはこれもはなはだ富んだ人であった。ゆえにいずれも千年二千年三千年近くまで、その財産を多くの人に分かち、しかして尽きるということはないのである。

いま世界の人口を仮りに十五億と定めておいて、そのうちに仏教の信徒というものが、約五億、すなわち三分の一を占めているといってよい。言い換えれば、世界の宗教中最大多数の信者をもっているものは仏教である。これは公平な調べ方であると思う。こういうことを精神的に眺めてみると、仏は財産家であるといっていい。世間の有形的、すなわち物質的な財産は、一代にしてなくなることもある。一代に作り上げて一代になくす人もある。せっかく親が辛苦艱難《しんくかんなん》して作り上げた財産を、子が無茶苦茶に使い荒らして、三代目にはやがて傾いてしまうという、そういう例はたくさんある。「売家《うりいえ》と唐様《からよう》に書く三代目」、今は唐様よりも横文字の方がたくさんあるけれども、三代目には家倉《いえくら》までも売ってしまう。唐様に書く三代目と川柳にあるようなものである。この有形的物質的な財産は、盗もうと思えばじきに盗賊のためにも盗まれる。また火に逢えば焼かれてしまい、水に遭っては流されてしまう。けれども精神的財産は、いわゆる火も焼くこと能わず、水も漂わすこと能わず、誰も盗み取り持ち去るものがない。我々はいま少なくとも自分を修めようとして、取り掛かっている仕事というものは、お互いに精神上の財産を作り上げようという、この点に心を注いでいるのである。

しかしながら、心、心といっても、身において富んでいる人もまた、実は尊敬すべき人である。孔子も孟子も、君子は財を愛す、けれどもこれを取るに道ありと云っている。身において財産がなければならない。家においても財産がなければならない。国においても財産がなければならない。けれども、独りただ身においてのみ物質的に富んでいても、一面、精神的に貧しい人は、実は憐れむべき人である。

ところが観世音菩薩は、長者のような人になりたいと思う人には、即座に長者の身を現わして説法をする。そんな早変わりができるものか、芝居ならば一人の役者が十人に早変わりもできるけれども、普通の場合、我々が考えているところの方法ではそんなうまいことはできるものではないという人があるかも知れない。けれども菩薩方には、即座に身を変える意生身《いしょうしん》――その心がそのままに形となって現われることができるのである。それを見ると見ないとは、眼の明いた人と眼の明かない人とによって、見える人もあれば見えない人もある。そういう意生身というものが菩薩方にある。たんに我々に見えない聞こえないということを標準にして、判断することはできないのである。

長者というと、じきに連想されるのは須達《しゅだつ》長者である。印度では長者というと、必ずこの須達長者が引き合いに出る。いろいろありがたい話があるが、そのなかに一つこういうことがある。須達長者が舎利弗《しゃりほつ》――これは仏の十大弟子の一人であるが、その舎利弗と相談して、だんだんこの通り法が盛んになって来ては、一つの道場が入り用である。どうか好い場所を選定して、大きな寺を拵《こしら》えたいというので、いろいろかしこここと調べてみると、祇陀《ぎだ》太子のもっている屋敷が一番好い。高燥《こうそう》でもあれば清潔でもあり、空気の流通もいい。何もかも完備しているというので、その由《よし》を祇陀太子に申し込んだ。

すると、祇陀太子は何も寺などを建てるために大切な屋敷を他人に譲る考えはない。けれども、舎利弗と須達長者がたびたび申し込んでうるさいから、こうもいったなら二度とは来まいというので、愛想尽かしをいってみた。それは「相談によっては譲られないこともないが、この広い屋敷に黄金をいっぱい敷き詰めたならば、お望み通り譲ってあげましょう」といった。これでは向こうがおおかた断念するであろうと思ったが、須達長者は熱烈な信心をもっているから、「この屋敷に黄金を敷き詰めるくらいでお譲りくださるならばいと易い。私の財産を傾けても構わない。どうかお譲りを願いたい」と喜んで答えた。

それに対して、祇陀太子は実は今まで仏に信仰心をもっていなかったが、大いに心を動かした。道のためにはかくまで財産を拋《なげう》って惜しいとも思わない。こういう堅固な信心が起こるものであるかと、ついに須達長者に感化せられて、一点の菩提心を生じた。「それならば約束として、黄金を敷き詰めたなら地所を売ろうが、同時にこの地所に生えている樹木は自分のものであるから、この樹木だけ私に寄付させてくれ。喜んで仏に献上したい」といった。この二人の志が相俟って、しかして出来上がったのが祇園精舎である。それを敷金精舎《しきごんしょうじゃ》という因縁はそれから出たのである。

昔の長者はそういうものであって、ただ身において富んでいたのみならず、心においても大いに富んでいたのである。日本にも古来から、そういう実例はたくさんあろうが、いま長くなるから申し上げない。また欧米を尋ねてみても、そういう例はたくさんある。身においても富み、また心においても富んでいる人がある。その証拠には、亜米利加では、各州に三個、もしくは四個くらいずつ、ともかくも大学カレッジというようなものがあって、全国ではそれが三、四百もあろうけれども、聞いてみると、たいていは未亡人の財嚢《ざいのう》から出来たものであるとか、あるいは一個人たる長者の喜捨によって出来上がったものとか、それが多い。たいていは人民の私立である。なかには州立の大学もあるけれども、多数は有志者の財嚢から出来たものである。

大学ばかりではない。その他の学校、ならびに寺もそうである。小さな街、または村などで、一番先に眼に着くものは立派な寺と立派な学校である。それがいわゆる十徳を全く備えなくても、幾らかそなえている人々の、浄き志をもって出来たのが多い。日本も今日、だんだんそういう傾向になってきたように見えるけれども、欧米に較べるとまだまだ比較にならない。昔の日本の寺は、各宗の坊さんが多くはそういう志があって、それで出来上がっているのである。いま観世音菩薩が、長者の身をもって得度すべきものには、すなわち長者の身を現じてしかもために説法すると、こういう。

「応に居士身を以て得度すべき者には、即ち居士身を現じて而も為めに説法す」。この居士というものの徳も、算えてみると四つほどある。その四つをいちいち挙げると、仕官を求めないというのが一つ（官途に就かないということである）。それから寡欲にして徳を蘊《あつ》めるというのが一つ（欲を寡《すくな》くすると同時に、徳を包み隠していることを人目に現わさないということである）。それから財に居して大いに富むというのが一つ（大金持ちになっているということである）。それから道を守って自から悟るというのが一つ（道を守って悟りを開くというのである）。この四つである。これだけでは尽きないけれども、昔から算えて居士の四徳といっている。

しかし今の世のなかには、居士がなかなか多い。ただに禅道を信じる人ばかりでなく、自称的居士がたくさんある。いろいろな居士がある。なかには風流を気取って、何々居士と自から世のなかから飛び離れて、そういうふうに自から居士と称しているものがある。悪いことではないが、本来の意味から云えば、居士という以上は、少なくとも以上の四つの徳をもっていなければならない。

物というものは、末になると間違いが起こる。いろいろ誤伝することがある。今では亡者に法号、信士《しんじ》号、居士号、大姉《だいし》号などを無暗やたらにくれる。はなはだしいのは、どこか田舎の寺に行った時に、目録が貼り出されていて、金十円居士料、金五円信士料などと書かれてあった。まるで商売的に取り扱われている。売り物買い物である。世のなかが総て十露盤《そろばん》勘定であるから、そうしなければならないのであるか知らないけれども、実は居士というものは容易のものではない。自から居士を称する以上は、少なくともそれだけ完備するところがなければならない。

印度では維摩《ゆいま》居士というのが、居士の親方である。その他大勢ある。支那の方でも、これまたたいへんに居士がある。唐朝では龐《ほう》居士、これは全く優れた人である。その他まだいろいろある。宋朝では、時の学者、縉紳《しんしん》、士大夫、名のある人はたいてい居士をもって自から任じ、人もまた居士をもって呼んでいる。蘇東坡、黄山谷《こうざんこく》というような人も、皆な居士である。居士伝を読んでみると、偉い人がたくさんある。

けれども、これらの居士は、元を正してみるとたいてい最初は仏教を知らない人である。禅宗の何たるをも知らない人である。なかには無仏論を著した人もある。その他仏教に反対であった人がはなはだ多い。それがだんだん真面目に世のなかを研究してみると、普通の学問や理屈、文芸などで安んじていられない。そこで精神的解決をつけようというので、道に這入《はい》った人である。

東坡居士は最初、棲霞山《せいかざん》に皓《こう》禅師を尋ねてきて、たいへん大きな顔をしていた。皓禅師は始めて逢ったので、君の姓名は何というと聞いた。東坡の姓は蘇であるが、皓禅師を馬鹿にして掛かって、姓は秤《びょう》なりと答えた。私の姓は秤であると答えた。支那では王とか張とか李とかいう姓はたくさんあるが、秤という姓はちょっと見当たらない。ところが東坡は自分の姓が蘇であるにかかわらず、姓は秤なりと答えた。妙な苗字をつけたものである。秤は物の重いか軽いかを計る道具である。ぜんたいそんな姓をつけて、何を計るつもりであるかと聞いたら、東坡は呑んでかかって、天下の長老の軽重を計るつもりである。知識とか禅師とか坊さんも大勢あるが、その者どもの値打ちの重いか軽いかを計る。人間を目方に掛けて計る。なかんずく禅僧の目方を計るつもりであると答えた。すると皓禅師が突然一喝をくだして、「且《しばら》く道《い》え、這《こ》の一喝の重さ多少ぞ」、さぁ計ってみい。この喝は重いか軽いか、どうじゃと云われて、さすがの東坡居士も始めは脱兎のごとく後は処女のごとしで、ぐっと詰《つま》って、ここで大いに感悟《かんご》するところがあって、それから大いに驕慢《きょうまん》の心を去って、今度は真面目に禅の修行を始めたのである。

だから居士といっても、いろいろ種類はたくさんあって、なかなか軽率に考えるべきものではない。たまたま一点半句領得《りょうとく》したとて、それで大居士と称することはできない。仏法は大海のごとく転《うたた》入れば転《うたた》深しである。

いま観世音菩薩は、まさに居士身をもって得度すべきものには、すなわち居士身を現じてしかもために説法するという。説法というものは、講談や法話ばかりが説法でない。大工や鍛冶屋がてんてんかちかち仕事に励むのも説法である。左官が壁を塗り土を捏《こ》ねるのも、すなわちそれが説法である。菩薩は皆な活説法《かつせっぽう》である。兵隊になったら、暑いにかかわらず汗を絞って操練《そうれん》をするのも、説法の一つである。いま居士身をもって得度してよい時には、すなわち居士身を現わして説法する、こういうのである。

「応に宰官身を以て得度すべき者には、即ち宰官身を現じて而も為めに説法す」。宰官身というは文武《ぶんぶ》百僚《ひゃくりょう》をいうのである。日本でも文官武官、または廟堂《びょうどう》の大臣も、部属してそれぞれ司さがある。大なる宰官もあれば小なる宰官もある。平たく云えば宰官とは役人をいうのである。役人のためには役人の身を現わしてそのために説法する。こういうありさまである。日本では特に観音の因縁が多い。遠い昔には聖徳太子、菅原道真公、また武将としては坂上田村麻呂、楠木正成公というように、文官にも武官にも観音の信仰者が多い。昔から今日まで英雄豪傑とも云われて、名を揚げ功を樹《た》て、高き位に昇り、多くの人に尊ばれたのは、あながち一時の権勢をほしいままにせんがために、観音を方便として信じたのではない。皆な敬虔なる信仰、熱烈なる一つの宗教心をもっていて、進んで悟りを開いた人に多いのである。

そういう例をお話すれば、いろいろたくさんあるけれども、近い過去においては、三百年泰平の基《もと》いを開いた徳川家康のごときも、またそうである。あの人は仏法を利用したのであろうという人もあるが、それは野心ある人からはそう見えるのである。家康は外には野心があったけれども、宗教については野心も何もない。最も敬虔なる信者であったように思う。戦《いく》さ最中にも、一万遍も南無阿弥陀仏の名号を唱えたということである。天台浄土いずれにも信仰が厚かったが、なかんずく浄土宗には深く帰依して、念仏を唱えたのである。加藤清正のごときも、南無妙法蓮華経の七字を旗号《はたじるし》として、朝鮮までも征伐に出掛けたのである。その他の諸大名にも、禅において悟道していた人がたくさんある。武田信玄でも上杉謙信でも皆なそうである。一として無信者無信仰の人で、ただ一時的な勢いとか勇気とかをもって、進退したものではない。ごく真面目な、うぶな信仰をもった人々であったのである。

また欧米の大政治家でも大軍人でも、たいていその伝記を読んでみると、その信仰の深いことが書いてある。どれでも生涯熱烈な信仰を維持したものである。独逸のビスマルク、英吉利《イギリス》のグラッドストーンなどは、皆なそれである。ビスマルクが大いに独逸のために奮闘した当時、どんな劇務に当たっても退屈しない。人が「貴君《あなた》のようにそう多方面に働きづめでは、身体が続きますまい」というと、「忙しいことは忙しいに相違ないけれども、我々は未来の信仰をもっているから、どんな劇務に当たってもくたびれない。どんなことに出遇っても失望しない」と答えた。グラッドストーンもそうである。かつて云われたことに「我々は幸いにしてこういう身分にいるけれども、まさかの時には、何でも棄てる。身体でも棄てる。妻子でも棄てる。ましてや況んや財産地位などは、棄てるべき時には潔ぎよく棄てる。ただいかなる場合にも棄てることのできないのは、宗教である。宗教の信仰だけは、私がどのくらい脅迫されても、どんなに迫害されても、たとえ一国の国王が私を強いても、その他、何物が現われてきても、私からこの信仰を奪い取ることはできない。この宗教的信仰は、どうしても私は棄てることはできない」。そういう考えを、グラッドストーンは常に腹にもっていたのである。

しかるに表面から見れば、すばらしい立身で他人は皆な驚嘆して羨んでいるけれども、内容に這入ってみると、気の毒なものが広い世間にはたくさんある。今でも少なくとも廟堂に立っている大臣方、それから元帥大将、文官武官、総てそういう人々には、必ずや何か信仰するところがあるであろうと思うのであるが、また必ずなければならないはずであるが、特に文部当局者のごときは、直接に教育宗教の事務を掌っている者であるから、大いに信じるところがあってくださらないと、諭達《ゆたつ》でも訓示でも、一向《いっこう》人を感化するだけの権威はあるまいと思う。

いま観世音菩薩は、宰官の身をもって得度すべき者には、すなわち宰官の身を現じて説法する、とこういう。役人たるものが、我は役人として観音の現われである。そういう信仰をもっていたならば、また軍人が、我は観音の現われであるという、そういう自信があったならば、その他、文武百官皆なそういう考えであったならば、どうであろう。さらに勲章よりも位階よりも、一段と権威があり、言うこともしたがって権威を持ち、感化力も著しいものがあろうと思う。

「応に婆羅門身を以て得度すべき者には、即ち婆羅門身を現じて而も為めに説法す」。婆羅門ということは、俗に我が仏教者などでは、横着者というような意味に云うが、それは間違っている。婆羅門というものは、なかなか天竺では偉いものである。天竺には四姓《しせい》といって――英国人がそういうふうに称している。その四姓というのは、婆羅門、刹帝利《せっていり》、毘舎《びしゃ》、首陀《しゅだ》、とこういう。発音はいろいろあるが、昔から我が国に言いつけているのはこれである。だいたいその四姓であるが、分けるならば、たいへんの数になる。この氏素性が向こうではやかましく言われている。姓が違っては、婚嫁慶弔《こんかけいちょう》も互いにしないという理屈である。私は現に目撃したのであるが、決して同座もしない。いっしょに飯も食わない。茶も飲まない。まして況んや結婚するとか、親類関係を結ぶことなどは決してない。この婆羅門、刹帝利、毘舎、首陀の四姓は、日本の士農工商の区別と、ちょっと似ているところがある。そのうちで一番素性の良いものは婆羅門である。なにゆえかというと、婆羅門はほとんど半神半人の種族である。半ばは神に近く、半ばは人間であると思われているからである。

ある書物には、そのなかにいろいろのことが書いてあるが、婆羅門神は印度を産んだ神だとしてある。いま当たり前ならば、母親が子を産むのであるが、そのように印度の国を、婆羅門神が産んだとして書いてある。婆羅門神は一つであるけれども、働きからいうと、三つに分けてある。始終、印度のふうは三方面に分ける。婆羅門は世界の創造主である。それから毘舎というのは、これは建設の神である。また保護の神である。それから首陀は破壊の神である。物を壊す方である。一方は建てる、一方は壊す。しかして婆羅門は産む。こういうふうに三通りの神を拵えている。産む、保護する、時によっては壊す、いろいろであるが、とにかくも婆羅門神は、印度唯一の神である。二つとない神である。

それが神話に伝わっているのによると、大きい身体をもっていて、四姓を産んだとしてある。すなわち婆羅門に属しているものは、その口から産まれてきた。落語家などはよく口から産まれたと云われるが、この神も肉体を備えていて、その口から産まれたのが婆羅門である。その次に刹帝利。これはこちらで言えば、華族士族というようなものである。そういうものはどこから生まれたかというと、これは臍から生まれたとしてある。それから毘舎はどこから生まれたかというと、これは脇のしたから生まれた。それから首陀はよほど低いものとして、これは足の尖《さ》きから生まれた、そう説いてある。身体の局部局部から生まれて、上にくらいしたもの下にくらいしたものと区別する。そういう幼稚な考えが土台になって、高い地位の口から生まれたものは、氏素性が最も貴いし、低い足の尖きから生まれたものは、氏素性が賤しいものであるというような、まことにお伽噺みたいなようなものであるが、そういうところから四姓の区別が出来上がってきたのである。

ゆえに印度では、婆羅門の貴い生まれから、学者もたくさん出れば、宗教のことに最も深い人が多い。仏の大なる弟子で、元は婆羅門から出た人がある。その実は、仏も婆羅門に這入って、教育を受け教えを受けている。後に仏法を自から建立せられたのであるけれども、最初は婆羅門に這入ったのである。この姓の区別のために、非常に印度の文明が妨げられて、一時は世界に印度の文明が光被《こうひ》したにかかわらず、だんだん人材を登庸するとか、人物を用いるとかいうことに対して、この区別がたいへん妨げをきたすようになった。銘々小さい隠れ家を作って、そこに閉じ籠もってしまって交際もしない。同じ印度人でありながら、印度人を通じて平等の交際ができないというありさまであった。それがために印度の文明がどれほど進歩を妨げられたかしれない。

それを打ち破ったのが仏である。仏がひとたび世のなかに現われるや、この四姓の打破を宣言せられた。その旗幟《きし》に「四海に入って同一鹹味《かんみ》、四姓仏に帰すれば皆な釈氏と称す」。こうある。印度にはインダスとかガンジスとかいうように四つの大河があるが、その河の水が流れて海に這入ってしまえば、皆な塩の味する水となる。四姓も俗的世間ではそういう別《わか》ちがあろうけれども、仏法の精神から見れば何もあったものでない。四姓仏に帰すれば皆な釈氏と称する。仏になった以上、得度してしまった以上、華族でも士族でも、そういうものの息子が坊さんになってしまえば、農民の子でも商家の息子でも、またひとたび坊さんになってしまえば、ただ徳のある人、智慧のある人、最も良き人を尊敬するのであって、身分が高いとか低いとかいうことは毫《ごう》も申していない。

仏は国王の種族に生まれたけれども、自から出家せられて、そういう宣言を実行された。それから仏法を弘めたばかりでなく、それによって、印度人民のあるものに桎梏《しっこく》せられてあった手枷足枷を、皆なほどいてしまったのである。日本でも王政維新の当時、畏《かしこ》くも先帝陛下が華士族平民ことごとく同一国民として、皆な朕が子である。皆な同胞親族であると仰せられたから、日本も明治維新以後は長足の進歩を遂げたのである。文明というものは、全くそういうところに基因しているのであろう。仏のやり方がそうである。これは婆羅門のことを申し上げたついでに、付随したお話をしたのである。毘舎、首陀、そのうちには百姓町人が籠もっている。

今もし婆羅門というような、そういう人々のためには、やはり婆羅門的に身を現わさなければ、その人々の心に叶わないから、こういう人々を得度する時には、即座に婆羅門の身を現わして、しかもために説法する。

――それから「比丘、比丘尼、優婆塞、優婆夷身を以て」云々とあるが、この四つのものは、これを四《し》衆《しゅう》とも、四部衆とも、または四部の弟子とも云い、つまりひとくちに云えば、比丘は坊さん、比丘尼は尼さん、優婆塞は信士、優婆夷は信女《しんにょ》である。

つまびらかに云えば、比丘はもと梵語で漢訳すれば、これに浄乞食《じょうこつじき》、破煩悩《はぼんのう》、能持戒《のうじかい》、能怖魔《のうふま》の四義を備えるも、普通は浄乞食の義をもって釈している。浄乞食というのは、五邪命食《ごじゃみょうじき》をしないところからこういうので、五邪とは一つには利養のためにことさらに詐《いつわ》って奇特の相を現わすこと。二つには利養のためにことさらに自からの功徳を説くこと。三つに吉凶を占相《せんそう》して人のために説法すること。四つには高声《こうせい》をなして威を現わし人をして畏敬せしめること。五つには得るところの供養を説いて、もって人の心を動かすことで、以上五邪によって食を得るは仏勅に違犯するがゆえに、いずれも邪命食と称するのである。

本来、出家は上諸聖《かみしょしょう》に法を乞いて慧命《えみょう》を資《たす》け、下《しも》衆生に食を乞うて胎養を資けるものである。したがってこれを乞士《こつし》ともまたは乞食とも云うのであるが、同じ乞食といっても、彼《か》の零落していたずらに他人の憐れみを乞う、いわゆる乞食とはその選《せん》を異にし、以上陳述したごとく五邪命食はしないというのであるから、普通の乞食などとは区別するために浄乞食というのである。それから破煩悩とは読んで字のごとく、煩悩を破って菩提を求めること。能持戒とは受戒して比丘戒を保つこと。能怖魔とは魔王眷族を怖れしめることで、真の比丘と云うには、右の四義を備えることを要するをもってなかなか容易ならざるものである。

次に比丘尼と云うのは比丘に対して乞士女《こつしじょ》などと訳しているが、結局、出家した女人のことで、尼さんである。仏は始めは女人はご済度なさらなかったのであるが、成道の後、その姨母摩訶波闍波提《おばまかはじゃはだい》の懇請によって出家を許されたのが比丘尼の濫觴《らんしょう》となっている。つまり比丘尼という意味は、ただ頭髪《かみのけ》を剃って僧形《そうぎょう》をしている女人というだけのことではなくして、出家した真の仏弟子たる女のことである。それから優婆塞というのはこれも梵語で、近事男《ごんじなん》または近善男《ごんぜんなん》とも訳し、優婆夷はそれに対して近事女《ごんじにょ》、近善女《ごんぜんにょ》などと訳すのである。つまり三宝といって仏法僧に親近《しんごん》する男女のことで、受戒持法した在家の仏弟子のことである。

これを要するに四部または四衆のことも詳細に講じていると際限のないことであるから、今席では仮りにこれを坊さん、尼さん、信士《しんじ》、信女《しんにょ》としておきます。その比丘、比丘尼、優婆塞、優婆夷身をもって得度すべき者には、すなわち比丘、比丘尼、優婆塞、優婆夷身を現じて、しかもために説法す。こういう工合に観音が三十二通りにもいろいろと身を現じて、衆生のために説法するのであります。時間がだいぶ進みましたから、今日はここまでにいたしておきます。

観音経講話第十三回

応以長者。居士。宰官。婆羅門婦女身。得度者。即現婦女身。而為説法。応以童男童女身。得度者。即現童男童女身。而為説法。

［和訓］応《まさ》に長者、居士、宰官、婆羅門の婦女《ふにょ》身を以て得度すべき者には、即ち婦女身を現じて而も為めに説法す。応に童男童女身を以て得度すべき者には、即ち童男童女身を現じて而も為めに説法す。

［講話］長者、居士、宰官、婆羅門のことは、前回にいちおうお話をしたが、このたびはその長者の女、居士の女、宰官の女、または婆羅門の女という――この女という字に、ある人は妻女という小さな割註《わりちゅう》を入れているのもあるが、つまり長者の奥さん、居士の奥さん、宰官の奥さん、または婆羅門の奥さんといってよろしい。しかしながら、ただ人の妻たる女ばかりに限ったわけではない。総て女人のために女人の身を現じて、しかもために説法するというのであって、すなわち三十二応身のうちの一つである。

ところがどうも私なども、どうぞして仏の心の千万分の一でも、それを我が心として、しかして多くの人々を何とか善い方に導きたいと思っているけれども、男同士は大いにやりよいところもあるが、婦人のために婦人の身を現じてしかもために説法するということはなかなか難しいのである。私は自分自身に始終研究しつつあるが、例えばそこここに法話のため呼ばれて行くにも、または近頃どの学校からでも、精神上の話をしてくれと云われれば、男の学校でも女の学校でも喜んで行くのであるが、男と女とは、あえてはなはだしく区別するわけではないが、しかし心理作用という点からいうと、男と女とは、天然自然に多少趣の違ったところがある。同じく学校に行ってお話しするにしても、男の学校では話がしよくて、娘子《おんな》の学校では話しにくいような気がする。それは私自身がまだ足らないところがあるので、将来ますます身を磨こうと思っているが、いくぶんそこにはまた呼吸の差があるようにも思われる。

仏の教えには、年寄った人に逢って、それが爺さんならば我が父と思え。婆さんであったならば我が母と思え。少しでも自分より年取った人は、兄のごとく姉のごとくに思え。自分より若い人は、弟妹と思え。幼稚の人は自分の子のごとく思えと、それが仏の教えであるけれども、なかなか形においてはもちろんそうであるが、心持ちにおいては違うところがあって、何かそこに多少滞ることがあるようでいけない。そういうことのないようにしなければならない。

これは宗旨のうえからいうと、これはこの場で突然とお話したのでは通じないかもしれないが、禅においては多年骨折ったあげく力のできた人に見せることになっている一つの公案がある。それは、あるところに信心堅固な婆さんがあった。また一人の戒業も確かにして綿密に学問もでき、道にもよく達しているありがたい坊さんがあった。その坊さんを婆さんが長い間供養した。自分の屋敷のうちに一棟の庵室を拵《こしら》えて、それへ招待して、しかして毎日一人の美しい娘を坊さんに侍らせて万事の用を弁じさせた。言わば侍者のようにしたのである。ところがある日、婆さんは娘を呼んで、こういうことをやってみよと言い付けた。それはどういうことかというと、その坊さんの坐禅しているところに行って抱きつく。言わばじっと身体と身体とを触っておいて、しかしてこういうことを尋ねてみよ。まさにかくのごとき時、如何《いかん》と。露骨に云うならば、じっと抱き締めて、「さぁどうだ」と尋ねてみよというのである。

そこで娘は教えられた通りやったところが、その坊さんは「枯木寒巌《こぼくかんがん》に倚《よ》る、三冬暖気無《さんとうだんき》し」と答えた。今日は少し寒いが、これから寒中のごく寒い時になると、木の葉も何も風に吹き落とされて、皆な氷のごとくになってしまう。枯木とはそれをいうのである。寒巌とは寒い岩のことで、まことにいささかの暖か味もない水のような岩というのである。そのうえに枯れ木が一本立っている。これが枯木寒巌に倚るということである。三冬暖気無しというのは、三冬とは冬のごく寒い時で、夏のごく暑い土用のうちを三伏《さんぷく》というのに対して、寒い冬をいうのである。暖気無しとはちっとも暖か味がないというので、文字だけはまずそうである。娘がずっと行って坊さんに身を触れて、「さあどうか」と尋ねると、坊さんは「枯木が寒巌に倚ったようである。ちっとも暖か味がない」と答えた。

娘がそれを聞いて、その通り婆さんに報告すると、婆さんは非常に怒った。「この糞坊主め。私の見込みは違っていた。二十年余りかかる俗漢《ぞくかん》に供養したのがいかにも腹立たしい。ああ汚らわしい。今日限りで逐い出してしまえ」といって、婆さんは非常に腹立って、ついにその部屋までも、火を付けて焼き払ってしまったという話。これが婆子庵《ばすあん》を焼くの一則である。この境涯が分かったならば、始めて婦女身——女に出遇っては女のために説法するということができようと思うのであるが、もしこの境涯に到達せざるものにして、右のごとき場合に出遇ったならば、またどんなことをしでかすかもしれない。危険千万の事である。

ここが難しいところで、お経の講釈をうまくやったり、書物をたくさん知っていたからといって、ただそれだけでは道を得たというものではない。禅宗では境涯が届いているかどうかという事が最も肝腎かなめのところで、それが実際問題として大切なことであろう。なかなか難しい。そういう問題に出遭ったならば、私も宗旨として出家だけに、そういうことも透徹《とうてつ》して来ているが、実際において難しいものである。ややもすると引っ着いてしまう。しからざれば離れてしまう。ところがつかず離れず、研ぎ澄ました明鏡のごとく美しい物が来れば美しく写し、また影が去ってしまえば、跡も形も残さないという境涯に至ると、心に何らの滞りもなく、身体が触るか触らないなどは、そもそも末の問題で、心のうえでさらりさらりと解決し去ることができるのである。

今日は婦人ということについて、雑駁なお話をするのであるが、女ということについて、ある書物に書いてあることをちょっとお話ししてみましょう。これは印度の神話であるが、それによると昔、印度にトヴァシュトリという神様があった。その神様が世界を作った。こういうことはどの教えにも一応はあるのであって、耶蘇教《やそきょう》にも神が世界を作ったといっている。その神が本当に作ったのであるか、その議論は別であるが、印度ではトヴァシュトリという神様が作ったとしてある。そこでその神様が世界を拵え、その舞台のうえに、今度は人間を拵えようと考えて、まず男を作った。男はすっかり拵えあげたが、どうもそれだけでは物足りないというところから、次に女を拵えようというので、神様はだいぶ工夫をせられた。いわゆる沈思熟慮せられた。

ところが女を作るには材料がいる。それにはどういうものがよかろうかと苦心惨憺《くしんさんたん》せられた暁に、ようやく寄せ集めた材料は下のごときものであると、神話に面白く書いてある。その材料として第一に使ったものは月の円《まる》さで、これが一つの材料である。それは美しいものであるが、その次は蛇のうねりとある。私は山のなかに住まってずいぶん蛇を見掛けるが、私などの目には嫌らしいように思うけれども、それが好いとて、蛇のうねり。それから今度は木の枝の撓《たわ》やさ、それから草の戦《そよ》ぎ、蘆《あし》の繊弱《かよわ》さ——水際に生えている蘆で、ごくひょろひょろしたもの、それから花の触り——ちらちらしたところの様子、それから葉の軽さと、牡鹿の睨み——妙な眼付をするもの。陽炎——寒い季節にはないが、一種の水蒸気の作用で、夏の河原などに、太陽に照り付けられると、炎のように立ち上る気である。それも一つの材料。それから雲の涙と風の浮気と、兎の臆病——臆病なものは動物に多数あるが、兎は別して臆病である。それから孔雀の虚栄——美しい羽を拡げて、誇らしげに見えるさまで、それから雀の胸毛、柔らかなものである。なるほど猫の胸毛も柔らかなものであるが、雀の毛は別して柔らかである。それからダイヤモンドの堅さ——若い婦人などは、ダイヤモンドの指環《ゆびわ》を嵌《は》めて、ぴかぴかしたところを好むものであるが、そのダイヤモンドの堅さと、それから蜜の甘さ。それから虎の残酷と火の暖かさ、雪の冷たさと、樫鳥《かしどり》の饒舌《おしゃべり》、それに今一つ鳩の鳴声《なきごえ》を加味して、それで女を作ったと面白く書いてある。

かくして女ができあがると、神はこれを男に与えた。ところが男は最初大喜びで、今まで世界に絶えて女がなかったところに神様の恩恵によって始めて新しく女ができたのであるから、非常に喜んだ。しかるに一週間経たないうちに、男は神の御前《みまえ》に女を戻しに来た。「始めはありがたい、女をお授けくださってお礼の申しようもないくらいにありがたいと存じておりましたが、なにぶんお喋舌《しゃべり》でしようがない。非常に不快であるから、謹んでお返しをする」といってきた。そうすると、また一週間経つか経たないうちに、男が神様にお願いに来た。「私一人で寂しいから、この間ご返上申した女をお返しください」。そういうお願いをした。すると神様は、度量が広いから、女がいないと寂しいものと見えると、お察しありて願い通り返してやった。ところがわずか三日ほどすると、また返しに来た。そこで神様は、「どうもお前は我儘《わがまま》勝手で困る。お前のような我儘勝手のものにはせっかくの願いだが、もう取り上げるわけにはいかない」と、大いに怒った。男は非常に悄気返《しょげかえ》って、「私はまことに男に生まれて不仕合わせである。女がなくても困るし、あっても困る」といって、独りで歎息したという話が、本に書いてある。こういうようなわけのものである。

ゆえに心理学上で、理屈的に研究すれば女の心もたいていわけの分かったようなものであるけれども、実際に臨むと分からないものである。しかし分からないのは、女の心ばかりではない。女の側に立って、男を見たならば、男もわけの分からないものに違いない。男心と秋の空と昔からよくいうが、このことは男の方でも同じであって、女心と秋の空ともいえる。総てそういうわけである。

そこで観世音菩薩が、長者の婦女、居士の婦女、宰官婆羅門の婦女に身を現わして説法するということは、今も申す通り、明鏡が姿を写すようなものである。しばしば申す通り、観世音菩薩は三面から拝むことができる。一面は大慈大悲《だいずだいひ》の側《がわ》である。もう一つの方面は大智慧の現われであり、また他の一面は大勇猛心、すなわち大意思の現われである。慈悲の形を現わし、智慧の形を現わし、大勇猛心の形を現わしている。我々は観世音菩薩の片割れという。片割れというのはつまりご遠慮申していうのであって、その実は観世音菩薩の権化であるという自信をもっていたならば、男も女も何もそこに界《さかい》はない。同じ人間である。貴族、平民、富豪、貧乏人、何も変わりはない。納豆売りも、車挽《ひ》きも、あるいは食膳方丈《しょくぜんほうじょう》、出づるに車あり、着るに錦繍《きんしゅう》ある者でも、どういう身分のものも皆な平等に同化して行く。同じことである。一人前の人間である。

自覚というようなことを近頃はよくいうが、その点からいうと何も変わりはない。

しかし実際に至るとなかなかそういうようなわけには行かない。特に女ということについては、近頃教育上でもよほど心ある人は研究している。また宗教上でも、婦人ということは軽視する事はできない。むしろある方面からいうと、婦人と宗教とは離れられないところのものである。どうしても離すことのできないものである。ゆえに家庭の支配者たる婦人、特に主婦たる人においては、立派な宗教心を養わなければならない。

独逸のカイザー、すなわちウイルヘルム現皇帝は、今あの通り戦《いく》さをして、我が国民とは互いに敵対の地位に立っているけれども、それは別として、なかなか勝れた人で家庭に心を用いているが、その人の言に、家庭において婦人は三つの天職を有すといっている。そういうことを私は何か書物で見たことがある。それは独逸語でキンデルという、これが一つ。次にキルへという、それが一つ。それからコッヘンというので、つまり女はこの三事を司る天職を帯びているから、その責務たるやはなはだ重いといっている。なかなか実際を穿《うが》っている。

その三つのうちの、第一キンデルというのは児童のことである。小供である。次にキルへというのは、すなわち教会ということである。それから三番目のコッヘンという語は、料理という意味である。この三つが婦人として主要な務めである。その他にも必要な資格はあろうけれども、例えば本を達者に読み、理屈も分かって、文芸もでき、いろいろの芸術にも通ずるという事はまことに結構な事であろうけれども、それはむしろ付けたりで、以上の三つはぜひとも欠いてはならない。昔からこの三つが婦人の天職である。

第一の児童——婦人は児童を養育する重任をもっている。自分の生んだ児《こ》を育てるのは、当たり前であるようなものの、これが家庭において大任である。育児は最も母たる人の大責任である。それから教会——一家庭の主婦たる人にして宗教的信念がなかったならば、その支配している家庭は、よほど乾燥無味のものである。何か事が起こったならば、ただちに理屈に訴えようとする。何事も法律的に四角四面のことばかりで、家庭として家庭の特色がない。しかるに宗教心というものが、言わず語らずの間に行われていたならば、円満に家庭を治めることができよう。それから料理ということも、何でもないことのように思われるけれども、三度の食事を旨く拵えるも、不味く拵えるも、料理法に明るいと明るくないのとに依るのである。主婦たる人は常に料理に心を尽くし、自から手をくださなくとも、鍋のうえに平生心を用いるようにしなければならない。この三つが本当に行けるならば、婦人として天職を完《まっと》うしたものである。

こういうところは、昔から日本に悪い言葉があって、我々も子供のうちから女房と畳は新しいのが好いというようなことを聞いているけれども、そういうはずのものではない。これは実に悪い言葉である。新しいといえば、今の新しい女というものも、たいへん困ったものである。独逸皇帝の言われるようなことは、面倒臭いといって一向にしない。そういう傾きがある一面において現われている。

ところがそれに反してこういうことがある。私は昨日、京都から帰ったが、その前に仙台に行った。仙台には予《かね》て知り合いの、その頃は東北大学総長であった北条時敬という人がいる。（今は学習院院長であるが、）古くからの知り合いで、先生の宅の奥さんといろいろ昔物語をした。この奥さんは平生自身で調理もやれば上《か》み下《しも》の掃除もする。お嬢さんたちも皆それに倣ってやる。次に女中がまたそれに倣ってやるというようなやり方である。まことに結構なことである。いろいろお話のうちに、奥さんが、どうぞしてこの娘《こ》——その娘の名前はかつて私が日露戦争のおり戦地に慰問に行って、その帰りに広島に寄ったが、当時北条時敬氏は広

郵便はがき

101-0021

お手数ですが切手をお貼りください

千代田区外神田二丁目十八―六

春秋社

愛読者カード係

＊お送りいただいた個人情報は、書籍の発送および小社のマーケティングに利用させていただきます。

(フリガナ) お名前	(男・女)	歳	ご職業
ご住所 〒			
E-mail		電話	

※**新規注文書** ↓(本を新たに注文する場合のみご記入下さい。)

ご注文方法 □**書店で受け取り**		□**直送(代金先払い)** 担当よりご連絡いたしま	
書店名	地区	書名	
取次	この欄は小社で記入します		

100周年 春秋社

ご購読ありがとうございます。このカードは、小社の今後の出版企画および読者の皆様とのご連絡に役立てたいと思いますので、ご記入の上お送り下さい。

〈書籍タイトル〉※必ずご記入下さい

●お買い上げ書店名(　　　地区　　　　　書店　)

●本書に関するご感想、小社刊行物についてのご意見

※上記感想をホームページなどでご紹介させていただく場合があります。(諾・否)

●購読新聞	●本書を何でお知りになりましたか	●お買い求めになった動機
1. 朝日 2. 読売 3. 日経 4. 毎日 5. その他 (　　　)	1. 書店で見て 2. 新聞の広告で (1)朝日 (2)読売 (3)日経 (4)その他 3. 書評で (　　　紙・誌) 4. 人にすすめられて 5. その他	1. 著者のファン 2. テーマにひかれて 3. 装丁が良い 4. 帯の文章を読んで 5. その他 (　　　)

●内容	●定価	●装丁
□満足 □普通 □不満足	□安い □普通 □高い	□良い □普通 □悪い

●最近読んで面白かった本 (著者) (出版社)

(書名)

春秋社 電話 03-3255-9611 FAX 03-3253-1384 振替 00180-6-24861
E-mail:aidokusha@shunjusha.co.jp

島の高等師範学校の校長をしておられた時で、その時生まれたお嬢さんが、名を静子と付けてあげたが、今年十二歳になっている——どうぞしてこの娘を私はなるべく舅姑《しゅうと》の健在している家庭、小姑の大勢いるところにやりたい、と思っておりますと云っておられた。まことに今の新しい婦人などの思いも及ばないことでありましょう。

西洋婦人はいざ知らず、日本婦人としては、親には大切に事《つか》えるというような優しい心がなくてはいけません。特に日本の宗旨は祖先崇拝である。この間も宮中のお儀式のなかに、賢所《かしこどころ》のお儀式があったが、あれはいわゆる祖先崇拝で、生きた神に事えるというようなありさまである。もしこういうような祖先崇拝ということを仮りにも無視した宗旨があったなら、それは仏教でも耶蘇教でもその他なんの宗旨でも、国の立場として繁栄を見ることができない。そういうありさまである。

ところがある一面には、新しいとか醒めたとかいって、ひょろひょろした若い婦人などが、我が国の歴史、風俗、習慣を無視して、何でも西洋から持って来て、それを崇拝している。これは亜米利加風であるとか、仏蘭西風であるとかいって、嫁に行くにも、聟《むこ》の品性、操行とかいうことに眼を着けず、何か肩書きのあるような、銭がたくさんあるようなところに行こうと思っている。または婿の様子が立派なこと役者のようなものというようなことを考えていて、向こうの両親などは全く眼中にない。新しい親に事えることなどは少しも思っていない。まことに情けないことである。もし両親があったならば、隠居でもさせて、若い者同志でぶらぶらその日を送ろうという傾きがある。——今日は婦人に対していろいろのことを云い出したが、かかることも、一度言っておけば、他日また何かの参考になろうかと思う。とにかくそういう工合になりきたっている。

しかしながら私は、古い思想の婦人ばかりを相手にして話をするのではない。新しい婦人であっても、もし間違っていたならば、それを良き方向に導こうというのが、いやしくも宗教家たるものの道をもって自から任ずるところの務めである。間違ってもよいといって抛《ほう》っておくことはできない。それは矯《た》めなければならない。婦女身を現じて説法することは、なかなか容易の事ではない。古いことも知り新しいことも知り、世界の事情がどういうことになり行くかということも、深く研究しなければならない。容易の観をすると誤るのである。

それについて、亜米利加のような、ああいう何でも突飛なことをやる国柄であると、私もしばらく彼《か》の地にいたことがあるが、例えば同じ機械を用いるにしても、今日ある機械を採用し始めても、明日、新奇な機械ができれば、せっかく高い金を払って買い入れたばかりのものでも、すぐに打ち捨てて新しいものの方に向かうというふうで、万事がそういうやり方である。何でも新しい物新しい物と、無暗に進んで行こうという国である。

けれどもここにこういう婦人坐右の銘というものがある。紐育《ニューヨーク》の女学雑誌に載せられたもので、それによって見ると、新しい新しいといっても、不健全な心持ちの者ばかりではない。同じく亜米利加でも、心のある人は着実な考えをもっている者もある事が分かる。この坐右の銘は、その女学雑誌で懸賞して得たのである。高い銭をもって懸賞したのであるが、その一等賞を得たものに、こういうことが書いてある。参考になろうと思うから、ちょっと訳していってみると、「料理法を知らざれば女にあらず」。こういうことが一ヶ条。「ボタンの飾り、己の衣服の洗濯を他人の手に任すは、自己の意気地なきを示すものなり」。これが一ヶ条。それから「パンの焼き方は必ず学びおかざるべからず」。日本でいうならば、飯の炊き方を知らなければ、婦人の資格として欠けているというのである。これが一ヶ条。

次には「一弗《ドル》は百千弗なることを忘れるべからず」。一銭ずつ百積み上げたのが一円である。一円使う時には一銭というところに目を着けなければならない。一弗が一千弗になるのである。それから「一家の主婦となっては、夫の収入に過不及ないよう計算を忘れるべからず」。次には「負債をなしつつ流行物を買うは、むしろ恥辱《ちじょく》なり」。実に適切の誡めである。それから「健全なる身体を忘れ、強いて肺病患者の真似をなすべからず」。それから「日用品の小買い物に一銭二銭を値切って、他の買い物に一弗二弗を惜しまざるは、計算に迂《う》なるものと謂わざるべからず」。いかにもいちいち適切である。「裸一貫なりといえども、勤勉なる女は、百万の富みある怠惰者《なまけもの》に比して貴きを知れ」。なるほどこういうところに眼を着けることは大切である。それから「音楽よりも美術よりも文学よりも、パンの大切なることを知れ」。それから「しかりと否《いな》とを正直に語る婦人は、そのしかりと否とに惑わされることなし」。それから「車や馬よりも歩行の便利なることを忘れるなかれ」。「結婚は金銭と体裁とによってなすべきものにあらずして、相手方の真価を知って後に行うべきものなり」。以上が紐育の女学雑誌の懸賞に一等賞を得たところの婦人坐右の銘というのである。

婦女身に現して、しかも婦人のために説法するということは、ただお経の講釈をしたり、陀羅尼《だらに》のありがたいことを述べるばかりでなく、実は今の婦人に対して、今の婦人相当の説法をしなければならない。

初めから申す通り、観世音菩薩は自分の身体の固定しているものをもっていない。向こう次第に応じてすらすらと姿を現わして説法するのである。昔の歴史を読んでみると、ありがたいことがたくさんある。光明皇后を初め奉り、いろいろたくさんある。種々伝記を読んでみると、たとえ当人は自覚していたかどうかは知らないけれども、やはり一つの観世音菩薩の化身であるといって差し支えないと思われることがたくさんある。

これはやはり外国の話であるが、婦人の本当の勇気というものは、――ただ優しいことばかりがそれが婦人の総てではなく、時あっては婦人にも勇気がたいへん入り用である。これは米国の大統領――大統領といえば、ワシントン以来大勢の大統領があるが、そのうちでヘルという大統領の時代に、新年宴会をホワイトハウスに開いたことがある。ホワイトハウスというのは訳して白館というので、大統領のいるところである。私もその白館でルーズベルト大統領に会見したことがある。ヘルという大統領はその白館で新年宴会を開いた。通例新年宴会といえば、旨い酒が出る事になっている。ところがヘルの新年宴会には酒がない。そこで招かれた人のうちで、今日酒のないのはどういうわけだと、大統領に聞いたものがあった。大統領のいうには、家庭向きのことは妻に一任してあるから、それは妻に聞いてくれ。

そこでそのことを奥さんに聞いたところが、「私はもと百姓の家に生まれたもので、――水飲み百姓ではなかったけれども、私の家では、毎年新年宴会を開いても、まだ一度も酒を出したことがない。後に夫がある州の知事になったが、その時にも酒を用いたことがない。今この通り大統領になっているけれども、やはり昔の通りに実行しているのである」。こういう答えであった。日本では国も違い、風俗習慣も違うから、あえてそのままを真似るには及ばないけれども、しかしながら、こういうことも私は勇気といっていいと思う。そういう工合にとうとう酒なしに新年宴会を終わったということである。

ゆえになかなか婦人の心理作用というものは、よほど難しいものである。また婦人から見ると、男の心理作用も難しいに違いない。ところが観世音菩薩には、難しいことは何もない。ただあるものは大慈大悲の意生身ばかりである。ゆえに長者の女、居士の女、宰官の女、婆羅門の女、それに出遇えば、それぞれ女の身を現じて、しかもために説法する。身を現ずるというのは、この間京都で仮装行列があって男が女のふうをしたり、女が男のふうをしたりしていたが、そういうことの業《わざ》ではない。一点、同情の心をもって仮りにいろいろに身を現ずる、それを意生身という。その同情の心が起こって、それが一つの身体に現われてしかもために説法するのである。

「応に童男童女の身を以て得度すべき者には、即ち童男童女の身を現じて而も為めに説法す」。これもなかなか難しい。小供に出遇ったなら、小供にならなければならないのだが、こちらが小供になろうとしても、私の顔は物騒な顔と見えて、小供が寄りつかないので困る。

それで思い出したが、三島に接心会があって、二十人余りも寄ることになっている。そこに夫婦揃った律義者があって、私に対し、いつでも是非よそに行かずに、自分の宅に泊まってくれというので、たいていはそこに泊めてもらうことになっている。その家の小供に私が名を付けたのが二、三人ある。ところがその家の主人が忠実で、同時に婆さんも知り合いであるから、私はもう始終友達のように話しているが、夫婦は蔭《かげ》で私のことを親爺といっている。親爺がどうしたとか、親爺がどうしているとか、始終、親爺親爺といっている。ところが小さい小供には、親々《おやおや》のいうことが、ちゃんと印判に押されたように頭に這入っている。

去年か一昨年に、例により接心会があるので、私が三島に行って、その家の玄関へ上がろうとすると、その小供が見付けて、「親爺が来た」と大声に呼んで迎えた。するとその時、小供の親がたいへん赤い顔をして、無礼だとか何とかいって叱ったことがある。小供はそこが奇麗である。その通り頭に這入っているのである。また小供というものは、奇警なる一種の考えをもっていて、鋭いことを言うこともある。児童研究をやったならば私は面白いことがあろうと思う。

観世音菩薩は小供に逢うと、小供に身を現じてしかもために説法する。小供の中におれば、我々は小供のようになっていなければならない。ちょうど明鏡が姿を写すように、その前に立つものに応じて、いかなる形にも身を現ずる。そういうありさまである。すなわち、同感同情をもって、身を現じてしかもために説法するのである。今日は、ついいろいろのことを言ったが、ここまでにしておきます。

観音経講話第十四回

応以天。龍。夜叉。乾闥婆。阿修羅。迦楼羅。緊那羅。摩睺羅伽。人非人等身。得度者。即皆現之。而為説法。応以執金剛神。得度者。即現執金剛神。而為説法。無尽意。是観世音菩薩。成就如是功徳。以種種形。遊諸国土。度脱衆生。是故汝等。応当一心。供養観世音菩薩。

［和訓］応《まさ》に天、龍、夜叉、乾闥婆《けんだつば》、阿修羅、迦楼羅《かるら》、緊那羅《きんなら》、摩睺羅伽《まごらか》、人非人《にんぴにん》等身を以て得度すべき者には、則ち皆之を現じて而も為に説法す。応に執金剛神《しゅうこんごうしん》を以て得度すべき者には、即ち執金剛神を現じて而も為めに説法す。無尽意、是《この》観世音菩薩は是《かく》の如き功徳を成就し、種々の形を以て諸々の国土に遊び、衆生を度脱す。是の故に汝等《なんじら》応当《まさ》に一心に観世音菩薩を供養すべし。

［講話］初めを承けて今日のところは冒頭に「応に天、龍、夜叉、乾闥婆、阿修羅、迦楼羅、緊那羅、摩睺羅伽、人非人等の身を以て得度すべき者には、即ち皆之を現じて而も為めに説法す」とある。これは合わせ

て八部衆《はちぶしゅう》と称するもので、最初の天と龍とはこれを天龍とひと読みに読む場合もあるが、八部ということになると天と龍と二つに分けて読むのが当たり前である。

天ということは、毘沙門天、帝釈天を始め、一切の諸天善神ということである。我が日本でいうならば、八百万《やおよろず》の神々と見て差し支えない。龍というものは支那によくある話で、絵にも描いているけれども、果たして実際あるものかないものか、誰でも龍を明らかに見たという者はないようである。あるいはそこが龍の龍たるところであるかもしれない。この龍はある一つの自由な働きをもっているもので、動物にして動物にあらず、神にして神にあらずというような働きをもっているのである。

それから夜叉とは悪神であって、総て人の善いことをするのを妨げるものである。次に乾闥婆。この乾闥婆というのは天の音楽師で、言わば天上界の楽師である。それから阿修羅は闘争の神である。つまり一種の天部に属する神で、闘争をもって能事《のうじ》としているのである。次が迦楼羅。これは非常に大きな鳥で、この鳥も龍と同じく誰も見たものがない。何でも荘子に出ている大鵬《たいほう》という大きな鳥、その百倍もあるほどの大きな鳥であるという。それから緊那羅。これは天上界の歌い手で、言わば歌うたいの名人である。次は摩睺羅伽。これは原語であるが、蟒《おろち》の大将で、非常に大きな蟒である。それからしまいが人非人。これは今お話しした八部衆以外に人も非人も総てあらゆるものという事で、それらのものに身を現じて、しかして得度しなければならないものは、即坐にその身を現じて而も為めに説法すると、こういうのである。

こういうことは経文の字面だけで見ると、仏経は神話じみたものを書いたものであるとか、またはたいそう不思議なことを書いたものであるようにも思えるが、それは皮相の見《けん》で、いつも申す通り、お経を見るには事釈と理釈と相兼《あいか》ねて行かなければならない。字の形のうえにも目を通して見なければならないと同時に、理釈といって精神的にも見て行かなければならない。それを忘れてはならない。この場合においてもまたそうである。天といってもやはり八百万の神々とか、諸天善神といったところで、そんな神がどこの天にいるかなどと、遠方を尋ねて行こうとしたのでは、それでは方角がつかない。じきに自分の内容に当ててみると、我が心のうちに諸天善神が住んでいる。我々が善きことをするのは、例えば慈善のようなことをするのも、ちゃんと規律を守るようなことをするのも、忍耐するというようなことも、心の散乱しないようなことも、どこまでも進歩努力するというようなことも、こういうようなことは、理釈的に眺めて見ると、我が心のうちに八百万の神々が光を放っているからである。すなわち意生身《いしょうしん》――一念こうという心の起こった時、それが一つの形、姿となって現われるのである。

龍というようなものは、これを捜してみたならば、心のうちにいるかもしれない。天龍というような高尚の精神もあれば、同時に悪龍もあれば妄龍もある。夜叉もそうである。総て善事の裏には悪事が伴うもので、人間は寸善尺魔《すんぜんしゃくま》と云うが、よくいったものである。善いことをしようと思うと、邪魔物があって前に横たわっている。私自身の経験上でも、始終心のうちに貪欲心が頭を挙げている。瞋恚という怒りの炎が始終燃えている。これは皆な夜叉である。総て善いことを妨げようという心は、誰れも皆な持っている。世のなかに宗教がいろいろあるけれども、古代の宗教のうちに波斯教《ペルシャきょう》というのがあって、善神悪神があると説いている。しかしてこの二つの神が始終闘っているというのである。善い神と悪い神がこの世の中にいて、始終喧嘩ばかりしている。

考えてみると我々の精神界も総てそうである。邪見と正念、善念と悪念とが始終闘っている。欧羅巴《ヨーロッパ》の戦争のように、連合軍と同盟軍が各々手段方法を講じて、昼夜戦って已まないありさまであるが、我々の心もまたその通りで、試みに一日起きてから寝るまでの経過をよく胸に手を当てて考えてみると明らかである。始終この二つの神が争っている。明るい神と暗い神、我に順ずる神と逆らう神、善き神と悪しき神、そういう神が始終我が内容に働いている。

それから乾闥婆、前にも云った通り天の音楽師である。これも我が内容にある。我が内容には常に心で楽を奏している。自然の楽を奏しているけれども、多くの場合には、我が耳に聞こえないのである。本当に耳を澄まして聞けば、天の音楽をかなで鳴らして、仏が常にそこに説法して現われている。

それから阿修羅もその通りで、始終闘争している。我が心のうえも時によるとじきに阿修羅の戦場である。またこの世のなかを眺めてみても、娑婆世界が即時に阿修羅の世界である。政治界から見ても、その他いろいろの社会から見ても、常に闘争していないことはない。喧嘩ばかりしている。ただそれが血を流しているかいないか、武器を持っているかいないか、そこが少々違うだけで、闘争していることは同じである。

それから迦楼羅。大きな鳥である。つまり四海を併せ呑もうという大欲心、そういうものが我が内容にある。それから緊那羅。天上界の歌い手で、華美を好む。亜米利加あたりに行ってみると、そういう派手やかな、新しい歌い手がある。やはりそういうものが自分の内容に歌っている。

それから摩睺羅伽。大蟒《おおおろち》で大蛇のようなものである。何ぞというと獰猛な執念深いものを、毒蛇あるいは猛獣というが、我々もその毒蛇をもっている。ただ信仰ある人、または言い方によっては悟った人、そういう人は恐ろしい蟒でも大きい蝮蛇《まむし》のようなものでも、自由に使うことを知っている。蛇使いになると、その使い方がまた違って、蛇を襟巻きのように首に巻いたり、たすきのように肩から脇の下に廻したり、ずいぶん偉いことをやるが、蛇もそういう苦手に掛かると、自由自在に使われるのである。我々も貪欲、瞋恚、愚癡を始めとして八万四千の妄想をもっているが、ちょうど蟒《うわばみ》や毒蛇、猛獣のごときものである。

今——迦楼羅のごとき大鵬より百倍も大きい鳥や、その他、人非人までいろいろのものが現われたが、それらのものを観世音菩薩の大智慧、大慈悲、大勇猛というもので、いちいち使ってみるとすると、その恐ろしい、我に迫害を加えようというものが、ごく従順なごく可愛らしいものになる、とこういうように見ていくのが適切である。天龍以下人非人に至るまで、それらの身をもって得度すべきものは、すなわち皆なこれを現じて、しかもために説法する、こういうのである。

「応に執金剛神を以て得度すべき者には、即ち執金剛神を現じて而も為めに説法す」とこういう。執金剛というのは、金剛を執るということで、それには金剛の杵という字が意味において籠められているのである。金剛とは堅いことを意味している。すなわち金剛ということは堅固という意味と、摧破《さいは》すなわち堅きを破るという意味が含まれている。進んで行く、外道を打ち破る、こういう意味がある。この執金剛を形に表現したものには、大きな寺などに行ってみると、二王門《におうもん》というのがあって、その両袖に勇猛神——二王というものが立っている。

この二王を分けていうと、一方の二王は断悪《だんあく》といい、世のなかの悪いことをことごとく断滅する。そういう姿をしている。一方の二王は生善《しょうぜん》といい、善きことを生み出す。そういう意味の姿である。一方は断悪、一方は生善。一面は殺人刀《せつじんとう》で、一面は活人剣《かつじんけん》、こういうふうに別れているが、その実はもとより一つのもので、ただこの二つの働きを示すために仮りに左右に分けたものである。執金剛神とは俗にいう二王のことである。

ああいう勇猛の神、その神に身を現わして得度すべきものは、じきに執金剛神となって、しかしてために説法する、とこういう。この執金剛は、今お話した通り、形はそうであるけれども、心のうえに受け取ってみると、よそから雇ってこなくても、自分に執金剛神ほどの堅固勇猛の力を持っているのである。ただそれを十分に揮うことを知らない者が多いだけである。世間の言葉でいうならば、敢えて正義人道というばかりに限らないけれども、そういう精神、我が国家のうえでいうならば、忠君愛国と云ったような精神、大和魂、武士道、そういう類いの精神を現わすのが、すなわち執金剛神の身を現わすのである。

執金剛神の働きは古人にもその例がたくさんある。肇《じょう》法師が、その頃の王様、符堅《ふけん》に対せられし態度のごとき、また近くは鎌倉の円覚寺の開山仏光国師が支那に居られし頃、当時宋朝はすでに火の消えなんとするありさまであったが、元の忽必烈《こっぴつれつ》が初め北方に起こって、しかして宋の国を滅ぼさんという希望から、ずんずん宋の領土を侵略して、ほとんど支那四百余州を蹂躙した。その時、元の兵は寺院のある山のなかまでも飛び込んでいって、ぐずぐずしていると坊さんまで斬り殺すという勢いであった。仏光国師は当時、温州の能仁寺に難を避けられて、そこで坐禅しておられた。しかるにここへも敵難は圧して来て、衆は皆な逃竄《とうざん》したが、国師のみは泰然自若、坐禅しておられた。虜酋《りょしゅう》が刃をもって国師の頸《くび》に加えるに及んで、師は神《しん》色《しょく》変せず、「乾坤無地卓孤筇、且喜人空法亦空、珍重大元三尺剣、電光影裏斬春風」という偈を唱えられた。するとこれを聞いて群虜は刃をくだすこと能わず、そのままに去ったということである。

この偈は文字はただ二十八字であるけれども、意味はすこぶる深長である。乾坤《けんこん》は天地というと同じこと。乾は上で坤は下。孤筇《ここう》は一本の杖ということ。上を見ても下を見ても杖一本卓《た》てるところはない。すなわちこの世界は広く広大であるが、その世界のなかに杖一本卓てるところはない。これはどういう意味かというと、少し言葉は違うけれども、この席で即今《そくこん》誰一人喋舌《しゃべ》っている坊さんもなければ、誰一人聴いている者もないということである。……まことにどうも小気味よいことになる。

「且喜《しゃき》すらく人空《にんくう》、法も亦《また》空なり」。我は一個五尺の身、人とこういう形に現われているけれども、もと空である。それから法とはどういう意味かというと、人体を組み立てているところのもと、身体ならば身体を作り上げているところの元素といっても、または分子といってもよい。その元素や分子によってかく形をなしているものを人という。形をなしているところのもとを本質、または元質という。これがすなわち法である。小気味よい、面白い。何が面白いというならば、例えば百万の軍勢が寄せて来ようとも、そのまま人空である。もう一つ突っ込んで言えば、法もまた空なり。ここまで至らないと徹底しない。一切の森羅万象、そのままにして空なり。孤筇の卓てるところもなく天下泰平なり。

そこで転結に持ってきて、珍重す——これはこれはどうもというような言葉である。待っていたというような言葉である。これはこれは待ち設けていた。何をかというと、「大元三尺剣《たいげんさんじゃくのけん》」。大元というは元の尊称であって、いま新たに起こったところの元の官兵が現われて来て、我が生首を冷たい刀で打ち斬ってしまう。どうも小気味よい、まことに待っていたと云わんばかりである。

「電光影裏斬春風《でんこうえいりしゅんぷうをきる》」。電光の影のようにぴかりと光ったなら、跡は何もない。同じ風ながら、この頃のような冬の風は身に浸《し》むが、春の風は何とも云いようのない心持ちのよいものである。春は身体のほどびるような風が吹く。それが身体に触ると気持ちがいい。この三尺の秋水を頸に加えるのは、ちょうど春風に撫でられるというような心持ちである。斬るという字が面白い。水を斬る、泥を斬る、空《くう》を斬る、そういうこともあるが、春風を斬るとは面白い。それで万事万端がこの春風を斬るというふうに行かなくてはいけない。

執金剛神が遺憾なく働くという点は、つまりそういうわけのことを云ったものである。

それは男らしい話の側《がわ》のことであるけれども、女の方に持ってきてもまたそうである。内容は同じであるが、ただ形において現わし方が違うばかりである。柔らかに現われてくる。（弱き者よ、汝の名は女なりというけれども、今のある女からいうと、強き者よ、汝の名は女なりというふうである。いわゆる新しい女などはずいぶん強い方で、亭主を尻のしたに敷くようなものも珍しくない。それが現われたとなってはたいへんであるけれども）女の強さはいかに強いといっても、どうしてもその強さは、自体女として男性的の強さとは違い、その間になんとしても、柔らか味《み》がある。しかし内容に至っては変わるものではない。

仏光国師に道を学んだ千代能《ちよのう》、法名は妙体禅尼《みょうたいぜんに》といって、北条家の一族である。父は実時《さねとき》、兄さんは貞《さだ》顕《あき》で、いずれも武力に秀でた人で、また一面には文事《ぶんじ》にもたけていた人々である。鎌倉の称名寺や金沢文庫などは実時の開いたものである。千代能はかかる家柄に生長したのであるから、自ずから和漢の学にも通じ、また当時盛んに行われた禅の宗乗《しゅうじょう》にもはやく心を注いだ事はあり得べきことで、仏光国師の室《しつ》に参じて工夫弁道を怠らなかったのである。その人の言葉に、「地獄遠きにあらず、極楽亦《また》眼前にあり。人生百歳古来《じんせいひゃくさいこらい》稀《まれ》なるに、秦皇漢武《しんこうかんぶ》長生を求めんとするも、徒《いたず》らに千載《せんさい》の笑《わらい》を貽《のこ》し、彭祖《ほうそ》が一掬《きく》の菊水《きくすい》に、八百歳を露の間に保ち、東方朔《とうぼうさく》が一枝《いっし》の桃、三千年を瞬時に過ぐ。短しとや云わん。盧生《ろせい》が邯鄲一睡《かんたんいっすい》の夢、五十年の盛衰長しとや云わん。鉄拐琴高《てっかいきんこう》今何地《いずく》にありや」というのがある。鉄拐琴高とは仙人の名前である。

これだけでもたいていその力量は分かるのであるが、その千代能が妙体禅尼という尼になって、仏光国師に親しく師侍《しじ》して、身命を投じて骨折った結果、豁然《かつねん》として大悟徹底した。その時、「ちよのうがいただくおけのそこぬけて水たまらねば月も宿らず」という歌をよんだが、いかにもしっかりしたものである。明らかに千代能の覚悟は、この一首の歌に立派に活現しているといってもよい。かくのごときを妙体禅尼の内容の執金剛神が働いているといってもよい。独り悟りを開くというような場合ばかりでなく、日常のことにおいても、社会上のごく柔らかに働き、ごく物静かに振る舞ううえにも、執金剛神の力は必要なること、もとより云うまでもない事である。そこで執金剛神をもって得度すべきものは、すなわち執金剛神を現じて、而も為に説法する、とこういう。

「無尽意、是の観世音菩薩は、是《かく》の如き功徳を成就す」。観世音菩薩の三十三身とか三十三応身とかいうものは、つまり観世音菩薩の本体は正法妙如来《しょうぼうみょうにょらい》で、それに法身、報身、応身の三身がある。この法身を十界にあててみると、仏の世界、菩薩の世界、縁覚の世界、声聞の世界、以下餓鬼、畜生の世界と総て十応身となる。また報身を十界にあててみると、やはり十応身である。応身を十界にあててみると、これもまた同じく十応身である。合わせて三十応身であるが、これにもとの法身報身応身の三つを加える。そういう工合に大計《たいけい》してみると、三十三応身、こういうふうになるのである。

しかしながら、観世音菩薩の身を現わすのは、世のなかの救済のためであるから、もとより三十や五十などと、そんな数に限られたわけではなくて、その実、無量無辺、さまざまに姿を現わして、而も為に説法する。元来、観世音菩薩には固定した姿はないので、その場所その時に応じて身を現わすのである。

以上、仏身から執金剛神まで、三十三応身が済んだから、「無尽意よ」と釈尊が代表者を呼び出されて、観世音菩薩はこの通り功徳を成就している。いろいろの形をもって衆生済度の功徳を積んでいる。この意味から云うならば、釈迦にも身を現じ、孔子にも身を現じ、あるいは基督《キリスト》、マホメットにも身を現じたといってよい。宗教家ばかりではなく、学者にも身を現じ、政治家にも身を現じ、百姓にも身を現じ、町人にも身を現じ、または納豆売りにも車挽きにも鍛冶屋にも左官にも、いろいろに身を現ずる。または餅屋にもなれば女にも男にもなる。我々も観世音菩薩を体現しているものである。こういうふうに余さず洩らさずいろいろの形を現じて行くのである。

しかして、諸々の国土、これは娑婆世界に限らず、今いう十界、あるいは十国土といってもよい。そこに遊行《ゆうげ》せられるのである。遊行せられるといっても、我々が遊山するごとくに、山や川に遊び戯れるというのではなく、衆生済度の功徳を積まれるのである。このゆえに、汝等《なんじら》一心に――いろいろの話をするとか説明するとかいうことは、つまりそれは蛇足である。要するに一心に一つの観世音菩薩を信じなければならない。観世音菩薩を信じて、我々がそれと化して一団となり、いわゆる観世音菩薩の化身となったならば、そこにいろいろの国土が開け、いろいろの衆生が限りなく現われてくる。一心に観世音菩薩を供養して、しかして観世音菩薩を念ぜよ、とこういう。今日はここまでにいたしておきます。

観音経講話第十五回

是観世音菩薩摩訶薩。於怖畏急難之中。能施無畏。是故此娑婆世界。皆号之為。施無畏者。無尽意菩薩。白仏言。世尊。我今当供養。観世音菩薩。即解頸。衆宝珠瓔珞。価値百千両金。而以与之。作是言。仁者。受此法施。珍宝瓔珞。時観世音菩薩。不肯受之。

［和訓］是《こ》の観世音菩薩摩訶薩《まかさつ》は、怖畏急難《ふいきゅうなん》の中に於て能く無畏を施す。是の故に娑婆世界皆な之を号して施無畏者《せむいしゃ》と為す。無尽意菩薩、仏に白《もう》して言《もう》さく、世尊、我れ今当《いまま》さに観世音菩薩に供養すべしと。即ち頸《くび》の衆々《もろもろ》の宝珠《ほうじゅ》、瓔珞《ようらく》、価値《あたい》百千両金《ごん》なるを解きて以て之《これ》に与え、是の言《ことば》を作《な》すらく、仁者《じんしゃ》、此《こ》の法施《ほうせ》の珍宝瓔珞を受け給えと。時に観世音菩薩、肯《あ》えて之を受け給わず。

［講話］右をひと通り表面から見ると、別に難しいことはないようであるが、いつも申す通り、お経の文句には事釈、理釈ということがあって、ずっと事実通りから解釈することもあり、それからまた、それを理観《りかん》

的に解することもある。それであるから、ただ表面をずっと眺めただけでは、十分にお経の価値《ねうち》を見ることができない。そこで今日のところを申せば、この観世音菩薩摩訶薩ということは、すでにたびたびその意味は弁じたから、改めて申さなくてもよいが、この観世音菩薩摩訶薩は、怖畏急難のなかにおいて、よく無畏を施すとある。

怖畏急難ということは、我々がもうこの通りお互いに平気な顔をして、済《す》ましてここに座っているようなものの、恐ろしいという心は常に誰しももっている。たとえどのくらい腕力をもっていても、学問理屈を知っていても、あるものに出遭うと恐ろしいと思う。現に生老病死というような四苦、または八苦というようなことに出遭うと、恐ろしいという念を懐くものである。若い若いと思っているうちに、じきに年が寄る、病気になる、ついに死んでしまう。そういう大波が寄せて来ると誰しも恐れる。まことに身体が健康で無事な場合には、百まで生きるの二百まで生きるのと大言壮語《だいげんそうご》しているが、ひとたび病気に罹《かか》って床に臥すと、平生の元気はどこへやら、死に対する恐怖の念を萌《きざ》してくるのである。

自分自身でも覚えがあるが、病気に罹ると平時とは気分が違う。どうしても助からない、なんだか死んでいくというような気分になることが往々《おうおう》ある。こういう場合に大安心の境涯を得ていないというと、たいへんまごつかなければならない。恐れといっても、外から来る恐れは退治することもできるし、恐れるに足らないけれども、内から来る急難には誰しも恐れる。内からというのは、心から起こるところの禍《わざわい》で、この恐れには誰しも後退《あとずさ》りをするのである。

ところがいま観世音菩薩摩訶薩は、この恐ろしいところの急難のなかにおいて、よく無畏を施す、とこういう。恐れるところない力を施す。施すには救済もする、法施もする。こういうところが観世音菩薩の施しである。何か品物をもって与えるのであるかというに、観世音菩薩の施しは、そういう品物ではない。我々は常に怖畏という恐れる心をもっている。その者に対して、観世音菩薩は無畏の心の施しをする、とこういう。観世音菩薩はしばしば申す通り、大慈大悲の観世音菩薩であるが、他の一面からいうと大智慧の観世音菩薩である。また他の一面からいうと、大勇猛の力をもっているところの観世音菩薩——勇猛精進の力をもっているところの菩薩である。ひとたび観世音菩薩摩訶薩という、その菩薩を信得して、しかして一心不乱に観世音菩薩を念ずる時には、観世音菩薩はいつでも無畏の心を我々に施してくださる。

言い直すと、我々もまた観世音菩薩の分身である。一つの観世音菩薩の権化である。観世音菩薩と我々とは、決して別に隔てのある間柄ではなく、怖畏急難のなかにおいてよく無畏を施す。このゆえに、この娑婆世界は皆なこれを号して施無畏となす、とこういう。娑婆ということは梵語であって、翻訳すれば忍土《にんど》という。つまり四苦八苦の世のなかであるから、この世界に生息しているうえは、これを耐え忍ばなければならないというところで、忍土というのである。

この住まっている娑婆世界の総てのものは、皆な観世音菩薩を号して施無畏者ともいう。無畏を施すところの人ともいう。つまり仏法はいろいろの門戸に分かれているけれども、聖道門《しょうどうもん》、浄土門《じょうどもん》、何でも構わない。自力的でもなければ他力的でもない。自力界他力界、そういうことは一切忘れてしまって、ただ南無大慈大悲の観世音菩薩と念ずる時は、観世音菩薩は活きたなりに現われてきて、しかしてそれがすなわち施無畏者となる。

「無尽意菩薩、仏に白して言さく」。先にもしばしば申し上げたごとく、無尽意菩薩は大勢の菩薩方の代表者である。総名代である。その無尽意菩薩が観世音菩薩の説法を承って、感謝の意を述べる。言わばお礼の表白である。「世尊よ」とこう呼び掛けて、「我れ今当さに観世音菩薩に供養すべし」。今までの通り、長々とありがたい説法を承って歓喜の意に堪えないから、私はいま観世音菩薩に供養したい、とこういう。供養という講釈をすれば、これもいろいろあるが、煩わしいから今は略しておく。

いま私はご供養をいたしたい。何を供養するかといえば、もろもろの首に掛けているところの宝珠、瓔珞、その価《あたい》百千両金もするものを解いて、しかしてもってこれに与えるとこういう。菩薩は観世音菩薩でも無尽意菩薩でも、どの菩薩方でも多くは女性の形に現われている。しかしていろいろ指環もあれば腕環もあり、瓔珞といって、首にさげておくいろいろな飾りや、その他、身体に纏っているいろいろな宝石類や金銀などがある。今でも印度あたりでは、貴婦人令嬢と云われるような人々は、皆なこっちでいう菩薩方の姿をしている。菩薩は男の姿でも女の姿でも、いずれにしても坊さんとは違う。どんな飾りをつけても差し支えない。そこで無尽意菩薩が観世音菩薩に供養し奉りたい、すなわちこれをもって供養をしたいといって、自分の頸に掛けておくところのいろいろな宝珠をもって作ったところの飾り――これもいま教相の書物を見ると、頸というものはうえにも向かえばしたにも向かう。首と胴の間にあって中和の位置を得たものであるというような、そういういろいろな講釈があるけれども、そんな講釈は今ここで詳しくいう必要はない。

宝珠といっても、決して身体の飾りばかりではない。つまりここにある宝珠というのは、我が宝財であるところの、布施することとか、持戒とか、忍辱《にんにく》すなわち忍耐するとか、精進とか、禅定とか智慧とか、そういうものを皆な宝珠と見たのである。身体にぴかぴか付けてあるものばかりではない。心に持っているところの諸々の宝のことである。そういうように書物に詳しく書いて講釈がしてあるけれども、そのままに受けとるのも可笑しいが、とにかく、自分の頸に掛けている諸々の宝珠で拵えた瓔珞、その価百千万両、勘定ずくでいうならば、百万両とか千万両とかになるもの、それを上《かみ》は仏から下《しも》は地獄までの十界、すなわち仏、菩薩、声聞、縁覚、天上、人間、修羅、畜生、餓鬼、地獄、そういう十界にあてている者もあるけれども、あまりそういう講釈をすることは煩わしいから、くどくどしくいうまでもなかろうと思う。この身体の飾りを解いて上げるというのである。

いま無尽意菩薩が観世音菩薩に供養するために、この頸にかけているところの宝珠の瓔珞、勘定ずくにして千万円も掛かると思われる品、すこぶる貴いところの宝をもって作った飾りを解いて、惜しいとも思わず、そこに差し出されて、この法施の珍宝瓔珞を受け給え、どうぞお受け取りくださいと申された。法施というのは布施の一つで、布施には財施と、それに対する法施とがある。このことはたびたびいったから改めて申さないが、法施というは、一言でいったなら、形のうえの飾りばかりではなく、心のうえの法財を施すというところから、ことさらに法施というのである。

この法施、珍しい宝で拵えた瓔珞を受け給えといって、それを差し出されたが、観世音菩薩は肯えてこれを受け給わなかった。なぜ受け給わなかったというと、この珍しい宝で拵えた首飾りの瓔珞というものは、人々、皆な具有しているはずのものである。この物は人に与えることもできなければ、奪い取ることもできないはずのものである。さればこの宝をもって供養として差し出すといっても、心に受けられないわけである。観世音菩薩が肯えてこれを受け給わないというのは、もとより自分も所有しているはずである。そういう意味であるから、ただ観世音菩薩が謙遜して受け取るわけにはいかないといったのではない。自分ももっているし、かつ人から受け取るべきはずのものでもないというので、観世音菩薩は肯えてこれを受け給わないというのであるが、ただこういうだけでは、事が難しいから、それについて、私がちょっとこの頃見た本にこういうことがある。面白いと思うからお話しするが。

西洋人の話で、羅馬《ローマ》時代にあった事柄である。我が国にもその本はすっかり翻訳になっている有名な物語で、それは羅馬時代の最も盛んな時のことで、その羅馬時代に、ある王朝のことであるが、そこに一つの葡萄園のようなところがあった。園のなかには総て一面に何か木が生え茂っている。そこに一つの四阿屋《あずまや》がある。そういうように本に書いてある。その四阿屋のところへ二人の小さな子供が来た。それは兄弟同士である。二人の子供がまことに花も薫《かお》るというようなその園のなかを、あちらこちらと逍遥していた。ところがちょうどその時、自分の母親と招待された母親のお友達の、一人の美しい貴婦人とが見えた。

この母親と貴婦人がやはりあちらこちらと逍遥しているのを見て、小さい子供のなかの弟の方がいうには、「兄さん、私は今日まであんなに美しい人を見たことがない。今日のような美しい貴婦人を見たことがない。まるであの方は女王のような人である」というと、兄のいうには、「なるほど今日見えた奥さんは美しいけれども、私のお母さんはそれよりも美しい。なるほどあの方は美しい着物を着ている。私の母はそうでないけれども、その代わり気高いところがある。今日の貴婦人は私のお母さんほどの愛嬌がない」。兄がそういうと、弟は、「なるほどそうである。羅馬の市中においても、お母さんほどに気高い愛嬌をもっているのはない。兄さん、そうではありませんか」と弟がいった。二人の子供の母親は、名をホーネリヤという人である。

ところが母親のホーネリヤは、まことに質素な着物を着ている。ただざっぱりした清らかなものを纏っているばかりであった。当時、羅馬時代の風習は、手先も足先も露わにして、いろいろな宝玉や黄金をもって飾ることが流行であった。しかるにホーネリヤは、指先にも輝くものがなく、頸にも何ら飾りというものがない。ただ丈《た》けなすところの黄金の髪があるばかりであった。日本ではいろいろな髷《まげ》があり、髪飾りもあるけれども、あちらでは髪は編んだだけのものである。編んだだけのものであるけれども、その髪の美しさはまことに女王の髪のようにも気高く見えたのであった。

その大人二人がいま子供の立っている四阿屋の傍《そば》に歩み寄った時、母は子供に向かって、「今日のお昼のご飯の時に、あのお方に玉手箱を見せていただくがよい。名高いところの玉手箱であるから、どんな珍しいものが現われるかもしれない。嬉しかろう」といった。二人の子供は羞《はず》かしそうな顔をして、貴婦人にお辞儀をした。二人の子供の思うには、貴婦人の指に嵌めているきらきらした指環のほかに、いかなるところの立派な指環が、玉手箱のなかにあるであろうか。なお指環のほかに頸飾りも腕環も美しい品々がたくさんあるとのことだが、どんな物であろうかと、吃驚《びっく》りしたような顔をして待っていると、貴婦人がその四阿屋で質素な食事を済ませて、さてテーブルのうえにある玉手箱の蓋を明《あ》けて、二人の兄弟に見せてくれた。果たしてなかには立派な品ばかり充満していた。大きな滑らかな真珠、燃え立つような赤いルビー。すき透《とお》るような玉、太陽の閃きのようなダイヤモンド、そのほか高価なものが数限りなくあった。二人の兄弟はそれを見て、欲しいような顔をしてしきりとそれに見取れていたが、私のお母さんにも、こういう美《うつくしい》玉《たま》の一つでもいいから持っていられたならさぞよい事であろうにと、子供心にもそう思って眺めていた。

ところがその貴婦人と云われて、常に栄華に誇っている母親の友達なるものが、意気昂然《いきこうぜん》と貧しいところのホーネリヤを顧みて、さも得意らしく「ホーネリヤさん、貴女はそんなに貧乏にしていらっしゃるのですか」と云うと、その時にホーネリヤは屹《きっ》と顔色を正して、「私は決して貧乏ではありません。私にはこういう飾り物は身に持ちませんけれども、その代わり」と云いながら、傍に見ていた二人の子供を引き寄せて、

「この二人の子宝があります。この宝は、貴女の玉手箱に満ちている宝よりも、何よりももっともっと貴い宝であります」と答えた。

さすがの貴婦人も大いに赤面したということでありますが、ホーネリヤは、この二人の子供を慈愛の心、同情の心をもって育て上げ、二人の子供は後に至って大人物となり、それが羅馬時代の保民官《ほみんかん》というものになったのである。保民官というのは、平民を保護監督するかたわら、その時代の諸々の役人の非違《ひい》を糾弾する、平たく言えば役人の不都合を取り締まってそれを責めるところの役で、平民選出の高官である。そういうふうに二人の子供が共に立派な人になったというような話が、その本に書いてある。私が昨日手にした本である。

たとえ身にはいかに貴いところの宝で作った瓔珞をさげていても、火に遭えば焼かれてしまうし、水に遭えば流れてしまうもので、真の宝ではない。真の宝というものは心の美にある。我々の精神上の真の宝というものは、決して形にあるものではない。そういうことを思いついたのであるが、真の宝とはそれである。次手《ついで》だから、もう一つお話しする。

これは貴女方もすでにご存知であるかもしれないが、斉の国王が、ある時自分の領分を巡回せられた。久しぶりで国王が地方を巡回されるというので、沿道の人々は、我も我もと見物同様に出掛けた。ところが王様がふと自分の乗り物からご覧になると、遥か遠望の桑畑のなかに、一人の娘が脇目も振らずに桑の葉を摘んでいる。それが王様の目に着いた。他の人々は、老人でも子供でも、男でも女でも皆な久しぶりに王様が巡回されるというので、堵《と》のごとくに大勢群がって見物しているのに、この一人の娘だけは、大勢ががやがや騒いでいるそれにもかかわらず、脇目も振らずに熱心に桑の葉を摘んでいる。それを乗り物のなかから斉の国王がご覧になって、まことに珍しい娘だ。どういうものであるか、まことに珍しい娘であると、さすがに人民を治めていく国王のことであるから、そういうところに目が着いたのである。

じきに乗物を止めておいて、あの娘を連れて来いと仰せになった。そこで近侍《おそば》のものが桑畑へ行って、その娘を連れて来ると、まだうら若い娘である。ところがその娘の頸に、大きな瘤《こぶ》ができている。年は若いが頸に瘤ができて、あまり美人でもない。王様に呼び出されて、恐る恐る乗り物のそばに寄った。王様は「お前の名は何という」とお尋ねになったところが、「私の名は別にありますけれども、こういう見苦しいものが頸にできているから、人が皆な私を宿瘤《やどこぶ》と諢名《あだな》しております」。宿り瘤と読んでもよい。「名を呼ばずして私を宿瘤と皆なが呼んでおります」。こう答えた。日本の言葉でいうと、瘤でき女とでも言うのである。

国王は重ねて、「今日私がここを通るというので、皆なのものが物珍しげに大勢見物に出ているが、その方だけ脇目も振らずに一人で桑の葉を摘んでいた。どういうわけか」とこう問われた。その時娘が答えるには、「私は今日王様のご通行のことは存じておりましたが、しかし私の母様は、王様のお行列を拝見せよとは申しませなんだ。桑畑に行って桑の葉を摘んで来いと承りまして、母の命じた通り桑の葉を摘んでおりました。王様のお行列は見たいことは見たいけれども、母の言い付けは桑摘みでありましたから、その通り摘んでいたのであります」。こういう工合に返事をした。

王様は感心した。なるほど感心なものである。母親が桑の葉を摘んで来いといったからといって、大勢が見物のために飛び歩いているにかかわらず、一人で殊勝に桑摘みをしているとは、まことに心掛けの立派なものである。こういう心掛けの良い女を自分の妻にしたならば、一生どのくらい幸福であるかわからない、と斉の国王はそういう工合に考えて、それからすぐに親を呼び出されて、ついにその娘を引き上げて、国王自身の后《きさき》となされたという。これは有名な話である。

そういうようなわけで、今ここに無尽意菩薩が自分の頸に掛けてある珍宝の瓔珞、それを解いて観世音菩薩に献上したいという、そのことを表面から見れば、身体の飾りということに、ここのお経には含んでいるけれども、法施としての珍宝の瓔珞は、私は精神上の珍しい宝、心のなかのまことに美しい宝と思う。それによって総ての迷い惑いというものがなくなってしまって、今あるところのものは、善根《ぜんこん》功徳《くどく》、我々と観世音菩薩ばかりであるが、その身を捨ててしまっても観世音菩薩にご供養をするというのはありがたい。禅宗の教相風にいうと、仏見法見とも打ち捨ててしまって、今ご献上申し上げるというと同じことである。何もかもお礼のためにご献上申し上げるといったのであるが、観世音菩薩はこれをお受けにならなかった。なぜかというに、そういう宝は人々《にんにん》具足しているものである。我から彼にやろうとか、彼から我にもらうとかいうことのできないものであるという意味が籠もっている。もし宝が欲しければ、……一心に観世音菩薩を念じたならば、立ち所に現われてくるというも同じである。「此の法施の珍宝の瓔珞を受け給えと。時に観世音菩薩、肯えて之を受け給わず」、とこういう。今日はここまでにしておきます。

観音経講話第十六回

無尽意。復白観世音菩薩言。仁者。愍我等故。受此瓔珞。爾時仏告。観世音菩薩。当愍此無尽意菩薩。及四衆。天。龍。夜叉。乾闥婆。阿修羅。迦楼羅。緊那羅。摩睺羅伽。人非人等故。受是瓔珞。即時観世音菩薩。愍諸四衆。及於天。龍。人非人等。受其瓔珞。分作二分。一分奉釈迦牟尼仏。一分奉多宝仏塔。無尽意。観世音菩薩。有如是自在神力。遊於娑婆世界。

［和訓］無尽意復《ま》た観世音菩薩に白《もう》して言《もう》さく、仁者、我等を愍《あわ》れむが故に、此の瓔珞を受け給《たま》え。爾《そ》の時、仏、観世音菩薩に告げ玉わく、当《ま》さにこの無尽意菩薩及び四衆《ししゅ》天《てん》 龍《りゅう》夜叉《やしゃ》乾闥婆《けんだつば》阿修羅《あしゅら》迦楼羅《かるら》緊那羅《きんなら》摩睺羅《まごら》伽《か》人非人《にんぴにん》等を愍れむが故に、此の瓔珞を受くべしと。即時、観世音菩薩諸々の四衆及び天龍人非人等を愍れんで、其の瓔珞を受け給い、分って二分と作し、一分は釈迦牟尼仏に奉り、一分は多宝仏塔に奉る。無尽意、観世音菩薩は是くの如き自在神力あって、娑婆世界に遊び給う。

［講話］それで始めを受けてきまして、無尽意菩薩がまたふたたび観世音菩薩に仰せられるには、仁者、我等を慇れむがゆえに、この瓔珞を受け給えと。いつも申す通り、仁者というのは、総て向こうへ立つ人を尊称して申すのである。仁は人なりといって、人という字と同じように用いている。我等を慇れむがゆえに、この瓔珞を受け給えとこういう。前回にも申したのでありますが、もういっぺん一言しておきます。

瓔珞というのは、最も貴いところの宝を代表したのがそれである。ちょっと絵画についてみてもそうです。例えば観世音菩薩とか、あるいは普賢菩薩とか、または文殊菩薩とか、ああいう方々を現わした形は女性的になっている。婦人というのではないけれども、そのお姿を女性風に現わしております。よくお姿を見ると、その女性風のお姿のところへ、頸にずっと瓔珞を垂れているようなありさまである。

私は少しの間、印度へも行っていたが、彼の地では、国が熱帯で非常に暑い土地であるから、日本人に見るような、着物を二枚も三枚も重ねて着るとか、または結構な帯を締めるとか、そういうことは少しもありません。それであるから、貴婦人とか、あるいは財産に富んでいるとかいうような人は、たいてい瓔珞のごときものを身に着けている。頸には頸輪というようなものを着けている。また腕には腕輪、指には指輪と、それぞれに飾りをしている。それには金銀はもちろんのこと、世界に名だたるところの宝玉を鏤《ちりば》めたものを着けております。印度の貴婦人の姿は金目《かねめ》に積もると、よほど金高《かねだか》のものを着けているので、立派な一つの財産を始終身体に着けているようなものである。全然《まるで》宝玉屋の看板みたいなようなものである。

印度は一国とはいうものの、広い国だけに、地方地方によって風俗も違えば習慣も違っているが、ある地方などでは同じ印度人の一種で、鼻にまでそういう飾りをしている者がある。彼等にとっては非常に美しいつもりであろうけれども、我々から見ればずいぶん可笑しい風俗である。鼻に穴を明けて貴い玉を付けている。何でも身体中宝玉で、ほとんど網羅しているようなありさま、そんなふうであります。形の上からいうと、瓔珞というのはやはりそうである。

これはいつも申す通り、仏教の経文には理と事と二つの解釈法がある。事実のうえからと心のうえから持ってくる解釈とである。そこで事実のうえから見ると以上のごとしであるが、それを自分の心のうえに持ってくると、瓔珞というのは万徳荘厳《まんとくそうごん》ともいう。万徳とは一に円満ともいい、あらゆる善きこと、あらゆる貴いことのその団《かた》まりである。何故というに、我々の心のなかにはそういう値段付けをすることのできない貴い宝をもっている。万徳で荘厳で飾り立ったところの貴いものを皆なもっているのである。

始終そういう工合に一念から眺めていくと、この心の宝ぐらい貴いものはないが、いま無尽意菩薩は、この無上なる貴い宝を観世音菩薩に供養し奉ろうと云われる。どうぞ観世音菩薩――いつもいうように慈悲をもって心としている方であるから、その慈悲心をもって――どうか私の菩提心から献ずるところのこの瓔珞をお受けくださるようにと申した。私は始めに観世音菩薩がお受け取りにならなかったことを一言したが、それはこの宝はあなた方も持っていれば、私も持っている。貴い人も持っていれば、賎しい人も持っている。男も持っている、女も持っている、老幼も皆な持っている。施すこともできなければ受け取ることもできないものであるということを述べておいたが、そのことを指して、ここに重ねてどうぞ慈悲をもってお受けくださるようにと押し問答した。一方ではこういう粗末なものであるけれども差しあげたいという。一方ではそれではまことに痛み入るから、それはお収めくださいと、こういう（今日《こんにち》お互いの間にもそういう場合はままある）。

その時に観世音菩薩にこういうお告げがあった。言わば仲裁的に受けたらよかろうと仰せられるのである。

仏の仰せに、まさにこの無尽意菩薩および四衆、天、龍、夜叉、乾闥婆、阿修羅、迦楼羅、緊那羅、摩睺羅伽、人非人等を愍れむがゆえに、この瓔珞を受けたらよかろう。なるほど観世音菩薩がおいそれとお受けにならないのは、それは理由がある。しかしここにはその方面のことを問わずして、慈悲の方面に心を向けてというのである。すなわち仏が無尽意菩薩および四衆、天龍その他諸々の人非人等を愍れむがゆえに、と仰せられるのは慈悲の方面に心を向けてというのである。

いつもいう通り、大慈大悲の心はすなわち観世音菩薩の現われである。大悲というのは大いに悲しむという字であるが、それは涙を垂らして悲しむというような、そういう悲しみではない。大悲というのは与楽抜《よらくばっ》苦《く》というその抜苦――苦しみを抜く、その心が大悲という字に現われている。大慈というのはすなわち与楽の方である――楽しみを与えるその心がこの字に現われている。大悲が抜苦、大慈が与楽で、それが観世音菩薩の本来の持ち前である。その心を運び出して、他に理由があろうとも、総代人たる無尽意始め、四衆その他諸々の切なる願いを容れたらよかろうと仰せられる。

四衆、天、龍、乾闥婆、阿修羅、迦楼羅、緊那羅、摩睺羅伽、人非人等、その解釈は前回に詳しく申したから、今日はいちいちには申しません。ここに会座《えざ》に連なっているところの四衆または天龍以下人非人等、これでたいていの階級が網羅されている。このなかには天上の音楽師もいれば歌い手もいる。喧嘩好きのものもいれば恐ろしい大蟒《うわばみ》もいるが、心を翻せば仏のみ弟子である。そういういろいろの階級のものが籠もっている。

現在この大勢の衆生を愍れむという厚情をもって、ことさらにこの瓔珞を受けよと仏が観世音菩薩にお命じになった。すると即時に、この仏の一言によって観世音菩薩が心を翻した。それは時間という時間はなく、仏の仰せられる瞬間にちょっと心を転じたのである。観世音菩薩は諸々の四衆および天龍人非人等を愍れんで、その瓔珞を受け給もうた。始めてお受け取りになったのである。どうぞしてこの万徳荘厳の貴いものを受け取って、しかしてこれでもって一切衆生を済度してやりたい。こういう心を運んでお受けになった。それを受けても我一人が私するのではない。

一の瓔珞というのは一心——とこう早く見てもよい。この一心を分けて二分となす、二つに分けるのである。二つに分けるというのは何であるかというと、今までたびたび言い現わしてきたように、事理の二つに分けてもよい。事は事実の理で、理は理想とか理性とかいう理である。またそれを分けて一つは本体といい、一つは現象といってもよい。または相と用《はたら》きといってもよい。それはいろいろに分けることができる。これを具体的に表わすと一つは法身仏、すなわち理というものを表わしたので、その相が法身仏である。理想というものの相を表わしたのである。一つは具体的にみると報身仏になる。

とにかくあまりいろいろの言葉にたくさん移しかえると、かえって複雑になって分かり悪《にく》いから、今は理事の二つに分けておく。そこで一心の現われた瓔珞、このうえもない貴い瓔珞ともみるべき心を受け取って、その心を二様に向けて、分かって二分とし、一つは釈迦牟尼仏に、一つは多宝仏塔に奉ると、こういう。

この多宝仏塔の委《くわ》しいお話をするのには、やはり法華経のなかについて申さねばならないが、法華経には元来二十八品《ぼん》あって、なかに献宝塔品《けんほうとうぼん》というのが一つある。それについてみると、委《くわ》しいわけを合点することができる。いま釈迦牟尼仏は何の現われであるかというに、事理の二つに分けてみれば、事実の仏が釈迦牟尼仏である。それから理仏としての仏が、すなわち多宝仏という仏である。初めに申した通り、仏様というは、我々一身の現われであるが、その仏も多方面に眺めることができる。だいたいに分けると三つの姿にみることができる。すなわち三身という。

一つは法身仏、その次は報身仏、もう一つは化身仏、または応身仏という。これが三身仏で、仏の三身と称す。これを哲学風に解釈すれば、だんだん難しくなるばかりで、今はそこまで言う必要はない。三身というものからみると、釈迦はここに報身仏にあたる。当たり前からいうと、釈迦という仏は化身仏、または応身仏というのが常であるけれども、ここで分けるというと、報身仏に持っていく。報身仏というのは、自分の修行から報いられて現われた仏である。あるいは報身仏と云わずして、事仏といってもいい。それから多宝仏は何に当たるかというと、法身仏とこうなる。もし釈迦は事仏あるいは報身仏というならば、多宝仏というのは法身仏、または理仏といってもよい。

つまり仏はどこから現われたかというと、自分の内容に顧みるがよい。我々の智慧はもとよりそこにある。我々の慈悲ももとよりそこにある。もう一つ適切にいうならば、我等皆なともに仏の現われである。

ここに観世音菩薩を主にして云うならば、我等は皆な観世音菩薩の現われである。今は観世音菩薩が菩薩という位《くらい》で現われているけれども、そのもとを正せば、正法妙《しょうぼうみょう》如来《にょらい》で、すなわち仏である。内容が正法妙如来で外形が菩薩の地《じ》である。それで無尽意菩薩がいま献納せられる瓔珞を取って、それを二つに分けて一つは事、一つは理という。この事理の二つを原因となし、これを種として、その結果として現われる法身仏、応身仏の位《くらい》を得させようという。何も仏が外《ほか》から現われるのではない。皆な我々の心にもっているそのものの現われである。その瓔珞を分かって二分となし、一分は釈迦牟尼仏に奉り、しかして一分は多宝仏に奉ったので、分かてば二つであるが、つづめてしまえば一つである。つまり法身仏すなわち化身仏ではないか。法身仏というも化身仏というも、このなかに含まれているではないか――そういう道理がこのなかに含まれているのである。

それをただ形のうえから瓔珞であるとか、これが貴いものであるとかいうならば、それは表面のことである。世間的のことである。そういう解釈では全然一種の理屈に陥ってしまう。形と心とは常に相兼ねている。一方は釈迦牟尼仏に奉り、一方は多宝仏塔に奉るとこういう。決して私するのではない。皆の総代として、無尽意菩薩がいろいろ皆のもっている貴い心を、全然あなたにお任せをする、全然献上するという。そこが面白い。しかして仏果を得ようとこういう。

「無尽意、観世音菩薩は是くの如き自在神力あって、娑婆世界に遊び給う」。そこで釈迦牟尼仏が、無尽意と、大勢の総代人たる無尽意菩薩に呼びかけて、もともと観世音菩薩はかくのごとき自在の神力があると仰せられた。それは今まで申してきたことを、ここで総結する――結びの言葉である。今までどういうことを申してきたかというと、七難ということを述べてきた。それから三毒ということを述べてきた。慈悲を分けて一つを抜苦といい、つづめてみると、七難という苦しみを抜く、三毒という苦しみを抜くことになる。七難三毒をいちいち挙げて、いちいちそれを退治してしまう。それらは今日までに大略ながら解釈したはずである。

七難とは言うまでもなく、火難、水難、盗難、剣難等の七つの難であるが、お互いにあの人は身分がよいとか、富貴でよいとかいっていても、いつ何時、爆裂弾の見舞いを受けるかもしれない。いくら位《くら》い人臣を極めても、老いてますます達者でも、いつ何時、凶漢に襲われるかもしれない。俺は達者で元気で、世界に恐ろしいものがないといって大総統から進んで大皇帝になろうとしても、とうとう病気のためには死んでしまわねばならない。そういうようなありさまである。そういう難が世間にたくさんある。また貪瞋痴の三毒、こういう苦しみを抜くばかりでなく、――他には与楽といって、楽しみを与える。そういう二つにみて法をお説きになった。それが三十三身十九説法ということになっている。七難三毒の説法は、消極的に苦しみを抜く方である。

次には積極的に、一歩進んで楽しみを与える説法である。どんなものにも転じて、子供にもなれば婦人にもなる。天、龍、夜叉、人非人等にも身を現して説法する。これらは皆すでにお話したから、貴女方の記憶に存するはずである。それは何の力でできたかというと、観世音菩薩が心の自由を得ているからである。心の自由というのは。言い直すと解脱である。解脱というものは物に滞らないことである。我が悟りによって物を恐れなければ、実に自由自在の力が得られよう。心は元来自由なものにかかわらず、我々は迷って不自由になっているのである。その不自由という穢れきたったところの着物を脱ぎ棄ててしまえば、赤裸々の身体である。その赤裸々な自由自在の身体を求めようというのが、仏教修行の目的である。これは観世音菩薩に限らないが、今は観世音菩薩が主になっている。

とにかく仏は自由自在である。菩薩は寝床に始終尻をおろしているのではない。どこへでも飛んで行く。天、龍、夜叉、乾闥婆のなかでもどこへでも身を現わす。ここと限って寝床を構えているというのではない。ここでなければ住まえないという不自由なものではない。自在神通力というのはそれである。神通力といえば特別な力のように思うが、決してそうではない。世間の言葉にも、聖人は物に凝滞せずしてよく世と推し移ると、儒者の言葉にも云っているが、それと同じことである。何物にも滞らない引っ着かないということである。引っ着く時には柳は緑になることができない。花は紅になることができない。引っ着かないから、柳は緑に花は紅に、秋は紅葉する。春は花咲くというのである。ちょうど草花に置く露のようなものである。

露は透明玲瓏な清らかなものであるから、それが紅葉《もみじ》に置けば紅の珠《たま》とも見える。また柳のうえに持っていけば、碧瑠璃《へきるり》の珠のごとくに見える。置き所によって皆な自由である。それがすなわち神力というのである。観世音菩薩はこの通りの自在なる神通の力があるために、娑婆世界に遊び給う。そういう滞りのない汚れのない力であるから、汚れた滞りのある、不仕合わせな、まことに味気ない、涙の谷くらいな、苦しみの海みたようなこの娑婆世界、そういう汚らしいなかに這入って、遊戯《ゆげ》三昧せられるという。観世音菩薩がこの娑婆世界にお出でになるのは遊戯三昧――遊び戯れるごとくである。ちょうど子供が飯事《ままごと》して遊ぶと同じような、自由な楽な心持ちをもって苦しみ悩みの多い衆生を済度して遣わそうと、こういうのである。

娑婆世界の娑婆というのは、前にもお話したごとく、これは梵語であって、翻訳すれば忍土である。苦しみ悩みの多い世のなかということである。その娑婆世界に遊び給うとこういう。これは今までの総ての説法を総結した言葉である。これから巻を改めて、無尽意菩薩の偈があるが、それは次に譲って、今日はここまでにしておきます。

観音経講話第十七回

爾時無尽意菩薩。以偈問曰
世尊妙相具　我今重問彼　仏子何因縁　名為観世音
具足妙相尊　偈答無尽意　汝聴観音行　善応諸方所
弘誓深如海　歴劫不思議　侍多千億仏　発大清浄願

［和訓］爾《そ》の時、無尽意菩薩、偈《げ》を以て問うて曰《いわ》く、世尊妙相《みょうそう》を具し給う。我れ今重ねて彼を問い奉らん。仏子何の因縁を以てか、名づけて観世音と為す。妙相を具足し給える尊、偈を以て無尽意に答え給わく。汝聴けよ。観音の行は、善く諸々の方所《ほうじょ》に応じ、弘誓《ぐぜい》深きこと海の如く、歴劫《りゃっこう》にも思議せられず。多くの千億の仏に侍《つか》えて、大清浄の願を発《おこ》せり。

［講話］この普門品《ふもんぼん》は、ちょうどこの前に講じたところまでを長行《ちょうぎょう》の文といい、これから以後が、偈をも

ってさらに長行の文の意味を繰り返すのである。こういうことは、つまり余計のようなものであるけれども、初め長行の文をお説きになった時期において、どうもまだ十分真相が腹に這入らない人も、多くの中にはたまたまある。それからまたその時分には、余儀ないいろいろの故障《さわり》があって、会座《えざ》に列《つら》なることができず、これから新たに来たって法につこうというような、そういう人もある。それゆえに重ねてその意味のことをここにお説きになるのである。

偈という字は、これはやはり仏教の説法の一つで、経文においての一の特色あるところの文字であろうと思う。だいたい偈ということは、あるいは頌といったりすることがある。偈というのは梵語の偈陀《げだ》で、漢訳すると孤起《こき》または妙玄《みょうげん》といい、頌という字は頌讃《じゅさん》などと続く字であるから、ほめる意味がある。徳をほめるというようなことで、ここでは菩薩が仏の徳を讃美し頌歎する意味である。この頌に風頌《ふうじゅ》と重頌《ちょうじゅ》との二つがある。その一つ、すなわち風頌はどんなものかというに、諷《ふう》じてしかしてほめる。ゆえに本来ほめるということが持ち前であるけれども、ただほめるばかりが諷頌《ふうじゅ》ではない。例を挙げていうと、諸行無常《しょぎょうむじょう》、寂《じゃく》滅《めつ》為楽《いらく》などといい、また、あるいは迷故三界城《まようがゆえにさんがいはしろ》、悟故十方空《さとるがゆえにじっぽうくう》、本来無東西《ほんらいとうざいなし》、何処有南北《いずれのところになんぼくあらん》、などいうものは皆な諷頌の一つである。

諷頌はある場合には孤起という字を使う。単独に仏法の深義を頌表《じゅひょう》するのであるから孤起という。それから重頌というのは、どういう意味であるかというと、今まであった長行の文、すなわちこれまで観音の徳をだんだん述べてきた。それを再び偈をもって説くごときがすなわちそれである。それゆえに重ねて説くという意味で、重頌というのである。なお重頌を応頌《おうじゅ》という場合もあるが、その時の意味は、長行の文にあった説法の意味と照応するというのである。互いに照応して前後ちゃんと関係をもっている意味である。重頌ともいったり応頌ともいったりするのは、そういう意味である。これから説くところの偈の意味はすなわち重頌であり応頌である。いっぺん長行の文で散文的に説法したものを、詩のような偈で再びその意味を述べるのである。

そこで爾《そ》の時に無尽意菩薩が偈をもって問うて宣《のたま》わく――毎度云う通り、無尽意菩薩は大衆に代わって始終問主《もんしゅ》となっている、問う方の主になっている。けれども、これは我々の活きた宗旨からいうと、独り大衆の総代たる無尽意菩薩にばかり委任しておくのではない。会座に列なっているものは、老若男女にかかわらず、皆な一の無尽意菩薩である。無尽意菩薩は何かというと、すなわち我々である。我々はじきじきに仏に向かって法を聴く。いかにも親しく感ぜられる、そこで述べられる仏の法が、我々に向かって親しく感じられるのである。その時に無尽意菩薩が偈をもって問うて云われるには、「世尊妙相を具え給えり」――これを平たくいえば世尊とか如来とかいうことは、今までもいった通り、総てお釈迦様を尊称した言葉である。

とにかく三界に大導師たるところの世尊は、妙相を具え給えりとこういう。妙相を分けていうと、仏は我々と違って、三十二相八十種好《しゅごう》といって、三十二通り変わったお姿がある。その三十二通りの変わったお姿のなかにも、また細かに分けてみると、八十種ほどの好きお姿を具えておられる。平たく云えばそれである。

――本来姿というものは、よほど大事なものである。これは東洋には、姿によってその人を判じたり、骨相によって運命を見たりする。昔も今もあることである。東洋ばかりではなく、西洋にもあるらしい。いったい姿がその姿となるには必ずよってきたるところがあって、漫《みだ》りに偶然と現われたものではない。人間は人間として姿においてだいたい同じであるが、馬とか犬とか猫とかは、またそれ相応にその姿を現わしている。姿は心の現われに他ならないのである。

猫のような境涯にも、猫相応に現われる姿がある。犬のような境涯にも、犬相応に現われる姿がある。馬においてもまたそれ相当に姿を現わしている。つまり姿は心の反映であるとみてもよい。それが証拠に、美人であるとか好男子であるとかいっても、そのものが怒った時の姿を見ると、いかに平生優しい顔であっても、美しい姿であっても、非常に不快な感じを現わすのである。また泣いている時の姿を見ても、やはり愉快でない顔を現わすのである。いわゆる表情という言葉がある通り、心の現われている姿である。

ことに婦人が大いに姿に注意するのは、昔からたしなみと云われて、悪いことではないが、しかしながら、人間があまり外面の姿に重きを置くと、内心が留守になる。総て世間の仕事はその通りで、一方に重きを置くと一方がお留守になるのは、どうも免れないことである。それゆえに仏の姿が妙相を具えているというのは、決して偶然ではない。好き相恰《そうごう》をもつべき所由《いわれ》がある。つまり慈悲、忍辱で、同情が深い、心柄が優しい、それゆえにかくのごとく現われているのである。

例えば、須達《しゅだつ》長者の媳婦《むすめ》はたいへん評判の美人であったが、人間は顔が美しく姿がよいと、存外心の方を無視するために、いろいろ嫉妬が起こったり、虚栄心が起こったりまたは憤ったり、偽りの心が起こったりするものである。それでは美人ではない。本当の美人は心からして麗しくなければならない。須達長者の媳婦は心から美しい美人であった。この意味からして形よりもむしろ心が大切である。形の美は時々刻々に変化して、年寄るほどみにくく変化して、だんだん朽ち果てるばかりである。それを飾ったところがそれは一時的に他ならない。

これに反して心の美というものは、一日経てば一日、一年経てば一年、言わば心は年寄るほど美しくなる。

修行を積み修養を重ねるほど、だんだん若返っていく。心と形とは全くあべこべである。心に重きを措《お》くからお前は美しいといって、鹿野苑《ろくやおん》で玉耶女《ぎょくやじょ》に対して徳を説いたのは世尊である。三十二相八十種好を具える、……生々世々《しょうじょうよよ》生まれ換わり死に換わり、あらゆる功徳善根を積んだものがかくのごとく現われたのである。昔の英雄豪傑などの姿も立派であるけれども、万徳円満願行具足《まんとくえんまんがんぎょうぐそく》したものの姿はなお貴い。「世尊妙相具《せそんみょうそうぐ》」仏のお姿はその通り具わっていたのである。

「我れ今重ねて彼を問い奉らん。仏子何の因縁を以てか、名づけて観世音と為す」――我というのは無尽意菩薩である。重ねて彼を問う。彼というのは観世音菩薩のことで、無尽意菩薩が重ねて仏に向かって観世音菩薩のことを問うのである。仏子何の因縁あってか名づけて観世音菩薩となす。仏子というのは、仏の種子の成熟したものは皆な仏子である。これは菩薩ばかりではない。我々でも浄いところの信仰をもっているものは皆な仏子と謂ってよい。……要するに浄心を懐いている人は皆な仏子と謂ってよい。そのなかでどういう因縁あってか、名づけて観世音というのであるか。これは本文にあったが、念のために重ねて、理由《いわれ》因縁を尋ねるのである（観世音菩薩、あるいは地蔵菩薩、あるいは薬師如来、これらの名は漫《みだ》りに付けたものではない）。

なぜ観世音と名づけたのであるか。こう尋ねると、妙相を具足し給える尊、すなわち三十二相、八十種好、世にも稀なるところの美妙相の尊、すなわち仏がこれに対して偈をもって無尽意に答え給わく、「汝聴けよ。観音の行は、善く諸々の方所に応ず」とこういう。今ありありと仏は三千年以前にお隠れになったというが、しかし一点信仰上から眺めると、仏は現存している、決して隠れたのではない。これはちゃんとありありと現われている。その活きた仏から、じきに我々は教えを受けるのである。すなわち無尽意菩薩を我々自身と認める。その無尽意菩薩に偈をもって答え給う。偈は五言あるいは七言といろいろあるが、これは五言である。汝聴けよ――汝とはもちろん無尽意をさすのであるが、同時に我々にお答えになるとみてよい。

観音の行――言わば読んで字の通りでよいのだけれども、初めからだんだんお話してきた通り、まず観音の行というものは、詳しくいうと限りもないが、一言でいうと一心三観《いっしんさんがん》の妙智力《みょうちりき》という。一心三観ということは、先きにもお話したようであるから、あるいは重複するかもしれないが、三観ということは何かというと、言うまでもなく空、仮、中の三つである。天地間ありとあらゆる一切の相、何物をも総てこの三方面から観るのである。すなわち空観《くうかん》、仮観《けかん》、中道観《ちゅうどうかん》という。

およそ一つのものがそこにあると、それを一面から見る時には、心の現われで物ではない。これが空観というので何もないと観るのである。ないとは、心というものに換えていうので、茶椀は何の現われかというと、心の現われである。それが空観である。姿や形にかかわらず、その形なりに心が現われるのが空観である。言い換えると、姿というものに何の姿もないといってよい。

同時に他面からはそのものが仮観といって仮りの相である。内から眺めると空観であるが、外から眺めると仮観で、仮りの相である。いろいろの因縁が和合したところから、いろいろの姿が現われたのである。仮りというはまことに深く考えた文字である。この本堂の如きも、柱、敷居、畳、石、竹、いろいろの物質が組み合わされて立派にできているけれども仮りの現われである。これをいちいち解きほどし、元《もと》のごとく壊した以上、いちいち別にした以上は、野原同然である。けれどもやはり現われるところは、現にこの通り秩序正しく、まことに方法よろしきを得て立派な本堂となって現われている。それが仮観である。

ところがそれならば物質《もの》の現われかというに、そうでもない。物質のなかに心が表現されている。心は何かというと、心すなわち物質の現われである。心と形と、物質と精神《こころ》と、有形と無形と、何といってよいか、……何も別つべきものがない。それを何と言い現わしたならばよいかというに、中道観である。空にあらず仮にあらず、しかして空に属し仮に属して、空と仮との中間になっている。どっちへも片寄っていない。そういう三つの見方がある。しかし三と云うけれども、その実、一心の現われである。一心が空、仮、中道と現われているのである。それゆえに一心三観という。

これは教相門によって講釈をすると、もっと詳しいことを云わねばならないが、それは後日その機会があるから、ここではだいたいだけをいう。文字だけをいう。一心三観のことは、すなわち空観、仮観、中道観、この三通りの見方である。観音はそういう見方をもっている。その一心三観上より物を見ようという、決して耳ばかりで聴くのではない。目ばかりで物を見るのでもない。目と耳と鼻と口と、総ての身体が融通せられている。鼻、口、目、耳と機関はだいたいに分かれているが、総て融通せられている。一心三観の大きな耳からみると融通せられている。口で書くともいい鼻で喰うともいい、……全く自由がきく。

けれども、人間はその通り自由のきく機関をもっているが、あまり便利過ぎて、機関に重きを措いて、何か標準に五官で物を教える癖がある。目に見えないものは真理でないというようなことをすぐいう。五官ばかりに囚われると、遠方を見ることができなくなる。ところが観音は一心三観の妙智力をもって世のなかを見る。ただ見るばかりでなく冷静に悟る。目をもって見るばかりでなく、じきに身をもって実行のうえに現わす。要するに与楽抜苦で、大悲ということは抜苦、大慈ということは与楽、大慈大悲はすなわち与楽抜苦である。

その実行の仕方はどうかというと、長行の説法にもあった通り、観音は初めから、七難という七通りの災難、それをいちいち逃れさせたいという。我々は始終七難のために苦しめられている、その苦しみを抜こうというのである。また貪瞋癡の三毒、これによっても非常に苦しめられている。その苦しみを抜こうというのである。

それから二求《ぐ》の求め、それを叶えさせてやろう。それについて三十三身十九説法、三十三通りに姿を変えて、しかして十九通りに説法をなされた。それは三十三に限ったことではない。また十九に限ったことでもない。それが観音の行である。汝聴けよ、観音の行——こういうような観音の行いであるから、よく諸々の場所に応じる。

方所というは、言わば空間的場所といってもよい。国土といってもよい。国土ということについても、寂光浄土《じゃっこうじょうど》とか十方仏土《じっぽうぶつど》とかいうのがあったり、同居土《どうきょど》あるいは方便土《ほうべんど》ともいうのもあり、いろいろあるけれどもつまり、娑婆も浄土も遠いも近いも、どこにもかしこにも応じる。太鼓みたいなようなもので、大きく叩けば大きく応《こた》える。力を籠めて叩けばドーンとなる。小さく叩けばドンと応ずる。高いところにも届くし、近い所にも届く。あるいは明鏡の姿を写す。出てきたものは何でも写す。天竺《てんじく》、錫蘭《セイロン》、倫敦《ロンドン》、巴理《パリ》じきにそのままに現われてくる。天竺にもいっぱい、英国にもいっぱい、狭いところではない。十方にも映ずるところがあって現われる。それゆえに菩薩は意生身といって、心のままに生まれて行くのである。——本来心というものは頭に引っ付いているとか、生理学者の云うがごとく、脳の中枢に機関があって、それから生ずる、頭を取ってしまえば心はなくなってしまうなどというわけのものではない。

また昔の人は、心は臍のしたにくっついていると思って、気海丹田《きかいたんでん》などと称している。なるほどそういうところにも見えないでもないが、いったい心は頭にもいっぱい、腹にもいっぱい、手足にもいっぱい、広いところにもいっぱい、狭いところにもいっぱい、どこにも現われないところはなく、到らないところはない。羽なくして飛ぶこともできれば、足なくして到ることもできる。銭のことを足がなくともおあしというけれども、銭どころの騒ぎではない。我々の心は手足の相を現わさずに手足の用をなしている。総て心の現われる通りに身体も現われている。肉の目を当てにしているから、物が見えるの見えないのというけれども、五官を超越したところの一隻眼《いっせきがん》をもって眺めてみると、心と身体は別々のものではない。そういう塩梅によく諸々の方所に応ずるという。応じないところはないのである。

「弘誓《ぐぜい》の深きこと海の如く、歴劫にも思議せられず」――こういう仏菩薩方は、皆な弘誓――誓願といってもよく、あるいは願念といったりする。少し文字が変わるけれども、意味はたいてい同じことである――皆な誓いというものがある。坐禅修行するといっても、ただ学問的にするとか、あるいは物好きにするのではない。この修行学問をして、しかして一切衆生を済度してやりたい、それが目的である。すなわちそういう誓いが皆なある。

　誓願ということを詳しく分けると、通願《つうがん》、別願《べつがん》の二つとなる。通願というのは共通した誓願である。別願ということは、一の仏、一の菩薩、皆な別々に誓願をもっている。一例を挙げると、釈迦牟尼仏は五百通り、阿弥陀は四十八通りの誓願がある。それには各々特色がある。観音は三十三というものがあり、薬師如来には十二の誓願というものがある。そういうものが別願である。

　通願ということは、我々もやはり仏の弟子として、菩薩の片割れとして、通願をもっている。共通した誓願をもっている。それは何かというと、我々が朝晩唱えるところの、衆生無辺誓願度《しゅじょうむへんせいがんど》、煩悩無尽誓願断《ぼんのうむじんせいがんだん》、法門無量誓願学《ほうもんむりょうせいがんがく》、仏道無上誓願成《ぶつどうむじょうせいがんじょう》、これを四弘誓願《しぐせいがん》というのである。今いった通り、坊さん読みにするとその通りである。衆生は無辺であるけれども、誓って度せんことを願う。煩悩は無尽にあるけれども、誓って断たんことを願う。法門は無量であるけれども、誓って学ばんことを願う。仏道は無上であるけれども、誓って成就せんことを願う。これが四弘誓願である。

汝は何のために坐禅工夫するのかと問うと、はっきり答え得るものが少ない。誰しも緩《ゆっ》くり考えると答えることができるわけであるけれども、ちょっとすぐには答えられない。公案でも坐禅でも学問でも、いずれも四弘誓願の通りに進んで行くべきである。その第一が衆生済度の誓願。これが最初の動機である。生きとし活けるものは、無量無辺にたくさんある。この衆生は尽きるということはないけれども、しかし衆生の尽きないうちは我々の願いも尽きない。衆生は無辺にあるけれども、誓って済度せんことを願う。これがためにいろいろ頭を使っている。煩悩というものは、一点の無明から、五欲三毒八万四千の煩悩となって、なかなか尽きることがないけれども、誓って断ち尽くさんことを願う。しかして三番目には、法門無量で、あらゆる学問、あらゆる宗教というものは、無量無辺に数限りもないが、これもまた私は誓って、これを学得し修行せんことを願う。四番目は仏道無上、仏の道はこのうえもなく、実に道の極であり真理の極致であるけれども、我は誓ってこれを成就せんことを願う。

この四弘誓願は、見ようによってはいろいろであろうけれども、要するに仏道を成就するは何のためであるかというと、衆生済度のためである。衆生済度はどうしたならばよいか。仏道を成就しなければならない。こういう工合に初め終わり、終わりと始めと始終連関しているのである。これが四弘誓願である。こういう塩梅であるから、その大なる誓《ちかい》の深いこと海のごとく、底知れずである。

それゆえに、仏法は大海、ようやく入りてようやく深しともいう。歴劫思議せられずとこういう。劫は長い時間。この劫のことも、通俗に分かり易くいうと、四十余方里の大きな石があって、そこへ百年目にいっぺんずつ天人が天降って、その羽衣をもって石に触る。それがだんだん重なると、ついに石が摩滅してしまう。その間、非常の長年月を費やすことは言うまでもない。この石の摩滅した時がすなわち一劫である。劫の字についてはいろいろ説があるけれども、通俗に分かり易く云えば、そういう意味である。そういう長時間にわたっても、観世音菩薩の功徳は絶えて思議せられない。我々の小さな思慮分別では、なかなか批評を加えようとしても及ばないことである。弘誓深きことは海のごとく、劫を歴《へ》て思議せられないところのものとこう云うのである。

それから多の千億仏というのは、千億が多というのであるから非常にたくさんということで、その数限りのないあらゆる諸仏、無量無辺の諸仏、その仏には前にも云った通り別願といって、それぞれその仏において特別の志願というものがある。例えば阿弥陀仏には極楽往生の志願があり、薬師には諸病悉除《しょびょうしつじょ》の志願があるという工合に、諸仏の志願は別願から見るといちいち異なっている。その様々な志願を持ってござる多の千億仏に侍《つか》えてというのであるから、つまりあらゆる諸仏のお援《たす》けによってということで、云い換えれば千万無量の仏の、千万無量の志願を総て身に負って、しかしてさらに、大清浄の願を発せり、とこう云う。

大は言うまでもなく広大無辺のこと。清浄というのは不取不捨で、観音様はいかなる罪人でも悪人でも捨て玉わず、また何ら酬いを取り玉わず自己のためにするなどと云うことは少しもなく、苦しみを受けることは衆生に代わり、楽しみは衆生に与え、身は正法妙如来の尊き位《くらい》にありながら、衆生済度のためには菩薩の位にまでくだり玉いて、あまさず洩らさず、一切の者をお救いくださろうという。それはそれは清き浄《しず》けき誓願を発し玉うとこういうのである。要するに侍多千億仏、発大清浄願というのは、上求菩提、下化衆生と見てもよろしい。今日はここまでにしておきます。

観音経講話第十八回

我為汝略説　聞名及見身　心念不空過　能滅諸有苦
仮使興害意　推落大火坑　念彼観音力　火坑変成池
或漂流巨海　龍魚諸鬼難　念彼観音力　波浪不能没

〔和訓〕我れ汝の為めに略して説かん。名を聞き及び身を見、心念《しんねん》空しく過ごさずんば、能く諸々の有苦を滅せん。仮使《たと》い害意を興して、大火坑《だいかこう》に推し落とさるるも、彼《か》の観音力《かんのんりき》を念ずれば、火坑変じて池と成る。或《あるい》は巨海に漂流し、龍魚諸々の鬼難あらんに、彼の観音の力を念ずれば、波浪も没すること能わず。

〔講話〕「我れ汝の為めに略して説かん」とは無尽意菩薩が大衆に代わっていろいろとお尋ね申すと、それに対して仏、すなわち釈迦牟尼如来が、いま我れ汝の為めに略して説かん、詳しいことは初めに云った通りであるから、今は略して云おう。名を聞き及び心を見、心に念じて空しく過ごさず――名を聞くというのは、いわゆる観世音菩薩の御名である。観世音菩薩の名を聞くということは、すなわち名を聞いてじきに同時に口に唱えるのである。南無観世音――南無観世音菩薩、とこう口に唱える。しかして心を見る。ただ口でお名を唱えたばかりではなくして、観世音菩薩のその慈悲心、大慈大悲の心をじきに我が心のうえに受け取るのである。

これがすなわち身口意の三業ということからいうと、名を聞くということは、聞くと同時に口に唱えるのであるから、すなわち口に属する。心を見るというのは、すなわち心――（ここで老師は不審せられて）――皆さんの本にはどうなっておりますか。それは心を見るではなくて身を見るでなければならないが、私の今見ている本には心となっている。これは身を見るのほうが正しい（誤字を訂正せられる）。観世音菩薩をじきに我が身に体して受け取って、これを我が身に現わすという。名を聞きおよび、身を見、心念空しく過ごさず――ただ口に唱え、身に現わしたばかりでなくして、さらに心に念じて空しく過ごさずという。これが意に属している。身口意の三業と明らかに書いてはないけれども、意味は身口意の三業と一致しているのである。仏教にはこれが何事にもついて廻っている。

ことに真言宗になると、三密《さんみつ》の加持といって、何事もこの三つの秘密の他にない。すなわち身に行うところ、ことごとくこれ成仏の印《しるし》、口に言うところことごとく真言、心に念ずるところことごとく三摩地《さんまじ》、三密ことごとく相応ずる時に、即身成仏するという。この口、この身、この心、言わば三拍子ちゃんと一緒になったところに、そこに信仰の光が現れてくる。

いま世間の宗教者は、念仏というとただ後生を願うこと、――口に名号を唱えることを念仏という。南無阿弥陀仏と口にばかり唱えることのように思っているけれども、実は口ばかりではいけない。口に唱えると同時に、やはり身にそれを現わす。口に名号を唱えるばかりではまだ足りないから、身に現わす。身に現わすばかりでも心がお留守になっていてはいけないから、心に念じて空しく過ごさずという。その心とは、言い直すと誠という一字である。この口も身も、しかしてこの心も、この三つの業がほとんど一つになって、すなわち一心不乱の境涯に到って、初めてそこに信仰の光というものが輝きを発してくる。

今もその通り、何事に出遭っても南無観世音菩薩――とこう口に唱えて身に現わし、心に念じたその時には、そのなかに厳しくいうと、火も焼くことあたわず、水も漂わすことあたわざるものがあるといって、決して差し支えない。このなかには水一滴といえども通ずることができない。火一点といえども焼くことができない。

ゆえに十句観音経には、朝念《ちょうねん》観世音、暮念《ぼねん》観世音、念々従心起、念々不離心、といってある。これは棒読みにしたのであるが、砕いて読めば、朝に観世音を念じ、暮れに観世音を念じ、念々心より起こり、念々心を離れずと読むのである。すなわち夜の明けるから日の暮れるまで観世音を念じて、一刻も南無観世音菩薩ということを心の先から離さない。詳しくいうと、時から時まで、行住坐臥、仕事をしている時でも、じっとしている時でも、寝ている時でも、坐っている時でも、また人に応接している時でも、外に出歩いている時でも、時から時までずっと観世音菩薩の大慈悲心、大智慧、大勇猛心というものを体得して、身口意の三業のうえに実現する。ゆえに念々従心起、――一念一念心より起こると十句観音経に書いてあるのである。

南無観世音菩薩と唱えるのは、衷心の誠から起こってくるので、口にばかり唱えるのではない。心より起こるというのは、すなわち誠の心から湧き出でてくるというのである。明治天皇の御製に、「目に見えぬ神に向いて愧《は》じざるは、人の心の誠なりけり」。もう一言もこれ以上に加えることができない。全くそれである。それが身口意の三業取りも直さず一つになったところで、そこを真言の方でいうと三密の加持という。加持というのは、仏の心が我に加わり、仏の心を我に維持しているのである。言い換えれば念々従心起という願いが我にあり、我に仏の心が達するとこういう。三密の加持というのはすなわちその意味である。

名を聞きおよび身を見、しかして心に念じて空しく過ごさずとこういう。そこにおいては少しの隙間もない。ゆえにこれを深く信ずるならば、家庭のうえにおいても、少なくとも進んで仕事をする力はしばらく措いて、その前に第一に大なる慰安を得るであろう。人間には、苦しいこと、辛いこと、怨めしいこと、悔しいこと、憎いこと、可愛いこと絶え間なく起こって来るのが我々の迷いの常である。情波色浪《じょうはしきろう》の大波小波が絶えず打ち返している。その大波小波のなかに立って、身口意の三業、一心不乱に観世音菩薩を念じたならば、そこに心の慰安を得るであろう。心の慰安を得るだけでは消極的であるが、もう一つ進んで心の力を本としてどんな複雑な世のなかに這入っても、そこに心の据場《すえば》があったならば、安心して仕事をすることができる。こういう時に観世音菩薩は我々に対して活きた仏である。

朝から晩まで愉快に働いて、次から次へと良き希望が心のうちに頭を挙げてくると同時に、感謝の念が常に絶えないのである。人間は希望に生きているといってよろしい。希望なき人間は、いかによく食い、暖かく着て、しかして長生きしても、その存在している意義が失われているので、生きている甲斐がないのである。人間は日々一の希望を無限に重ねて、どこまでも進んで行くというところに生存の意義があるのである。生々世々《せいせいよよ》、堅い言葉でいうと大理想を現わして、世界の大平和に達するまで屈せず、撓《たゆ》まず進むという、そういう理想が湧いて出ると同時に、お礼を申し上げる感謝の念が絶えず日々出てくるのである。

同じような顔をしている我々も、一人一人尋ねてみると、たとえ身は綾羅《りょうら》錦繍《きんじゅう》を纏い、口は山海の珍味に飽き、金殿玉楼《きんでんぎょくろう》に起臥していても、朝から晩まで不平、不満足、不愉快というような、そういうもののなかに苦しんでいる人もある。ああでもない、こうでもないと、何につけても感謝の意、希望を懐くという美《うる》わしい心の失せた人は、何もかも不足不満で、どこまで行っても貪欲、瞋恚、愚癡と、そういう三毒、それから五欲、そういうものに追い回されて大満足の境遇が得られない。いわゆる有財餓鬼《うざいがき》で、いろいろの財宝を持ちながら、餓鬼の心をもって目をつぶっている人が、世界にだんだん多いのである。

しかるに今この大慈大悲の観世音菩薩を、まことに我が身体のうえに実現する、活現する。しかして名を聞きおよび身を見、心に念じて空しからずという次第になってくると、まことに愉快このうえもなく、天をも尤《とが》めず人をも怨まず、大満足の心を捧げて、日々お礼を申しながら暮らすことができる。ゆえによく諸々の有苦を滅するとこういう。

諸々の有苦というのは、今まで前段にあった長行の文のなかに、七難三毒とあるそればかりではない。あるいは四苦八苦、それもいつかお話した。または三苦。つづめていうと三つの苦しみという。ちょっといってみると、同じ苦しみでも苦苦という一つの苦しみがある。その次は壊苦《えく》——破壊する苦しみ。それから行苦《ぎょうく》。仏教の定義では遷流《せんる》を行とする。もし三苦ということに縮めていうならば、今いった通り、苦苦、壊苦、行苦とこういう。

苦苦という文字はぜんたいどういう意味かというと、我々はつまり苦しみの因縁によってここに生まれ出てきて、衆苦といって諸々の苦しみを受けて、朝から晩まで苦しんでいる。苦の因縁によってしかして諸々の衆苦を受けるというのである。それはいちいち持って廻って言わないでも、貴女方がいろいろなものを経験してお出でになったことを観じてみると、よく合点が行く。多くの苦しみの因縁によってここに身を持ち来たって、しかしてさらにまたいろいろのことをして新たに苦しみを受けつつある。こういう工合に観じてくると、片々《かたがた》に楽な方面もあり、また一方に苦しみの方面が廻ってくる。ゆえに苦中の楽、楽中の苦とこういう。

その間にあって大いに自分の心を安んずるいわゆる宗教的安心がなければ、苦に生まれて苦に死ぬ、何ものも皆な苦ならざるはなしである。ただ一の信仰があり、または徹底した力を得たものにあっては、苦しみを転じて楽しみとなすことができる。それだけの作用があって新たに生まれてくると、禍《わざわい》を転じて福《さいわ》いとなすことができる。その差がある。無宗教者と宗教者とを併せ考えてみると、一方は学問あり理屈あり。しかして栄耀あり富貴ありといっても、一点の宗教心なき人は、常に苦しみに生まれて苦しみに死んでいく。それが歴々《ありあり》として現われている。それを苦苦とこういう。

次に壊苦というは、すなわち破壊の苦しみ。これは苦と楽とを比較して考えればよく分かる。ある一つの楽しみが失せた時には必ず一つの苦しみを感じている。いわゆる歓楽極まって哀情多しで、何かこういう快いことをしたとか面白い楽しいことをしたとかいう時に、それが尽きた場合はもはや悲しみ苦しみを感じているのである。世のなかのことは皆それである。壊の字は目前の楽しみが潰《こわ》れたという意味である。それが壊苦。

次に行苦というのは、前にいった通り遷流の苦。いろいろ遷り変わって来る苦しみ。「いろはにほへとちりぬるを」、弘法大師が諸行無常、寂滅為楽の意をいろは歌に作ったように、「わかよたれそつねならむ」、この世のなかは常に遷り変わって行く。ほとんど滾々《こんこん》として流れて尽きないところの水のごときありさまである。

よく何かの本で見たことであるが、例えば婦人の身のうえでもそうで、小供小供と思っているのが、いつのまにか成人して、娘盛りになったかと思うと、もう嫁に行って子を持って母となり、たちまちお婆さんになってしまう。それを何とか面白い言葉に書いてあるが、「世の中の娘は嫁と花咲きて嬶《かか》としぼんで婆々と散り行く」。その通りに違いない。花に譬えてみるとそういうありさまである。若いとか年寄りとか美しいとか醜いとかいううちに、ずんずん遠慮容赦もなしに老い朽ちて行く。何物かが始終我々を追っ掛けているありさまで、常に遷流している、遷り変わっている。そういう苦しみである。

しかしその苦しみも、今申した信仰心でどうにでも取り除くことができる。もしこの真口意の三業で、生きた観世音菩薩を心の誠から信ずることができるならば、よく諸々の有苦を滅する。有苦とは苦しみありというのではない。有《あ》らゆる苦しみという意味である。三界――欲界《よくかい》、色界《しきかい》、無色界《むしきかい》という、つまり欲の世界、色の世界――色恋の意味ではない、それから心のうえの世界とこの三つ、どっちにしても多少の煩悩は免れない。それを総称して三界という。

この三界というものを、もう少し詳しく分けると二十五苦ということになる。衆苦の多き意味からいうと、三界というものも、ずっとしたは地獄、餓鬼、畜生、修羅、これらのところ皆な苦しみあり、それからだんだん人間界それから天上界に及ぶ。それから同じ欲界のなかにも、我々よりも優れた六欲があったり、それから色界には自然的というようなものがあったり、（ちょっと言うだけでは通じないが）それから色を離れた世界――形を離れた世界、心の世界になっても、まだ心が本当の解脱した境涯に到らないから苦しみがある。要するに三界は苦しみであってそのいろいろの苦しみを算えると、合わせて二十五通りになるというのである。これは皆な迷いからくるので、この二十五苦のなかには、今いった行苦ばかりではなく、苦苦、壊苦、皆な含まれているのである。そういう苦しみを奇麗に滅ぼすことができるのは、観世音菩薩のお蔭である。「仮使《たと》い害意を興して大火坑に推し落とさるるも、彼《か》の観音の力を念ずれば」――これを「念ずる彼の観音力」と読む人もあるが、自分の考えではどっちに読んでもよい。ここでは彼の観音の力を念ずれば、と読むことにする。その方が誰にも通じやすい――火坑変じて池と成《な》る。

たとえもしここに悪人があって、我に向かって一つの害意をなす場合があるとも、とこういう。どうも人というものは、ある場合には同胞兄弟と云われると同時に、またある場合には仇敵のごとくになる。こちらではその人に対して何ら悪意を挿《さしは》さまないのに、向こうの人が悪意、害意をもって自分に対することがある。同じ同僚の仲間同士でも、自分が出世をすると隣りの人が嫉み悪《にく》む。女同士でもやはりそうである。一人運が好いと、他の女がそれを羨むと同時に嫉み悪む。また容貌が美しい、自分が及ばないという点から憎み妬《そね》む。はなはだしきは害意を挿さむ。世のなかはそうしたものが多い。それは個人間ばかりではない。それぞれ団体的に行動しているものでも、やはりそういうところが多い。宗教界でも同じ人間の集まりであるから、なかなかそういうことがある。いかにも世のなかは持ちつ持たれつ、お互い睦まじくして行かねばならないのであるが、宗教心が通っていないと、嫉みそねみの心が銘々に起こって、人に向かって害意を起こすようになる。

ところが宗教心があると、同じく害意を受けてもその受け方が違う。普通ならば人から害意を受けると、自分も人に向かって害意を起こすようになるが、宗教心があると、例えば強盗が這入ってきてじきに自分を脅かす時にでも、自分はこれに対して一点同情の念、大慈大悲の心があればその受け方が大いに違う。昔の歌に「人は皆な吉野の山の花と身よ、我を浪華《なにわ》の蘆とこそ思え」。なかなか面白い。多くの人が害意を挿《さしはさ》んで我に向かっても、自分の方から向こうに対して、常に吉野の花みたいなような美しい人と見るがよろしい。また人を使う身分の人などは雇人に対して短所を見るのはいけない。努めて短所を忘れて長所を見るがよい。多くの人を使うにはそうなければならない。

馬鹿といわれる人にも長所があるもので、昔、楠木正成は部下を使うに、そういう遣り方をやったものである。有名な話であるが、正成の部下に一人の馬鹿者があった。他のことは何もできないが、泣くことばかりは上手である。そこで正成はそれでよい、それなら用いてやろうといって、泣き上手を巧みに使って大いに敵を破ったことがある。そういうわけで、人間は努めて人の至らないところを忘れてその特長を認めて使うようにするがよい。

まして況んや迫害の多い世のなかである。向こうがどういう敵意を挿んでやって来まいものでもない。ただ我にこれを受け流す力があれば、敵を化して味方にすることもできる。要するに、人がいかなる害意をもって我に加えるも、受け流す力を養っておけば、何も恐れることはない。すなわち宗教の力、信仰の力があったなら、必ずこれを受け流すことができる。つまり悪意をもってきたものを、我は受け取って善意に解釈する。

蓮月尼《れんげつに》の歌にも申す通り、「宿かさぬ人のつらさを情けにて朧ろ月夜の花の下臥《ふし》」。せっかく一夜の宿を頼もうと思っても貸してくれない。ちょっと考えればいかにもつらい仕打ちである。しかしそれがため、朧ろ月夜に爛漫と咲き匂う桜のもとに仮寝をすることができた。この風流は金殿玉楼に絹布団に包まれて寝るもののちょっと思い付かないことであろう。もしあの時宿の主人が我が願いを聴いてくれたら、こういう楽しみが得られなかったのであろう。他人のつらさがかえって情けになったというのである。なかなか面白い。

やはりそういうことは、宗教心すなわち慈悲心で養って行かねばならない。

たとえ今いかなる人間が、我に向かって害意を起こし、大火坑に推し落としても――こういうことは事実上ないことかもしれない。火の穴のなかに推し落とすというような残酷なことは、形のうえにはあるまいけれども、心のうちに現在する人間の嫉み憎みというものは、人を火の穴みたいなような境涯に陥《おと》すことが多いのである。いつも申す通り、仏経の解釈には理釈と事釈――道理の解釈と事実の解釈と二通りある。事実上の解釈から見れば、大火事が起こると、ポンプやその他あらゆる消防の道具を持ち出して大騒ぎをすれば消すこともできる。現実には大火事を防ぐ道具があるけれども、心の火の大きな場合には、仏は瞋恚の火――怒ることを火に譬えている、瞋恚の火はよく功徳の林を滅すと仰せられている。

こういう文句が経文に出ている。涅槃経に瞋恚の火は諸々一切の善行を破壊すると説かれている。つまり怒る心を火に譬えたので、この文句を道理的に解釈したのである。今日東京には大火事がなくなったが、精神上から見れば到るところに大火事がある。我々人間の皮を被っているものの、心の眼を透してこの人間界を眺めてみると、やはり嫉みそねみ憎みということが、多く怒った場合に心に起こるようである。

昔の人はひとたび怒って天下治まるということもあったが、そういう怒り方ならば別に悪いことはない。むしろ何度怒っても、天下が治まるならば怒るだけいいわけである。しかしこれは公共の怒りで私の怒りではない。天下のため国家のために怒るのである。そういうために昔の人は大いに怒る。また我に向かって腹を立てるのもある。人を怒らずして己を怒る。自分を責め自分を憎むのである。こんなに怠けていてはいけない、こう無慈悲ではいけない、何でも自分をどこまでも叩き上げなければならないといって、我に向かって我を怒るのは、これは怒りの良き怒りである。

（一概には言えないが、）しかしたいていの怒る人は、自分を可愛がる人に相違ない。たとえ他から悪意に仕向けられて、大火坑のなかに推落される境涯になっても、（怒ることは人を使っている人と人に使われている人とによって違う。人に使われている人は怒っても仕方がない。自分の意を通すことができないから怒ることも少ないが、人を使っている人は、怒れば我儘《わがまま》が通る。相手の人が心に服さないでも、怒鳴りつけて服させることができる。怒りの心というものは、仮りに人間に等級を別けると上等の人に害が多い。世間にいわゆる身分の楽な人に怒りの心が盛んなのは、大いに誡めなければならない。どんな浅ましい境涯に推落されても、）腹を立ってどうなる。悔しくて耐《たま》らなくとも、一息、息を翻して、南無大慈大悲の観世音菩薩を心に念じ、身口意の三業を喚び起こしてみよ。怒りの焔《ほのお》ははたと消えてしまう。「香炉上一点雪《こうろじょういってんのゆき》」で一杓の水を注いだようになる。南無観世音の力を念ずるというと、今度は火坑変じて清涼なる涼しいところの池になる。今までは赫《かく》として怒っていたのが、雪のごとき心となって現われるようになる。

「或は巨海に漂流し、龍魚諸々の鬼難あらんに」――これは皆な道理的に解釈すると、初めの長行の文にあった三毒の意味である。巨海というのは大きい海、大洋ということである。海もこの頃大西洋とか地中海とかはなかなか危ない。いろいろな潜航艇《せんこうてい》が出没するとか、敵艦の砲撃があるとかいうので、人命も損なえば莫大な財も失っている。そういうことは事実の海で、恐ろしいことは恐ろしいが、方法によっては防ぎようもあろう。けれども防ぎ難いのは我が精神界の海である。

この大海は愚癡の海、貪欲瞋恚の海、因果の道理も分からず、神仏の実在も認めないというそういう恐ろしい深い海、その海のどん底に漂い流れているとこういう。身体はどういうところに安全に据わっていても、心は常に分からない大海原に漂っている人がある。社会の内面の事情を穿って見たなら、一家庭のうちにも愚癡の海がある。その事実をここにさらけ出したならば恐ろしいものである。いろいろな毒龍も現われているれば、いろいろな悪魚も現われている。事実の海のなかにはいろいろ恐ろしい龍もいろいろ恐ろしい魚もいて、人を悩ましているありさまであるが、我が精神内にあっても、平生はまことに穏やかな長閑《のどか》な海が、ひとたび瞋恚、愚癡、貪欲の念、萌す時にはただちに惨憺たる景色を呈してくる。

巨海に漂流して龍魚諸々の鬼難あらんにという。鬼というのは総て害をなすところのものを鬼という。そういうふうに恐るべきもののなかにあっても、ひとたび大慈大悲の観世音菩薩を心に念じ、身口意の三業をもって、ただに名を聞き身を見るばかりでなく、身体を挙げて現わさねばならない。ゆえに彼《か》の観音の力を念ずる時には、波浪も没することあたわずとこういう。どういう大波小波の驚くべきものがあっても、決して没溺《ぼっでき》することがない。たとえ没溺しても浮かび上がることができる。きっとできる。その実例は観音霊験記にたくさんある。古いことばかりでなく、今の新しい実例もだんだんある。今日はそういう実例をお話しすることは略して、ここまでにしておきます。

観音経講話第十九回

或在須弥峰　為人所推堕　念彼観音力　如日虚空住
或被悪人逐　堕落金剛山　念彼観音力　不能損一毛
或値怨賊遶　各執刀加害　念彼観音力　咸即起慈心
或遭王難苦　臨刑欲寿終　念彼観音力　刀尋段段壊

［和訓］或は須弥《しゅみ》の峰にあって、人の為めに推し堕とされんに、彼の観音の力を念ずる時は、日の如くにして虚空に住《とど》まらん。或は悪人に逐われて、金剛山《こんごうせん》より堕落《ついらく》せんに、彼の観音の力を念ずれば、一毛をも損することと能わず。或は怨賊の遶《めぐ》るに値《あ》い、各々刀を執って害を加えられんに、彼の観音の力を念ずれば、咸《み》な即ち慈心を起さん。或は王難の苦に遭って、刑に臨んで寿《じゅ》を終らんと欲する時、彼の観音の力を念ずれば、刀尋《つい》で段々に壊《え》せんと。

〔講話〕或は須弥の峰にあって人の為めに推し落とされんに、彼の観音の力を念ずれば日の如くにして虚空に住《とど》まる――文字はそう難しくはないけれども、世間的の考えで行くと、お経の文句というものはちょっと見つけない方々には、難しいように思われる場合がないでもない。例えばここに現われているところの須弥の峰というようなことは、世間では常にあまり見受けないところの文字であるが、須弥山説《しゅみせん》ということは、古来仏教では昔から――仏教というよりも印度の古代より須弥山説というような、天文学か地理学で取り扱うべき事柄が広く唱えられたものである。そういうことにかかわって今お話しようとすると、それは一朝一夕には語り尽くされず、また、そういうことはここで詳しくお話しする必要はありませんから略しておきますが、つまり須弥山といっても須弥峰といっても同じ事である。

とにかく世間に山というものもたくさんある。たくさんあるなかに、一番山のなかの山ともいうべき大なる山を須弥山と、こう印度の方ではいっている。須弥山という字がぜんたい原語を移した字であって、元はスメール――原語でいうとスメール山という。一面は瑠璃で、一面は黄金で、一面は銀で、一面は玻璃のようなものでできている。大なる山である。

今日では高い山というと、印度にあるヒマラヤ山すなわち雪山《せっせん》を持ってくる。欧羅巴《ヨーロッパ》でいうとアルプス山、亜米利加でいうとロッキー山である。けれどもなかなかそういう山を持ってきても比較にならないくらい須弥山は広大な山である。その須弥山が中心となって一つの世界ができているくらいである。ところが今ここでは須弥山というもその須弥の山には別に深い関係はない。お経の意味はごく高い高いところにいて、という意味である。

もちろん事実は須弥山という山を借りてきていうのであるが、もう一つ道理的に解釈していうと、精神上における高い山という。もっと平たくいうと、我々の心のうちに聳《そび》えているところの高い山とこういう。どういう高い山かということは、銘々の心にとっくり考えれば分かる。いつもいう通りお経には事釈と理釈と二つの解釈がある。今これを理釈で解釈すると、そういう見方となる。心のすってんぺんに坐っているということである。ここのところを他の言葉で言うと、諸仏の頂上といってもよい。あるいは毘盧頂顬《びるちょうねい》、法身仏の頂き、仏のお頭《つむ》りの頂きなどというも音《おと》同じことである。つまり心の現われであるが、心の一番高いところにいるということである。

これは悟りのうえからいうと、仏と我々とちょっとも変わらないところの心――その心の一番絶頂の高いところという事に他ならないのであるが、どこが心の頂きであるかは悟りという一つの眼をもってとっくりと観ないことにはちょっと分からない。また迷いのうえの心の一番高いところはどこかというと、強情我慢、自分の大我慢心の突っ立っているところがその現われである。また須弥山に譬えられるなかに、迷いのうえの須弥山と悟りのうえの須弥山ということがある。同じ仏教のなかにも聖道門といって、例えば禅宗とか真言宗とか天台宗とかいうような、そういう側《がわ》に属している宗教のうえからいうと、我々の心の一番高いところが取りも直さず仏の心と同じということである。初めから凡夫、初めから仏と、こう二つ別々にあったわけではない。実は大根源《おおもと》を正してみると仏の心も我々の心も皆な一つであるとこういう。そこが仏教を信じるに大事なところである。

仏教では、どこまでもちゃんとそこに心を据えておく。しかし他の宗教でいってみると、そうは言わない。神様と人間というものはぜんぜん根底において別だという。仏教はそうではない。そこが大いに違う。仏教では仏も人も皆な一つである。仏と人ばかりではない。諸々の動物、植物も大もとを正してみると皆な一つであるという。これが仏教の根底になっている。他の宗教のいうように、人間は初めから罪の塊である、神はどこまでも全知全能で、初めからぜんぜん別なものであるとしないところがだいぶ違っている。それであるから、よくそこに眼を着けなければならない。そこで須弥峰といって、ここに出ているのは、我々が悟りの眼をもって心の一番高いところにちゃんと坐っているという、そういう工合に観ておいたらよろしい。

ところがそこに大事なことがある。本来悟るということは迷いがあるから悟りがあるので、迷いというものがなかったら悟りというものもまたないわけである。しかるに迷いというものがわずかに取れたかといって、今度は悟りというところに尻を据える輩《やから》がある。自から悟りという高い山のうえに坐って、総てのもの総ての人間を我が眼下に見下ろすというようなものが世間に少なくない。そういうものは仏の道でない。本当に悟りを開いたものならば、頭から迷いもなければ悟りもないはずである。菩薩方が世のなかに出で働く時にはすでに迷いも悟りも一切忘れてしまって、しかして朝から晩まで働き通すというところにありがたみがあるのである。

例を挙げると、白隠禅師はご承知の通り優れた人であって、そのしたには偉い坊さんもたくさん出ているけれども、世間の側でも優れた人がどっさり出ている。男ばかりでなく女でも白隠禅師に参禅して優れた人がたくさん出ている。なかんずく最も名高いのはおサツという女性である。このおサツは、どういう人であったかというに、小供の時分から賢かったとみえて、十五、六の頃、いわゆる物心が付いてくると、我は幸いにして満足の形を受け得た以上、どうかこれから先き良い縁を得てしかるべき夫を迎え、言わば一生涯楽しい家庭を作りたい。それにはどうしても信心しなければならないといって、そこで高王《こうおう》観音経というのを始終読誦《どくじゅ》していた。程遠からぬ、赤野観世音に祈願を籠めて、「観世音、南無仏、与仏有因、与仏有縁、仏法僧縁、常楽我浄、朝念観世音、暮念観世音、念々従心起、念々不離心」。つまり砕いていうと、朝に観世音を念じ、暮れに観世音を念じ、念々心より起こって、念々心を離れずという誰でも知っている十句観音経、あれを唱えてそればかりに心を一つとして信心していた。

ところがだんだんそれを唱えているうちに一つの境涯を得た。ふいと自分で気が付いたことがある。言わば一つの悟りの眼が開けてきた。そこで態度がよほど変わってきた。ある時自分の部屋に坐っていた時に、そこにあったところの法華経――を自分の尻のしたに敷いて、知らん顔をして何か裁縫をしていた。そこへ彼女の父が不意と這入ってきてそれを見たが、今まで観音様を熱心に信仰して、小さい娘にもかかわらず観音経をありがたがって唱えていたのに、今日はいかなるありさまか、法華経を尻に据えて知らん顔をして坐っている。それを見て父は大いに驚いた。これは何たるありさまである、気でも狂ったのではあるまいか。このありがたい、尊い、もったいない法華経を、どうも女の尻に据えて知らん顔をしているとは何たることぞといって大いに驚いた。

おサツは平然として、「別に何たることもありません。私のお尻とお経とどれだけの異《かわ》りがありますか」と答えて平気でいた。父にはその意味が分からない。そこで白隠和尚のところへ飛んで往って「実は私の娘のことでありますが、常日頃、観音様を信じて信心怠らなかったのでありますが、今日はかくかくこの通りの始末でありまして、私が驚いて何たるありさまだと申しましたところが、別に自分のお尻とお経と異りがないといっております。私は申しわけがない。どうぞ貴下《あなた》からよく間違いのないようにご説得を願いたい」と汗みどろになって訴え出ると、白隠和尚は、「そうか。それならば、試みにこういう歌を――昔からよく人のいう歌であるが、「闇の夜に啼かぬ烏の声聞けば　生まれぬさきの父ぞ恋しき」。そういう歌を書いて見せて、娘が悟ったか悟らぬか、これで試験してみよ」と云われた。

親爺はさようですか、それならそう致しましょうと、その書いたものをもらって持って帰って見せたところが、おサツのいうには、「白隠和尚もやはりそうか。なかなか偉い。私の観ているところと別に違いがない」と笑っていた。親爺はそれを見てますます呆気《あっけ》に取られて、また白隠和尚のところへ行ってそのことを話すと、「それなら連れて来い」ということになって、とうとう白隠和尚の室内に入れてみると、なかなか素人に分からないことをすらすらと捌いていく。相当に骨を折った禅僧でも分からないことを、おサツは尋常茶飯《じょうさはん》のごとくに何の苦もなくすらすらと捌いていく。そういう珍しい娘であった。

しかしながら、須弥峰というただ気高いところに自分の心を据えてしまうと、こういう事にもなる。世のなかのことは何もあくせくするには足らない。嫁入りするとかどうするとか、まるで夢のなかに夢を説いているような状態ではないか。そういうつまらない事に囚われているより、私は一生独身生活をする——近頃新しい女というものができて、いろいろ無茶なことをするのも、やはりそこに尻を据えているのである。おサツも初め小供の時分には、良いところへ嫁入りしたいといっていたのだが、今度は独身生活をしたいといいう。やはり須弥山の峰の高いところの悟りに執着することになったのである。それからどこへも縁付く気色《けしき》がない。親が驚いていろいろ勧めても、もうそんなことは聞きたくないといって、頑として応じない。とうとう親も呆れてまた白隠和尚のところへ連れて行った。

そこで和尚が「お前は仏教が分かったというが、仏教が分かったなら世法が分からないはずはないが」と云われた。これが聴きどころで、仏教が分かったなら世間が嫌だの人間が蒼蠅《うるさ》いなどといっているべきはずでない。仏法が分かったなら世間の法が分からないはずはない。世間の法はどうであるかというに、親子夫婦兄弟一家族、それぞれ分相応に働いて、世のため人のために尽くして行くのである。人間は互いに協同して生活して行くのは、これが世のなかの常である。そうしてみれば、やはり女は人の妻となり母となって、女たる道を尽くして行かねばならない。嫁に行かないの独身生活がいいのといって、何か悟ったような顔をしているのは、まだ本当に分かったのではない。どうだ考えてみよと言われて、（なるほど、悟りを細かくいってみればそれに違いない）おサツもようやくほんとうの悟りの眼を開いて、続いて良縁があって縁付くことになり、しかも長生きして八十いくつまで生きた。

そのくらい長生きしたから、孫もでき曾孫もできたが、孫の死んだ時におサツは悲しんで、立っても寝てもいられない。大声揚げて朝から晩まで泣いて泣いて泣き通した。隣の老爺《おやじ》がそれを聞いて、怪《け》しからん話である、娘の時分から始終白隠和尚について、悟りを開いておりながら、孫が死んだといってわけもなく泣き喚《さけ》ぶとは、実に怪しからん。私が行って忠告してくるといって、おサツのところへやって来て、お前はかねて十分に修行していながら、どうしてそうわけもなく泣いているのかといったところが、おサツは「そのご忠告はありがたいけれども、私の泣くのが、百味の供養よりも千僧の招待よりも孫は喜びましょう。これで孫が往生しましょう」といって、また泣き続けたという話である。後にはそのくらいにまで至った人である。やはり須弥峰というのはそこを指す。

人間はくらいが高くなるとか財産が殖《ふ》えるとか、または学問が上達するとか、総て身分が高くなるにしたがって、そこに尻を据えて安んじる。しかして総てのものを眼下に見てしまうと、ついに人のために打ち落とされることになってくる。須弥峰の高いところを心掛けるのはよいけれども、それに安んじるためについに推し堕《おと》されることになる。たいていそうであるが、ご馳走を喰い過ぎた時にお腹を悪くする。身分の善い時にどうも堕落することになる。修行中は決して間違いがないけれども、世のなかに出ると勤め振りに隙が生じる。そこである。

人からといっても、何も他人から害を受けることではなくて、自分で身を縮めることが多い。人から受けるというよりも、皆な自分の心からである。自分の一種の我慢心が高ぶってきた時に、ついに身をしくじることになるのである。それを指してこういう。こういうことは事実のうえでは観音霊験記などにたくさん因縁話があるが、今は心のうえで解釈する。

或は須弥の峰にあって、人の為めに推堕されるような危険の場合に臨んでも、彼の観音の力を念ずれば、日の如くにして虚空に住す、とこういう。この観音様が人間の心に御座る時は、人間の心に現われ出でられた時で、日のごとくにして虚空に住す。今までしばしば言ってきた通り、観音様は慈悲の団《かた》まりであり、独り慈悲ばかりではなく智慧の団まりである。独り智慧ばかりではなく勇猛精進の団まりである。世間の言葉でいうと、智仁勇とこういう。こっちでいうと、大勇猛心、大慈悲心、大智慧の力とも身ともいう。

こういう観音様を我々が常に信じていると、たとえ独り一室に坐っている時でも、ちゃんと観音様と差し向かいで坐っていると同じことである。何も寂しいことはない。またいかなる不意の出来事に遭った時でも、ちゃんと我が身を守ってくださるのは誰かというと、観音様が守ってくださるのである。またどういう知らないところに進んで行く時でも、常に観音様を念じていると、観音様は我を手引きしてくださる。心に生きた観音様が現われている時には、我々はその日その日に何も不足なく不平なく、煩悩懊悩《おうのう》という心の雲は跡形もなく打ち払われる。今もいう通り須弥山の山の高いところから人に推し堕されるような大危険があっても、ひとたび観音様の慈悲の心、智慧、勇猛心の力を念ずる時は、その身はちょうど太陽が空中に掛かっているがごとくになって、――太陽ばかりでなくこの地球が空中にちゃんと住《とど》まっているようなものである。それを学問上からいうと、遠心力、求心力の作用というが、そういうことは申さなくていい。やはり地球が空に住まってそれで回転しているのは、道に適っているから危険なことがないのである。そのように我が身もこの地球のごときありさまで、ひとたび観音様の力を念ずれば、ちょうど太陽が空に掛かっていて危なくないように、我が身も危ないことがなく、依然としてそこに住まっていると同じありさまである。彼の観音の力を念ずる時に、日のごとくにして虚空に住す、とこういう。

「或は悪人に逐われて、金剛山より堕落せんに」。ここに出ている金剛山ということは、実は前の須弥峰ということに続いて現われる言葉で、須弥山と同じく外国にある山である。これらの事実上の話は、仏経のうちにある倶舎論《くしゃろん》の本文を見れば詳しく分かる。我々が金剛山というと、常に破壊しないという意味をもっている。そういう堅固の山である。その山はどこにあるかというと、やはり我々の心に向かって金剛なるものを尋ねてみると、自然に自分で合点し得ることができる。形のうえからいうと、悪人に追い掛けられて、その高い金剛山から推し堕され堕落せられるというような場合でも、――こういう悪人はここで見ると他人のごとくに思われるけれども、決して他人ばかりではない。我々の精神のうちに、我々自身の心のうちにいろいろの悪人が住んでいる。妙なものである。貪欲、瞋恚、愚癡、それから八万四千の妄想煩悩は、すなわちここにいう悪人とも称すべきものである。

実は本当の観音様になってしまえば、世のなかに悪人というものは絶無といってよい。世間の言葉によくいう通り、渉る世間に鬼はない。本当に菩薩なり仏の身になってしまえば、悪人というものは一箇も半箇もないわけである。実はこの世に悪人の全く絶えないのは、我々始め各々皆な我が心に貪欲、瞋恚、愚癡の心が高ぶって、あるいはまた嫉み猜《そね》み、可愛い憎い、悔しい惜しいというような、そういういろいろの妄想煩悩を我々自身が皆なもっている。それが真になくなってしまったならば、世のなかには悪人は一人もなくなるといってよい。

また人を見たならば盗人と思えというのは、油断するな、油断してはならないと誡めた言葉であろうけれども、これは人と人との関係を注意したので、もしいったん仏菩薩観音を心より信じている者から観たならば、世のなかに悪人はないといってもよいのである。例えば悪人が我を迫害し我を悩ましても、我に仏菩薩の心あり、惻隠《そくいん》の心があるならば、悪人を導いて悔悟せしめることもできるのである。そういう工合で悪人はよそのものではなく、多くは我が心のうちにある。

その悪人に追い掛けられて——実は我が心の悪人に追いかけられて金剛山から滑り落ちる。すなわち迷いの悪人ともいうべき心のために、金剛山から遂に堕落してしまうという、そういう危険な場合に臨んでも、観世音菩薩の力を念じる時は一毛を損するあたわず、卯の毛一本でも決して傷つけない。このくらいの精神でなければならない。我々が観音様を念じる時、卯の毛一本でも損じないという決定された信仰があったならば、卯の毛どころではなく、万々一、首を斬られてしまうような危険に遭っても、決してその害を被ることがない。そういう精神で深く信じて掛かったならば、世のなかどこへ行っても恐ろしいことはない。

あるいは悪人に逐われて金剛山より堕落せんに、彼の観音の力を念ずる時は一毛をも損じるあたわずというこという。これも実例などをお話しすればたくさんあろうと思う。もちろん観音霊験記にはたくさんあるが、その方面でなく心のうえの実例をお話しすれば、雲居《うんご》禅師と云えるは伊達政宗の尊崇した優れた禅宗の高僧であるが、あの人は道の力は言うまでもなく、身体の力も大いにあった。

ある時、雲水旅行中、美濃の青野ヶ原で追い剥ぎに出遭った。だいぶこの和尚は福々しいから何か持っているに違いないというので、持っているものを皆なそこへ投げ出してしまえと、大勢の山賊どもが禅師を取り捲いて迫害した時に、禅師は、そうか仕方がない。それならやろう。おぬし達は大勢で俺は一人だ。欲しくば何でもやる。着物も何も皆な脱いでやる。この身体も欲しくばやりましょう。しかしお前方はこの身体を奪い去っても、どうしてもこうしても奪うことのできないのはこの精神だ。一口にいうと、お前方はこの身体に付いたものは何でも奪うべく、この身体も殺してしまうこともできようが、我が心だけは決して奪い去ることはできまい。それが承知ならば他のものは皆な持って行け。さぁ来いと、どっしりと道の真んなかに坐った。その勢いに呑まれて大勢の山賊どもはぶるぶると震えだした。心の力は偉いものである。とうう剥ぎ取るどころではなく、和尚の精神上の力に打たれたから、山賊どもは閉口して、しまいにはお弟子にしてくれとひた詫びに詫びた。そういう話が本に書いてある。

悟りの力というものであるかもしれないけれども、もう一つ飛んでいうと、観世音の力。南無観世音菩薩の力が吾が全体に感じた時には、すなわち威武も屈するあたわず、富貴も淫するあたわず、貧賤も移すあたわずという力が現われてくる。すなわち彼の観音の力を念ずれば一毛をも損ずるあたわずとこういう。「或は怨賊の遶《めぐ》るに値《あ》い、各々刀を執って害を加えられんに、彼の観音の力を念ずれば、みな即ち慈心を起さん」とこういう。これも今いった話と同じようなものである。怨賊というと、今世が開けたから、人民保護のため到るところ警察が設けられて、どんな片田舎に行っても、そうとう人民保護の道が開けている。したがって怨賊というものも少なく、またそれが現われても、それぞれ処分の法が設けられている。しかしそれは世間並みのことで、心のうえからこれを眺めてみなければならない。

実は怨賊というも、我に仇するは誰か、我が財を盗み去るは誰か、盗人を捕らえてみれば我が子なりけりで、つまり自分の迷いの心が総て怨賊である。この仇敵《あだかたき》、この盗賊は他に住んでいるのでなく、我が心内に住んでいると、そういう工合に眺めるのである。例えばいかなる妄想煩悩、すなわち怨賊が腹一ぱいになって住んでいても、またそれが凶器を携え来たって我に害をなし、我が生命を脅かすような危難に臨んでも、彼の観音の力を念じる時はそういう危ない際どい時に臨んでも、ひとたび観世音菩薩の力を念じる時には皆、すなわち慈心を起こさんとこういう。妙なものである。それほどの恐ろしい怨賊でも、皆な自分の慈悲心に感化せられて、彼等もまた慈悲心を起こすであろうとこういう。

いま昔の偉い尼さんのことを調べてみると、江州に慈門尼《じもんに》という名高い尼さんがある。その家へ盗賊《ぬすびと》が這入った。盗賊に這入られてはたいていの人は驚くであろうが、慈門尼は非常に慈悲心に富んだ人で、盗賊の顔を見るや「お前はそういうふうに盗みに這入るようでは定めて難儀しているのであろう。見れば着物も薄いようだし、この夜中《やちゅう》に腹もすいているだろう。先ず腹を拵えてそれからの事にしてはどうか」といって、自身台所に行ってご飯を焚《た》いて、「さあお前、これを喰《た》べて身体を十分に煖《あたた》めて、それから欲しいものがあったなら、私の庵のうちにあるものは皆なあげるから遠慮なく持ってお出でなさい。しかしただ一つ私のいうことを聴いてください。見れば立派な身体をもつ若い年をしていながら、人を悩めて潜《ひそ》かに物を集めることは辱かしいことである。お前がひとたび不料見《ふりょうけん》を起こしたなら、お前を生んだ親はどんな心持ちをするだろう。お前の兄弟や姉妹は、お前が盗《ぬすっと》をした噂が世間に広まったなら、どんなに肩身が狭かろう。しかしてお前は多くの人に難儀を掛け、多くの役人に厄介を掛けることになる。もしなお深く考えたなら、お前に妻があり子を生んだ時に、お前の子たるものはいつがいつまでも盗賊の子である悪人の末であると云われることであろう。ただ一念のある迷いのために、この世のいつまでも汚名を残して行かねばならない。それが実に可哀相である。どうかこの尼のいうことを聞いてみて、お前の仕方が悪いと知ったなら、今晩限り止《よ》してもらいたい。その代わりお前の欲しいものは一切進上する。盗むのではない。差し上げるから、皆な持って行ってくれ」と、一心に誠を籠めて云われたものであるから、初め脅し文句を並べた凶賊も、この慈門尼の慈悲心に対して、ちょうど朝日に出遭った露霜《つゆしも》のごとくに、恐ろしい心が快く消えてしまったというありがたい話がある。

貴女方は盗賊に出遭った場合でも、また多くの人を使い多くの人と交わる時でも、身を安らかにしたいと思うならば、第一にこういうところに心付けなければならない。怨賊は他にあるものではない。皆な自分の心にある。その怨賊が刀を執って我に害を与えんとする場合においては、彼の観音の力を念じる時、それらの恐るべき輩《やから》も皆なことごとく慈悲心を起こすであろうとこういう。

「或は王難の苦に遭って、刑に臨んで寿《いのち》終わらんと欲する時に、彼の観音の力を念ずれば、刀尋《とうじん》段々に壊《え》せん」。これも実例を挙げるとたくさんある。ちょうど我々の法灯を伝えた祖師が、お釈迦様から達磨大師までに二十八人ある。その祖師のうちに獅子尊者という方がある。この方が時の罽賓《けいひん》国王という王様のために、ついに命を絶たれてしまった。

その時の問答をいま心に記憶しているが、この王様はたいへん乱暴な人で、ある時こういう難問を獅子尊者に掛けた。「お前は未曾《みぞう》有の法を得たというが――一切真実未曾有の悟りを得たというが本当か」。獅子尊者は答えて、「そうです。私は一切その法を得ました」。そこで国王は、「未曾有の法を得たならば、生死《しょうじ》を脱したに違いない――生き死に自由であろう」。獅子尊者また答えて、「及ばずながら何でもないと思います。

生死を脱するものには恐ろしいことは何もありません」。国王は、「そうか、恐ろしいことがないならば、お前の生首をもらおう」と。そういう乱暴なことを言い出した。獅子尊者は「それはいとお安い御用、頭のてっぺんから足の爪先きまで……、元来私はこういうことに執着しません。身体は無論のこと、況んや首一つ何でもありません。差し上げましょう」。そう答えるや否《いな》や、国王はすぱりと一刀のもとに首を切り落としてしまった。と伝記に書いてある。

これは別に観音様に関係はないけれども、観音様を信じていた場合もそうである。それからまた唐の世に、僧肇《そうじょう》というたいへん優れた智慧あり学問ある坊さんがあった。国王はどうしても還俗させようとしたが従わない。道のために命《めい》に従うことができないといって断った。ところが王命に従わないと殺すぞという事になった。殺されても仕方がない。世間法に従ってどんな目に逢っても、道のためには仕方がないといって聴かない。いよいよという場合、刑に臨んで「四大本非有。五蘊畢竟空。以頭臨白刃。猶似斬春風」という偈を唱えて自若として首を刎ねられたということである。

それからまた円覚寺の開山仏光禅師も、元の忽必烈《こつぴつれつ》の乱暴に遭って有名な偈頌を作った。「乾坤無地卓孤筇、且喜人空法又空、珍重大元三尺劔、電光影裏斬春風」、これも名高い偈である。その偈は肇法師の偈から来ている。また態度は獅子尊者から来ている。けれどもそういうことは、皆な力を得た人がやはり十人よれば十人、百人寄れば百人、心の極めどころは一つことで敢えて真似をしたというわけではない。あるいは王難の苦に遭い——今は国王といえども濫《みだ》りに人の首を取ってしまうことはできないが、古《いにしえ》は国王の命令次第のものである。そこでそういうような王難の苦に遭った時、そういう苦しみに出遭って、刑に臨んで寿《いのち》終わらんと欲する時、今この生首を打ち落とされるという危険な場合に臨むといえども、彼の観音の力を念ずれば、刀尋《つい》で段々に壊《え》せんとこういう。

――日蓮上人が龍ノ口《たつのくち》において、すでにこの生首を打ち落とされんとした時に、観音様を念じたため刀の刃が千切れて飛んだという因縁話がある。これは確か前席でお話したかもしれないが、観音の名号を唱えて一心に念じたところで、刀が千切れ千切れに飛んでしまった。そんなことはあるはずはないという人もあるけれども、真に観音の慈悲の力を体得して来る時には、もう刀といえども切れるものではない。刀であろうが石であろうが、そんなものではとうていこれを割き切ることはできない。

昔し漢の李広《りこう》という弓の上手な名高い将軍、それがある時猟に行った。ところが草原のなかに一疋《いっぴき》の虎を見つけた。これこそ好い獲物、射て取ろうというので一心に力を籠めて射たところが、旨く腹を貫いた。飛んで行ってみると、それが石であって虎でない。矢の先きが石のなかに這入っているのだ。そんなことは物質的にあるはずはないというが、精神一到すればそんなものである。

李広将軍はそれを見て驚いた。妙なこともあるものだ。もういっぺん射てみようというので同じく力を籠めてその石を射たけれども、今度は石が跳ね返して通らない。初めから石と思えば射込められないのであるが、前にはここに虎がいると思って、全力を籠めた精神から石を貫いたのである。精神上の力というものは、とうてい物質学者の思い及ばないものがある。まして況んや宗教的信仰……それ以上の信心の力というものは宏大なものである。それがやがて、あるいは王難の苦に遭い、刑に臨んで寿終わらんと欲する時、彼の観音の力を念じれば、刀は切れ切れに折れてしまうということである。

昔から「女の念力、岩をも透す」というが、女に限らず人の精神力はそのくらいの力がある。何もこれが土の力、水の力、火の力、金の力、そんな迷信の力などではとうていそういう力が出るものではない。それに超越したところの力であるから、刑に臨んで寿終わらんとほっするような危険な場合でも、刀が尋《つい》で段々に壊《え》するのである。

日蓮宗などは、龍ノ口の遭難の時にちゃんと日蓮上人が観音を念じたために刀が尋で切れ切れに飛んだのであると今も信じて疑わないのである。今日はここまでにいたしておきます。

観音経講話第二十回

或囚禁枷鎖　手足被杻械　念彼観音力　釈然得解脱
呪詛諸毒薬　所欲害身者　念彼観音力　還著於本人
或遇悪羅刹　毒龍諸鬼等　念彼観音力　時悉不敢害
若悪獣囲遶　利牙爪可怖　念彼観音力　疾走無辺方

［和訓］或は囚われて枷鎖《かさ》に禁ぜられ、手足杻械《しゅそくちゅうかい》せられんに、彼の観音の力を念ずれば、釈然と解脱するを得ん。呪詛諸々の毒薬、身を害せられんと欲する所の者も、彼の観音の力を念ずれば、還《かえ》って本人に著かん。或は悪羅刹、毒龍諸鬼等に遇わんに、彼の観音の力を念ずれば、時に悉く敢えて害せず。若し悪獣に囲遶せられんに、利き《するど》牙爪《がそう》怖《おそ》るべきも、彼の観音の力を念ずれば、無辺方に疾走せん。

［講話］観音経でもだんだんと会をかさねてここまで講じてきたが、いつも申す通り、観世音菩薩は大慈悲

の団まりである。独り大慈悲の団まりというばかりでなく、もう一つ拡げていうと、大智慧の団まりであるといってよい。大智慧ばかりでなく、大勇猛心の団まりであるといってよい。総ての三つがすなわち一つであって、智慧と慈悲と勇、世間の言葉でいうと智仁勇とこういう。

かかる因縁によって観世音菩薩は世のなかに現われて三十二応身というようにどんな者にも姿を現わして、いわゆる人見て法を説くというありさまである。そこで我々お互いもじきに自分自身がすなわち観世音菩薩の現われであるという、それが信仰である。観世音菩薩といってただ向こうに崇めているだけではいけない。自分が元来慈悲なり智慧なり勇猛心なりの表現である。少なくともその片割れであるという、その信仰をずっと初めから貫いていなければならない。

今日のところは、「或は囚われて枷鎖に禁ぜられ、手足杻械せられんに」とこうある。枷鎖といい杻械といい文字は違っているけれども、要するに首かせであるとか手かせであるとか、または足かせであるとかいうことである。我々は従来曾て罪とがを犯したわけでないから、牢獄に囚われて、しかして手かせであるとか足かせであるとか、または首かせであるとかいうような、そういうものを掛けられたことはまだ覚えのないことである。まだそういう目には遭わないけれども、いつも申す通りお経の解釈というものは事釈と理釈という始終その二つがある。

理釈というは道義的解釈である。事釈というのは事実的解釈である。この言葉も初めから幾度《いくたび》か繰り返してお話し致している。その事釈、理釈と仮りに二つの解釈はあるが、なかんずく、我々のいま重きをおくところは理釈すなわち精神的に始終眺めるので、事実は第二である。

お互いは今ここに首かせ手かせ足かせという、そんな汚らわしきものは、何も身につけてはいないと云われるであろうけれども、しかしながらひとたび我が精神界に目を注いでみると、どういう立派なところに住んでいる人でも、何不足なく栄耀栄華に今日を送っている人といえども、自分の内心を振り返ってよく考えてみると、自分はなにかある物に縛られて、抜けようもなく脱れようもなきことに気が付くであろう。そうしてみるとお互いに我々はよしや他から縛られていなくとも、自分自身に縛られているのである。こう調べてみると束縛にもいろいろある。このお経でいうならば七難三毒というようなことが本文においてあったのであるが、七難といっても独り七つに限ったのではない。三毒といっても決して三つに限ったのではない。言わば七難三毒を初めとして八万四千の妄想煩悩というものがあって、それが首かせまたは手かせ足かせとなって現われているのである。

例えば世間の道徳上において、我々は生まれ出でて後ち今日に至るまで、決して人の生命を取ったことはない、盗みをしたこともない、邪淫を犯したこともない、大いなる嘘をついたこともない、とこういう。それらのことを犯しさえしなければ、別に宗教というものの必要はないではないかという人がずいぶん世間にたくさんある。世のなかの実践道徳上から見てわるい事をしないというはまことに結構な事である。しかし、もう一つ切り込んで、それならばその人は果たして安心立命《あんじんりゅうみょう》を得ているか、どうか。いかなる境遇に対しても、今や息を引き取るという絶体絶命の場合に臨んでも、少しも心に煩いないという、その安心立命は得られているか、どうであろうか。そこに到ると道徳から転じて宗教上の大問題となってくる。

そこで立ち代わって我が心を調べてみると、人の目に見えない耳に聞こえないところで、我自身にどうしても許されない安んぜられないある物が必ず心内に横たわれることを覚るであろう。名誉のある者ならば、その名誉に桎梏されていることはないか。財産のある者ならば、その財産というものに桎梏されていることはまったくないであろうか。何かその自分の心に――こういう場合には執着というような字をよく使うが――ひっつく、何かに囚われているようなことはないであろうか。平生をよく考えてみるとなかなか我々は楽々とは行けない。学問があればあるだけ囚われている。

また一種の悟りが開ければ悟りというものに囚われるということが容易には免れ得ないので、迷いをもっていなくなったかと思うと、今度は悟りという重荷を担《かつ》いでいる。迷信はなくなったが、また一の見識という――ことさらに見識というものに羈絆《きはん》されるようになる。迷いがなくなったならば悟りにあてられる。病に悩まされることは免れたが、薬にあてられる。ゆえに本当の悟りに這入ったものは、悟りというものにも拘泥しない。真に仏の境涯に這入ったならば、仏らしいことも忘れてしまわなければならない。ここがつまり我々のいっている宗教家の信仰である。何物にも執着しない、何物にも囚われないと、口にはそういう工合に始終いっているが、本当にそういう境涯に達するにはなかなか努力しなければならない。つまり桎梏といい枷鎖と称するのは、なにも木で造ったり金でこしらえた手かせ足かせ首かせというようなものを指していうばかりではない。やはり一つの見識とか悟りとか理屈とかいうものに囚われるのも枷鎖され桎梏せられるのである。

昔ある坊さんが出て来て、趙州《じょうしゅう》和尚に「一物《いちもつ》不将来の時如何《いかん》」と尋ねたことがある。その時趙州は「放《ほう》下着《げじゃく》」――と答えた。棄ててしまえということである。すると問うた坊さんが、すでに一物不将来である、何にも持っておりませぬのに何を棄てるのでございますかと突っ込むと、趙州は平然として「放不下《ほうふげ》ならば担取《たんしゅ》し去れ」。棄てるものがないというなら、引き担いで行けといわれた。これらの実例をもってそれを自分自身に味わってみると、何物かそこに見出すことができましょう。我々はどうしても桎梏枷鎖なるものに始終繫縛されているのである。

昔の女性にはこの解脱をした人はたくさんある。前にもお話したのであるが、かの千代能は仏光国師に参禅して杻械枷鎖——我れ自身がこの心中にもっている首かせ手かせ足かせを、そっくり解脱しようと骨折ったのであるが、その挙げ句その得た境涯を言い表した歌に「千代能がいただく桶の底抜けて　水溜らねば月もやどらず」というのがある。なかなかしっかりしたところがあり、また徹底しているといってよい。そこまで到って始めて杻械枷鎖なるものを綺麗に解脱したのである。なかなか女性でありながら優れたものである。

また檀林皇后もそういう例の方であらせられて、「もろこしの山のあなたに立つ雲は　ここにたく火の烟《けむり》なりけり」、というお歌をおよみになった。この方は義空禅師に参禅せられて、しかしてこの杻械枷鎖、この閉ざされたる首かせ手かせ足かせを脱せられた時の境涯をお歌に咏《えい》ぜられたのである。

かかることはただ聞いたり饒舌《しゃべ》ったりしただけのことでは何にもならない。お互いに参禅実証というようなことを坊さんなどがよくいうが、じきにその境涯を我がものとするのでなければ、一向ありがたみはない。しかしこういう境涯は必ずしも禅宗でなければ得られないというわけのものではない。浄土宗でも阿弥陀宗でも、この境涯に達することができる。

それについてちょっと実例を思い起こしたのであるが、近世の人で、京都に蓮月という尼さんがあった。この人は宗教上の信仰からして立派な人となり得たのであるが、その生活の様子が誠に洒脱で、少しも囚われているところがない。しかして実に自由の境涯を得て一生を送った人である。当時京都の衣屋に阿部屋《あべや》長右衛門《ちょううえもん》という——今でもそういう家があるようだが、そこの老母が深く蓮月に帰依して、蓮月尼を自分の宅に招待して供養したり、また読経してもらったり、また説教してもらったり、また時々は自分が蓮月尼の家に伴われて善い話を聴かせてもらったりしていた。

しかるにいつ行ってみても、行くたびごとにその内仏に安置してある仏様が変わっている。阿弥陀様を祀っていることもあればお釈迦様を祀っていることもある。それらは本尊様らしく見えてよいのであるが、時によると伏見あたりでこしらえた伏見人形、八瀬大原のあの大原女《おおはらめ》の人形、尻ふりふりやって来る、今でもあの通りやっているが、京都であれを堀河人形という。その大原女の人形を祀っている。なかにもはなはだしいのは太夫《たゆう》、花魁《おいらん》というような人形、そんなものも時によっては祀っている。

老母が内仏を拝んでみると、そういうふうに始終本尊が変わっている。そこで老母が妙なことがあるものだといろいろ考えてみた挙げ句、これは必ず平素、銭金の貯えのない人であるから、立派な本尊が買えないため、それでこういうことをしているのであろう。よしよしそれならば自分が一つ買ってあげようと、金箔付きの本尊を購《あがな》い、それを携えて蓮月尼の庵に行き「実は貴女のお宅の内仏を拝んでみると、お尋ねするたびにいつも本尊が変わっている。伏見人形や堀河人形が祀られている。これは私の心尽くしで持ってきたところの阿弥陀如来。これを進上するからどうぞこれを本尊と祀って拝んでください」と差し出した。

おおかた蓮月尼が喜ぶだろうと思ったに、一向喜ぶ様子もなく、「いやご好意はありがたいけれども、それはどうかお持ち帰りを願いたい」と案に相違のあいさつに老母は一時驚いたが、もしや遠慮するのではあるまいかとも思われたので、「お礼には及びませんゆえ、どうか祀っていただきたい。私のお願いでございますから」といったところが、「遠慮でも何でもない。しかしそう云われれば少し私の考えもいってみるが、実は私がこういう美しい仏をもらってみると、ひょっとすると、仏のためにもう今までの私の安心が動くかもしれない。

仏が美しいというと、ついそれに囚われてしまう。私の安心は何も物にひっ付かないところにあるので、心のなかに常に阿弥陀様があって心のなかに光を放っているから、台所に行ってご飯を喰べる時でも、浄水に行って不浄をなす時でも、そこに阿弥陀様に私の信仰が通じる——なるほどあちらの方の信仰では、浄水場でもよく南無阿弥陀仏と唱えているが、ちょっと見ると可笑しいようであるけれども、実にそうである。どこでも阿弥陀様に通じる——それであるから私は本尊を得ようと思えば得られもしようが、常に仏の心を得ようとするにはその仏の姿に執着しては済まないと思っている。

しかしながら私とて人間である。何か見よりがなければいけない。そこで仏の人形を買ったりするが、それに執着が起こると子供にやって、今度は伏見人形を買ったり堀河人形を買ったりする。そのなかには山姥もあれば太夫もあり花魁もある。仏もあれば布袋もある。ところが日を経るとやはりだんだん執着が起こるからして、次から次へそこらあたりの子供にやってしまう。そうして私は信仰を養っているのであるから、せっかくの美しい立派な仏だけれども、そういう私の安心だから、これはお返しいたします」といった。

蓮月の安心は面白い。わざわざそういう真似をしなくてもよい。立派な本尊を安置して礼拝供養するは結構であるが、迷いに近づかないようにしなければならない。況んや仏の姿に執着しては済まない。そういうことを言ったということがある書物に書いてある。杻械枷鎖というは皆なそれである。何物にか我が心を攫《つか》まえられてはならない。その境涯が明らかに得られたならば、平静に世のなかを送ることができる。世のなかが蒼蠅《うるさ》いの味気ないのと、そういうたいへん打ち込んだ悲観をしたり、または過大な楽観をしたりしてはいけない。聖人は物に凝滞せず、よく世と推し移るともいう。水の流れるがごとく、玉がお盆のうえに転げるがごとく、その心が滞らずにゆかなければならない。そこに到って始めて杻械枷鎖を脱することができるのである。

思わず理屈らしいことにお話がなったが、実はここにある通り、そう難しく云うには及ばない。「彼の観音の力を念ずれば、釈然と解脱するを得ん」とこういう。心においてそういう執着心が起こったならば、これでは済まない。南無観世音、大慈大悲の観世音菩薩と、そういう信仰から現われ来たって、観音の光を心に認める時は、旭に霜の消えるがごとき心持ちになる。私はいろいろの人に会っていろいろの家庭を知っているけれども、なかなか表面から眺めたようなものではない。いろいろのことに心が繋累《けいるい》されているものがたいへん多い。夫婦の間、父子の間、兄弟姉妹の間、表面から見たのとなかに這入って見たのとはたいへん違っているのが多い。そのなかに始終、煩悶苦悩している。これが気の毒であるというので、観音様は常に大慈大悲のお手を垂れて、これを救い上げようというのであるから、心から南無大慈大悲の観世音と、こう一つ念じ来たったならば、釈然としてもつれ来たった糸がさらりと解けるように、解脱することができようとこういう。

その杻械枷鎖がばらばらとなってほどけてしまうから、ここに至って信仰ある人と信仰なき人がちゃんと分かってしまう。財産あり地位あり、何不自由なく栄耀栄華に暮らしている人は、ちょっと見るとよい身分であるけれども、内心一点の信仰なき人は、もしそれかたまたま窮境に陥ったり失意の境涯に落ちた時には、実に憫《あわ》れ千万、世のなかの宝というものは実は頼むべくして頼むべからざるものである。世のなかの財宝には山の宝、水の宝、野の宝、その他いろいろあるけれども、もう一つそれ以上の宝すなわち信仰をもっていなければならない。それを我が物にしておかなければ、まさかの時に出会うと、心がぐらつき出すのである。

「呪詛諸々の毒薬、身を害せられんと欲する所の者も、彼の観音の力を念ずれば、還って本人に著かん」とこういう。呪詛ということは、のろうということである。詛《のろ》いについてはいろいろあるけれども、一種の加持みたいなような祈祷みたいなような、何かこう儀式のような、まじないのようなことをする。加持祈祷といえば立派なことであるが、しかしこういうことはややもするとその人によって迷信になる。迷信であっても場合によると人を欺き己を欺くことができるのである。

ゆえに今日世のなかに立って加持祈祷をしていると、それが不道理不隠徳のことであっても、評判が高くなると門前市をなすというようなことがよくある。本当のことを知っているものが少ないから、山師にこういうことをやるのがたくさんある。生き神であるとか生き仏であるとか云われるのは、実はじきに繿褸《ぼろ》を出して警視庁に引っ張られるのであるが、呪詛というのはまじない詛《のろ》いという類である。

我々は実に寸善尺魔で、一寸《いっすん》善いことをしようとすれば、一尺ばかり……魔が差してくる。悪いことをしようとすれば、加勢してくれるものが多い。下り坂には楽に下りてしまうが、善いことをしようとすれば、上り坂みたいなものである。一足一足にいろいろな難しいことが起こる。必ず善いことをしようという一方には、悪魔が詛っている。我々が一つ努力しようという一方には、惰《なま》けようという悪魔が足許から狙っている。楽しいことには苦しみが付け狙っている。そういうふうな時に、信仰——何か宗教心がなければまことに覚束ない。

今もし我に向かって呪詛し我に向かって毒薬でも盛ろうという者があった時に、——事実上の因縁話は昔からたくさんある。観音霊験記にそういう話はたくさん出ていて、よく分かっているが、ここではおもに精神的に観たらよろしい。そういうふうにして我が身を害する、ややもすれば賊を認めて子となすということが楞厳経《りょうごんきょう》にあるが、盗みは外から来るように思っているけれども、実は心の内に住んで、それを可愛い子のごとくに思っているものが多い。呪詛毒薬、それがすなわち迷いのはなはだしいもの、その呪詛諸々の毒薬をもってこの身を害せられんとする危急存亡の場合においても、自分の手で自分を殺すことが多い。

その時に彼の観音の力を念ずれば、――すなわち我々は元来、慈悲の現われであり、智慧の現われであり、勇気の現われであり、いわゆる智仁勇の凝り固まったところの、この活き活きしたる観世音菩薩ということに、一つ思い返して見たならば、「還って本人に著かん」とこういう。例えば我々がここにいて、我と対するところのその人が、我に毒薬を盛り我を詛《のろ》うという時に、その毒薬や詛いは我に来たらずしてその人にじきに還って行こう。

これは四十二章経《しじゅうにしょうきょう》のなかに、仏がそういう譬えをしばしば繰り返されている。悪人がたいへん仏を罵ったことがある。実に堪えられないほどの罵詈讒謗を逞しくした時に、仏はかえってその者を気の毒に思し召し、その者に向かって云われるに、逆風に塵芥《じんあい》を投じると、その塵《ごみ》は向こうに飛ばないで、かえって投げようとしているその人に向かって来るであろう。これは分かり易い道理に違いない。

あるいは天に向かって唾するがごとくで、浅い目で天に向かって唾液を吐きかけようとする。そうすると唾液は天に到らずして、かえって吐きかけようとするその人に不潔物が落ちてくる。それと同じくお前はいま口汚く罵詈讒謗を恣《ほしいまま》にするが、その罪咎はどこに落ちるぞと、そういうことをさまざま親切に言われたことがある。「還って本人に著かん」というのは、やはりそういう意味である。彼の観音の力を念じれば、還って本人に着かん、とこういう。

「或は悪羅刹、毒龍諸鬼等に遇わんに」。これも事実上こういうことはたくさんあろう。羅刹というのはぜんたい初めにも申したが、あちらの原語を移したのが羅刹で、悪鬼羅刹とよく熟語に使う。つまり善いことを妨げようとするものを悪羅刹という。今もいった通り、世のなかに善いことをしたら人が喜びそうなものであるが、やはり嫉み妬みの世のなかで、善いことをする一方からは邪魔をする。また人が立身出世をしたなら喜びそうなものであるが、それを小さな心より、憎んだり陥れようとしたりする。こういう浅ましいことは政治界などにもよくあるが、その他なにごとでも腕が上がれば嫉まれるというようなことはシナにも日本にもある。シナ日本ばかりでなく、どこに行ってもそういうものであるらしい。

ゆえに悪羅刹のようなものに出遭ったなら、また毒龍のようなものに出遭ったなら、または諸鬼——鬼というのはおにと一口に云われているが、鬼神ということは人の亡くなった後の魂をいい、または漢籍で祖先というような意味にも、鬼神という言葉を使っていることがある。そういうふうに鬼にもいろいろあるが、前にも悪鬼とあり、ここにも悪鬼とあるのは、皆な恐るべきものである。そんなものは文明の世のなかにあるものでないというが、そうではない。それはやがて我が心を一つ顧みると、箱根東に鬼はいないというけれども、我が本心のうちに翻ってみると、悪鬼が常に頭を出している。つまり心の醜いのが鬼になる。

鬼の姿を描いているのをみると、頭に角を生やして、髪は麦稈《むぎわら》のごとく、口は耳まで裂けて、刃のような歯をむき出し、手足に恐ろしい爪が生えて、腰には虎の皮の褌を締めている。皆ああいう工合に描いたのは、自分の心理状態を描き現わしたので、なかなか面白い。地獄の絵を見るとどんどん釜の下に火が燃えている。実は我が本心のうちにも火が燃えており、角が生えている。瞋恚の念、嫉妬の念、憎悪の念が、女のみならず男にも、焔を燃やし角を生やしている。鬼の絵は皆なこの我々の心のうち、すなわち心の現象を巧みに描き現わしたものである。この鬼は世のなかにどっさりある。文明になればなるほどたくさんいる。毒龍もどこかに跋扈しているかもしれない。

その悪鬼羅刹または毒龍または諸々の鬼に出遭って、しかして喰い殺されんとする時に、彼の観音の力を念じれば、時に悉くあえて害せず、とこういう。言わば向こうからいかなる妖怪が現われて来ても、それを皆な我が物にしてしまう。妖怪を皆な我が手のものにしてしまうから、あえて害をなさない。世のなかには昔から人を見たなら泥棒と思えという諺《ことわざ》がある。悪い言葉であるけれども、実は世間の注意を喚び起こす警句である。しかし仏教でいうとそうではない。鬼をも化して仏としなければならない。毒蛇が出て来たならば、化して天龍とする。しかしてそれを我がものにして使う。天龍を八大龍王というほどにしなければならない。悟りというのは、そういう一つの修行をするに過ぎないのである。

どうしても自分の心から総てのものを、過《わざわい》転じて福《さいわい》となし、悪を変じて善となし、鉄を化して金となし、迷いを転じて悟りとなすようにしなければならない。その力の源を考えるに、元来、我は智慧の団《かた》まりである、慈悲の団まりである、大勇気の団まりであるから、今いう通りにもなるのである。そこがありがたい。彼の観音の力を念ずればというのは、そういうことである。

また一つ話を思い出した。ふいふいと思い出すから、次手《ついで》にいってしまうが、大岡越前守《おおおかえちぜんのかみ》というのは、これは誰でも通俗的によく知っている。江戸の町奉行として、多くの公事訴訟を裁いた名判官として知られている。その大岡についての話であるが、徳川八代将軍吉宗のところへある日大岡が登城をした。御前に拝謁すると、将軍の申すに、「お前はたいへん町奉行として令聞がある。人が皆なお前のことを褒める。難しい訴訟でも難しい公事ごとでも、あの通り立派に捌くには、何か種――骨《こつ》があるのだろうと人がいう。予もそう思うが、どんなものか」。大岡、「さようでございます。満更《まんざ》らないこともございませんが」というと、将軍は「予も果たしてそうとは思ったが、どんな種か、それを聞かせてもらいたい」。大岡「さようでございます。正義という種であります。正義は正しい道理で、これが私の総ての裁判をする時の種であります。これによって一切のことを裁くのであります」と答えた。

しかしお互いに考えても、正義正道というようなことは、もと抽象的な言葉で形に現わして見せることのできないものである。それにもかかわらず吉宗公は、「正義という種があるなら、その種をちょっと目の前に取り出して見せてもらいたいものである」とまことに無邪気に言われたのかもしれないが、大岡は、「さようでございます。確かにお見せいたしますが、生憎《あいにく》今日は持ち合わせがございませんから、明朝あなたの目の前に明らかにお分かりになるように、種を携えて来てお目に掛けましょう」と答えた。

ところが傍にいた諸大名は、大岡は種が正義だというが、正義ということは抽象的――これは今日使う言葉でその時分は使わないが――目に見えないものである。しかるにもかかわらず、明日の朝、正義を目の前に現わしてお見せ申そうとお受けいたした。どういうものを持って来るか、これは見ものであるというので、それが大評判になって、翌朝皆な登城して待っていた。そこへ大岡越前守は静々と登城して将軍の前に出て、しかして礼を施し、そうとうの間隔を置いてちゃんと坐って、何か小さなものを風呂敷包から物々しく取り出した。

何かと見ていると、張糊《はりこ》で作った達磨さん、つまり玩具屋にある不倒翁を持って来たのである。しかして真面目な顔をして、それを突き飛ばすと、達磨さんはいったん倒れるが、まただんだん頭を上げて起き返ってくる。前から突き飛ばしても、背《うし》ろから突き飛ばしても直ぐにもとのまま起き返ってくる。右からしても左からしても、いったんは倒れるが間もなく起き返ってくる。そういうことをやって見せた。まるで小供の機嫌を取るようなことをやって見せた。

しかして「正義の種を見せろという仰せであるから、かように持ってまいりましたが、これでお分かりになりましょうか」と申し上げた。――それに違いない、味わうべきである。なんべん倒れてもまた起き返る。正義もその通り、ちゃんと中心点が極《き》まって、なんべん倒れても必ず起き返る。大勢見ていた人が、なるほどそう云えばそれに違いない。さすがは大岡越前守であると非常に感服した。

ところが吉宗公は、「正義はお蔭で分かった。今度は正義とあべこべなもの、すなわち邪なもの――邪道とはどんなものであるか、それを一つ次手にここに現わして見せてもらいたい」。邪道というものを形に現わして、分かるように見せてくれといった。そうすると大岡は当意即妙、まるで手品師のやるように、すぐとまた布呂敷包みのなかから一つの独楽を取り出して、しかして糸でそれを巻いて、放り出して糸を牽くと独楽がごろりと廻りだした。けれどもある時間を経ると漸々《ぜんぜん》勢力が衰えて最後にことっと落ちる。「もういっぺん念のため」といって、またやって見たけれども同じことである。そこで大岡は、「これがすなわち邪道でございます」と申し上げた。

ちょっと見るとただ単なる御伽話のようであるけれども、その意味はこうであります。邪道は一時勢いを得ても、ついに倒れてしまう。消えてしまう。邪道とはかかるものであると、ごく手軽に分かり易く形に現わして示したのである。並みいる諸侍も、さすがは大岡であると感心をしたが、大岡はさらに今度は懐から小判を一つ取り出して、それを不倒翁を横に倒してその上に置いた。そうするとさすがの不倒翁も起き返ることができない。ころっと起き上がるのが不倒翁の性であるが、押さえるもののあるために、それに妨げられて起き上がることができない。

大岡は「この始末がお分かりになりましたか」と、諸侍にぐっと目を注いで、「これはこうでござります。正義というものは、必ず倒れないで起き上がるものであるが、その頭にこういう黄色のものを載せると、いかに不倒翁でも起き返ることができない。我々人間のうちにも、それと同じく正義の頭を抑えられ、正義の働きを縛られている者はないか」とことに厳然として諸侍を顧み、諸君が皆なかかることに注意用心が疎かであるから、往々正義は立つことあたわず、世のなかから隠れてしまう場合が少なからずあるということを暗示したということである。

この話はあるいは幾分か拵えごとであるかもしれないが、道理はすなわち道理である。経文に、「杻械せられ枷鎖せられ」とあるのはやはりそういう事で、皆な自から不正不義の心をもって、しかして自由解脱の心を縛っている、それである。その悪鬼羅刹または毒龍諸鬼等というものは外から来たものでなくして皆な内から生ずるものである。この場合に当たって、彼の観音の力を念ずれば、時にことごとく敢えて害せずとこういう。

「若し悪獣に囲遶《いにょう》せられんに、利き《するど》牙爪怖るべきも」とこういう。これもやはり物と言葉が変わるけれども、意味においては同じことである。独りぶらりと山にでも行った時に、悪獣に出遇い猛獣に出遇ってそれに取り囲まれることがある。けれどもそれは事実のうえの事で、我々の心のなかには、またいろいろの象のごとき虎のごとき狼のごとき、たまには狐、貉《むじな》のようなものがうじうじとして住んでいる。それが心のうちに生きていて、鋭利な牙や爪をもっている。

しかして我々がそれらの悪獣によって害せられんとする場合であっても、「彼の観音の力を念ずれば、無辺方に疾走せん」とこういう。ちょうどこれは物を衡《はか》るようなもので重い方が下がって軽い方が上がる。

我々に対する外境《がいきょう》または内境《ないきょう》というこの観念も、やはりそうである。自分の力が強ければ、言い換えれば、確かなる信念、信仰をもっているならば、外界から来たものは皆なその力に敵することができない。たとえ猛獣に囲遶せられる場合でもそうである。彼の観音の力を念ずれば、猛獣どもも皆な無辺の方に走り逃げてしまう。今日はここまでにしておきます。

観音経講話第二十一回

蚖蛇及蝮蠍　気毒煙火燃　念彼観音力　尋声自回去
雲雷鼓掣電　降雹澍大雨　念彼観音力　応時得消散
衆生被困厄　無量苦逼身　観音妙智力　能救世間苦
具足神通力　広修智方便　十方諸国土　無刹不現身
種種諸悪趣　地獄鬼畜生　生老病死苦　以漸悉令滅
真観清浄観　広大智慧観　悲観及慈観　常願常瞻仰

〔和訓〕蚖蛇《がんじゃ》及び蝮蠍《ぶくかつ》、気毒煙火の如く燃えんに、彼《か》の観音の力を念ずれば、声に尋《つ》いて自《おの》ずから回《かえ》り去らん。雲雷鼓《こ》して電《いなずま》を掣《せい》し、雹《ひょう》を降らし大雨を澍《そそ》がんに、彼の観音の力を念ずれば、時に応じて消散することを得ん。衆生困厄せられて、無量の苦身《み》に逼《せま》らんに、観音の妙智力《みょうちりき》、能く世間の苦を救わん。神通力を具足し、広く智方便を修め、十方諸の国土、刹として身を現わさずということ無し。種々の諸悪趣、地獄鬼畜生、生老病死苦、漸《ぜん》を以て悉く滅せしむ。真観清浄観、広大智慧観、悲観及び慈観、常に願い常に瞻仰《せんこう》せん。

〔講話〕「蚖蛇及び蝮蝎、気毒煙火の如く燃えんに、彼の観音の力を念ずれば、声に尋いて自ずから回り去らん」とこういう。字義はだいたい分かっておりましょうが、蚖蛇と蝮蝎、これはだいたい似よりの蛇の類いである。蚖蛇と一つにいったならば、蛇とかくちなわとかいう類いでありましょう。それから蝮蝎ということは、まむしというような類いで、字書に詳しく出ている。

蝎《かつ》というのは、支那あたりに行くと――初め私は大きいくちなわかまむしみたいなものと思っていたところが、実は小さなもので、とかげの類いである。極く小さな足のあるものである。私は日露戦争に従軍して、支那人の家によく舎営した。向こうの百姓の怪しい家に泊まっていると、高塀や石垣などの間に出てくる小さい虫である。けれどもこれに噛まれると、捨てて置けば命までも取られる。非常な毒をもっているものである。それらの虫を蝎という。

その他、印度辺りに行くと、這い虫の類《たぐい》にいろいろのものがある。私が印度に行った時、印度僧の真似をして、跣足《はだし》で熱砂の上を歩いたが、路《みち》にとかげの大きいようなものが――妙なものがたくさんいて、赤い舌をぺろぺろ出して人に馴れ馴れしく近づいて来る。見つけないと厭《い》やなものである。その他長虫の類がどっさりいる。ゆえにこういうお経の文言の中にも、そういうものが引き合いに出されることが多い。蛇というものは、貴女方のなかにあるいはお好きの方もありましょうが、たいていは嫌いであろうと思う。私は卑怯な話であるけれども、長虫はすこぶる嫌いで、――婦人でも私の知っている方で蛇を愛する婦人もあるから、何ともいえないけれども、普通は気味の悪いものとせられている。

しかし蝮《まむし》であるとか青大将であるとか、そういうものをこれに持ち出したのは実は借り物である。いつも申すごとく事釈といって、事実のうえではそういうものがやはりここに現われるのであるが、その実は理釈といって理観的にこれを眺めてみると、恐るべき、――清姫が大きな蛇に化したとか、また江州にある百足《むかで》山を、百足が六巻も七巻も巻いて、それを田原藤太秀郷が退治したというような昔物語はしばらくおいて、まず第一に我々が常に恐れ慎んでいなければならないのは、銘々のお腹のなかに持っている蚖蛇および蝮蝎でありましょう。

もちろんどんな蛇が我が胸中に住んでいるかと、医者に頼んで解剖してもらったところで、そんなものがいるはずはないが、唯だ一つ貪瞋癡、そういうものがちょっと顔出しをすると、それが七巻き半どころの騒ぎではない。愚癡とか瞋恚とか貪欲とか、一つのものに限られたものではないが、ひとたびそういう愚癡というようなものが、蝮蝎のように毒を含んで現われて来たとすると、なかなか恐ろしい。ただに人を巻くのみならず、自分自身が巻かれてしまう。

昔から蛇は鬼と並び呼ばれて、懐には鬼が住むか蛇が住むかと、そういう意味に使われているが、それがいろいろに形を現わしてきて、ひとたび憎いとか欲しいとか、惜しいとか可愛くて溜まらないとか、こういうようなことに囚われてくると、なかなか恐ろしい。自分の身も巻けば人も巻き、家をも倉をも巻き締めてしまう。なかなか恐ろしいことである。

それであるからよく公平に自分を調べてみると、時々いないはずである蛇が、ひょくりと尻尾を現わしてくることがある。いないはずの毒虫がじきに頭を擡《もた》げてくる。それがじきにお経でいう通り、その恐るべき蚖蛇なり蝮蝎なりのその恐ろしい気毒が、煙火のごとくに燃えるのである、――これが皆な毒をもっている。

我々自身でも、やはり人間の心というものは、（平たい意味において心というものは）毒にも薬にもなる。毒虫でも用いようによっては毒にも薬にもなることは、我々の知っているところである。これが薬の方でなく、毒の方において一つ猛烈なるところの勢いを逞しくしてくると、なかなか恐ろしい。蚖蛇および蝮蝎、気毒煙火のごとくに燃えんにとこういう。烈々たる活火のごとき勢いをもって我に向かって掛かるのである。

表面から見ると、世のなかはいつも天下泰平、人々優しい顔をしていつも観音様のような顔をしているけれども、ひとたび貪欲、愚癡、または瞋恚というような怒りの一念が萌して、ここに毒を含んで現われて来るというと、煙火もただならないまでに燃え上がってくるのである。こういうありさまになったならば、たとえ身は金殿玉楼を連ねた別荘のうちに住んで、柔らかな着物を着、美しい食物を喰べていても、同時に自身は胸中安き心はなく、年中火の車に乗っているようなものである。

しかしたとえひとたびそのなかにあっても、一念の信仰心があったならば――燃え立つ火のなかにいても、大波小波が山をも蕩《とろ》かすような水のなかにあっても、煙火のように燃え立った心でも、香炉上一点の雪ということがある。今燃え立っている火鉢のなかに一点の雪を投ずればじきに融けてしまう。宗教のありがたさはそこにある。

だいたい人間をいろいろに分けてみると、といっては済まないかもしれないけれども、多くの人は自分のために自分を愛して、それでよいと極め込んでいる人がある。そうなると利己一遍である。人はともあれ、自分さえよければそれでよい。こういうことで済ましている人がある。一面から見ると、一点の宗教心もまだ自覚していない人々である。世のなかの我利《がり》我利《がり》亡者悪虫のごときはその連中である。

そこで何かの動機によってひとたび宗教というものが要るような場合になっても、やっとその事に気付いてきたくらいでは、多くは自分のために宗教を信じるとか、自分のために神仏を拝むとかいうくらいに止まる。これらはまるまる神仏を無視しているのではないが、その仏を拝み神を拝むのは、拝んだならば何かそれが自分に禍《わざわい》を変じて福《さいわ》いを来たさしめるだろうと、こういうのである。

ゆえにそこらあたりの神社に行って拝んでいるものを見、また仏閣——例えば浅草の観音様などに行って拝んでいるものを傍《かたわ》らから見ると一生懸命になって多くの人が拝んでいるが、たいていは自分のために神仏を拝んでいるのである。もちろんそれも決して悪いことではない。しかしやはり自利に他ならない。わずかに一銭銅貨を一つ投げて、何かそれを進物にでもしたような積もりで、何か賄賂でも使ったような意味で、そして家内安全・息災延命・商売繁盛・子孫長久というようなことを祈る。

私は敢えてそれをよせというのではないが、何かそこに自分の思う通りに世のなかが行けるように思って投げた一銭で何か好いことを買い得られるような心持ちで拝んでいるのは少し欲が深すぎる。ただ私の遺憾に思うのは、真に報恩報謝とかいう意味で、たとえ五厘銭一つでも投げるという人は割合に少なくて、己のために神仏を拝むとか宗教を信じるとかいう人が存外に多いという事である。

次にそれよりも一歩進んだ者になると、今度は神仏のために神仏を拝み、宗教のために宗教を信じているというようなことも言い得ることができる。それからさらに宗教心が向上して一段進歩してくると、余りそういうことのみをやっていては意義がないということが分かってくる。そこで今度は宗教のために自分を愛するといってもよい、神仏のために自分を愛するといってもよい。政治家でいうと、国のために自分を愛する、世界人類のために自分を愛さなければならないとこうなる。自分を愛するのが職分である。道のためにはやはり自分を愛さなければならない。生命あっての物種である。

そこまで進んで行ったなら、我々は朝から晩まで、行住坐臥の立ち居振る舞い、灑掃応対《さいそうおうたい》の末に至るまで、皆な仏の言葉、神の教えという意味になってくるであろう。そこである。一点その心があるならば、たとえ蚖蛇および蝮蝎、気毒煙火のごとく燃ゆるといえども、彼の観音の力を念ずれば、声に尋《つ》いて自ずから回《かえ》り去らんとこういう。観音の力というのは、いつもいう通りである。大慈大悲の観世音菩薩と一心不乱になって念じたならば、恐ろしい毒虫も逃げ去ってしまうであろう。その事はまず第一に自分の心を省みれば一番明らかである。

これではいけないと悟ったならば、南無観世音菩薩と翻《ひるがえ》って一心になって念ずる。そうすると貪欲も愚癡も瞋恚も朝日の前の霜のごとくに消えてしまう。意味はいつも同じで、そういう側《がわ》に囚われてはならないというのである。

「雲雷鼓《こ》して電を掣し、雹を降らし大雨を澍《そそ》がんに」とこういう。事実のうえから見ればよく分かっている。例えば今日は日本晴れといおうか、まことに一点の雲もないといっていると、どこからか不意と一片の雲が空に現われてくる。それが本で、今まで晴天白日であったのが、今度はたちまち大空一面に墨を注いだ景色、ごろごろと鳴り出し、ぴかぴかと光る。こういう景色は我々の常に見ているところである。

昔の人はなかなか正直で、ここに雷がごろごろ鳴り出すというと、学理の分からない時代であったからそれが神様か鬼のような姿をしたものと思い、虎の皮の褌を締め、大きい袋を背中に背負っているのは、これが風の神で、雷様は大きな太鼓を背負っていて、両手に撥《ばち》を持ってごろごろと鳴らせる。地震は鯰《なまず》のような大きな魚が地下に棲んでいて、それが身振りでもしようものなら、不時に大地震が起こってくると思っていた。可笑しいようであるが、そういう時代があった。

今日、学問の開けた時代になると、ただ雷といって様とも何とも云わない。昔は雷様と、必ず様づけにして、やはり一つの神様のごとくに思っていた。今は雲の一点起こったのもちゃんとその原因は分かっている。どういう気象の配置でそうなるか、よく分かっている。雷の鳴るのも皆な分かっている。学校の子供も知っている。ぴかぴか光るのも、昔はやはり神の働きと思っていたけれども、今日、電信局に行ってみると、そんなものは朝から晩まで使っている。電話局に行ってもその通りである。無線電信の集まるところへ行ってみてもその通りである。昔し神のごとくに思ったものを、今日は子供のごとくに使っている。電車は我々の乗っている車を電気が後押ししていると思ってよい。しかしここはそういうことをいうのではない。

やはり今のように理観的に、これを我が心のうちに籠めてそして考えると、我々の心は平生日本晴れのはずである。それが持ち前であるけれども、一点無明の雲が起こってくると、迅雷風烈というようなありさまになってくる。電気がぴかぴか光り出すというありさまになってくる。人間ひとたび癪《しゃく》に障《さわ》り腹が立つというようになってくると、先ず顔色から変わる。平生の優しい眼付きがほとんど変わってくる。それである。すなわち迅雷風烈のありさまである。雲雷鼓して電を掣せんにというほどに、実に凄まじい景色になってくる。そうなってくると、雹が降りだす、または大雨大風というような大暴れになってくる。

こういうことが多いであろうと思うが、それにはいろいろ調べる道々があって、あるいは監獄署に行ってみるとか、あるいは裁判所に行ってみると、いろいろな罪人が集まっている。……その原因を聴いてみると、たいていは家庭の不和である。それが多いようである。家庭の不和であるとか、あるいは憐れむべき病気であるとか、あるいは四囲《しい》の境遇の悪感化であるとか種々様々であるが、なかんずく今日、喰うに困らない人が悪いことをして行っているのは、それがたいてい家庭の不和から起こった犯罪である。

夫婦はまことに親しむべきもので、偕老同穴《かいろうどうけつ》とさえ云われているのに、その夫婦が他人のような冷ややかさに苦しんでいる人もある。他人のようなのはまだしもであるけれども、はなはだしいのになると仇敵《かたき》同士が集まったようなものもある。我々素人の眼に見るとそう見える。親子喧嘩で来ているのがある。親は慈に子は孝でなければならないはずであるのに、それが情けない敵《かた》き同士の寄り合いのような親子がある。子によって親が殺されることもある。なかなか恐ろしい。それからまた、兄弟仲が悪くて、それが本で罪に触れているのもある。それから使っている人と使われている人とが、どうも意思が疎通しない、情意の調和が取れない。そういうような原因が、一番不幸の本になるのであろう。

やはりそういうことからして、いろいろのこういう現象が現われてくるのであって、雲雷鼓して電を掣し雹を降らし大雨を澍がんに、というようなことになってくる。が、しかしながらそれほどの不幸に陥った場合でも、彼の観音の力を念ずれば、時に応じて消散するを得んとこういう。いわゆるここに一つ思い返すのである。思い返すということは、何かしら宗教的信仰心がないとそれが出てこない。例えば一時腹立って唇を噛むほどであっても、宗教心があったなら思い返すことができる、心機一転することができる。ここに心機一転すれば、時をも待たずして消散することを得んとこういう。暗闇のごとくに拡がっている黒雲も、たちまち跡形もなく消え失せて、やはり本のごとく晴天白日になる。こういうことはしばしばお互いに経験しておられるでありましょう。

「衆生困厄せられて、無量の苦、身に逼《せま》らんに」とこういう。衆生――どうも生きとし生けるところの人は、今いうがごとく困厄ということを免れない。しかし困厄のうちにあって楽しみを得せしめなければならない。いろいろ苦しいばかりではいけない。不自由のうちに満足の心を持っていなければならない。その苦しみのうちにおいて、一つの楽しみを見出さなければならない。渋い柿のうちにおいて甘味を見出さなければならない。それが宗教の力である。

古人はいろいろの言葉をもってその意味を現わしているが、例えば静かなることをいうにも、動顚散乱のうちにおいて静かなることを見出してこそ、始めて重要の意味が現われてくる。楽しいうちの楽しみはそばから見たなら楽しいかもしれないが、他人の見るほど楽しいものではない。毎日ご馳走に飽き美しい着物を着ていながら、朝から晩までこうでもないああでもないと、盛んに不満足が増長してくる。すでに不満の心があれば、どういう金殿玉楼のなかにいても、決して安心のなるわけではない。ゆえに楽しみのなかの楽しみということは、実に本当に楽しいのではない。苦しいところにおいて楽しみを見出してこそ、始めて真の楽しみということができる。

この消息は、ただ言葉でいっただけでは物足りないが、それを漢文などで古人が巧みに言い現わしている。見ようによっては世のなかは苦しみの海である。今こうしてお話しているうちにも、我々お互いはずんずんと年寄って行く。またかく安閑としていてもいつ何時ある病気に襲われないとも限らない。火の手はいつも我が懐に揚がり、悪魔はいつも我が足許を覘《ねら》っている。うっかりしていると、足を掬い取られてしまう。しかしながら、その危険なるなかにおいて楽しみがある。不幸にして無量の苦しみ身に逼るとも、必ず一つの力があってついにこれを脱することができる。

それはどこから来るかというと、観音の妙智力から来る。つまり不満の心のない人が観音の現われた人である。貴女方は立派に行儀正しく見受けられる。観音の慈悲円満の姿をして、瓔珞を垂れて光のなかに坐ってござるとも見える。それはなぜかというと、一点偽りのない心で汚れのない信仰心をもっておられるからそう見える。観音の妙智力というと何か人間とは別なもので、仏に限った力、観世音菩薩の持ち前の力でもあるように思い違いをする者もあるようであるが、決してそういうものではない。

妙智力とは奇妙不可思議……観音は何の現われかというと、大慈悲心、大智慧、大勇猛心、世間の言葉でいうと智仁勇の現われである。もう少し鄭寧《ていねい》に云えば、大慈悲、大智慧の力を実行していくにはどうしても大勇猛心がなければならない。勇猛心は一の決心である。いくら好い考えを起こしても、決断がなければ智慧もかえって迷いとなってくるようなものである。今もいう通り、慈悲と智慧と勇猛心と三つの現われが観音であるが、実はこの三つは三つではなくて一つである。一つになって働いて、そうして妙智力を現わすのである。強い点に至ると、まことに強いところの力である。それは男性的にも現われ女性的にも現われて、いろいろ著しい例がたくさんある。

この男性的に智仁勇を現わし、観音の妙智力を現わした一例を挙げると、四十七士が忠のため義のために、一語でいうと忠義のためにあれだけの力を現わしたのは、観音の妙智力がやはりそういう方面に現われたのである。女性的に智仁勇を現わした例もたくさんありましょう。例えば仙台萩の芝居を見てもそうである。政岡が世にも珍しい智仁勇の力を振るい、そしてあの通り奥州五十四郡の君を安んじ、自分の一分身たる千松を透して、とうとう自分の素志を貫いている。あの婦人は烈女伝を見るとなかなかの烈婦である。政岡が千松に対しての述懐を見ると、実に仁あり義あり、深い女性的の涙の溢れるがごとき心持ちを現わしている。世間誰も知っているところであるが、そういうことはたくさんありましょう。

また例えば三勝半七などを見ても、酒屋のお園のありさまが、いかにも貞順に優しく現われている。今日では着眼点が違うかもしれないが、やはり信仰の現われである。仙台萩の文句のなかに、神や仏のお情けによって、この小さい子供が五十四郡の人々のその決心を固めさす、その犠牲となってまことに国の礎であるということをいっている。なかなかああいう文句にも、優美的にいっているが、偉らいところが現われている。これ皆な観音の妙智力である。観音の妙智力、よく世間の苦しみを救う。ただそれあるがため、お互いに頼もしいので、さもなかったならば、人間世界はただ苦しみの海である。

「神通力を具足し、広く智方便を修す」とこういう。神通力と申すと、いつの場合にも昔から因襲的に、言わば石に花を咲かせるというような迷信をもっている。水瓶から火でも出すとか、瓢箪から駒を出すとか、肉体から後光を放つとかいうようなことを想い起こすが、決してそういうことではない。今もいう通り、雑《まじ》り気のない妙智力の働きで、それはお互い銘々が皆な神通力をもっている。すでに我々が観音の現われとするならば、我々は皆な神通力を具有しているのである。

この神通力によって広く智方便を修するという。方便ということはお経にしばしば出る字である。現に権《ごん》方便《ほうべん》などということもあって方便にいくつもある。自分の目的を達せんがために手を代え品を換え、ついに目的を達せしめる方法便宜が方便である。方便と云えば何か人の知らない秘訣でもあるかというにそうではない。つまり仏が衆生を度せんがために。権智《ごんち》をもって種々善巧工夫して疑いを解き惑いを断じて、一実の真理に帰せしめるのを方便というのである。ゆえに真の宗教は最上の方便なりとさえ云っている。それに違いない。

「十方諸々の国土、刹として身を現わさずということ無し」。こうなってくると、観音様は浅草に安置してあるばかりでなく、京都の清水にも安置してあり、その他所々方々にある。日本のみならず十方諸々の国土で、支那の補陀落山《ふだらくさん》は観音の浄土のごとくに昔からいっている。天竺にもある。そこばかりでなく十方諸々の国土、到るところ刹として身を現わさずということなし。こうなってくると、まことにどこに行っても観音様にお目に掛からないところはない。安心なものである。しかるにこういう信仰心がないと、ある一つの知らないところに行ったり、あるいは一つの遠き国に行ったりすると、当分何でもないことにも不安心な気がする。寂しいような恐ろしいような気持ちが生じるのである。何も頼むところがないから枕刀でもないと寝られない。番人がないと安心ができない、誰か護衛してくれないと、どうも不安心であるということになるのである。

言わば観世音菩薩という信仰が生きて現われた場合になれば、観世音菩薩は我々の父ともなり母ともなり、夫婦の意味にもなろうし朋友の意味にもなろう。観世音菩薩が誓願巡査の意味にもなろう、守刀の意味にもなろうというのである。頼むところが他にあるから、大いに安心の念が生じる。それのみならず、我々が何か手を挙げ足を投ずる、それは何かというと、皆なこれ観世音菩薩の働きではないかというところに立ち戻ってくると、独りでいても淋しいと思わない。不自由とは思わない。何ら精神の動揺なく、一の勇気がそれから起こってくる。それはまことにありがたき一念で信仰心があればこそその通りになるのである。こうなってくると、ところとして身を現わさずということなし。

——ある書物に極楽浄土のありさまを書いてあるが、やはりそうである。鳥が欣々《きんきん》として鳴いている。そこらあたりの木の芽が吹く、そよそよと風が吹いている。水鳥樹林、やはり念仏の声に他ならない。こうなってくると、いつも塵のない公園のなかに逍遥している塩梅である。いつも掃き清めた座敷で安らかに坐っているようなありさまである。それはお互いに各々経験のあることであろうと思う。腹立って堪らない時に、いやそうでないと、何か荒縄で身体を縛られているのが、その縄がばさっと切れてしまったような心持ち、何かそういうふうの経験がたくさんあるに違いない。刹として身を現わさずということなし。「菩薩清涼の月畢竟空《ひっきょうくう》に遊ぶ衆生の心水《しんすい》清ければ菩提の影中に現ず」という。まことにその通りである。「種々諸々の悪趣、地獄鬼畜生」とこういう。諸々の悪趣――十界を立てると、仏以下の世界は皆な悪趣に他ならない。もっともそれは程度問題で、優れているものと劣ったものとあるけれども、皆な悪趣である。そこまで持って行かなくとも、仏以下諸々の悪趣のうちで、なかんずく三悪道と云われるのが地獄、餓鬼、畜生、これが最も苦しい境遇である。我々の住んでいる世界は人間界である。この他どこに畜生、餓鬼、地獄の世界があるかと尋ね廻るには及ばない。この座敷にもある。この世界にもある。裏長屋にもある。裏長屋ばかりではない。立派な家庭のなかにおいても、心の向けようによってはちゃんとある。この地獄のような餓鬼のような畜生のような浅ましい境遇が到るところにある。

昔は人間は神の子であると、仏教でもそういっている。ひとたび信仰心を起こしたものは、仏の御子であるといっている。さるにもかかわらず、現に世のなかが進みつつあるというけれども、一面からいうと退歩するようである。人間の着物を着、人間の顔をしているけれども、ある者は半獣主義などということを唱えている。半分は獣類であると自らいっている。

なるほど我々は迷いの心と悟りの心があって、仏の心というような、そういうものがなくなったとしてみると、そんなものかもしれないけれども、人間が甘んじて半獣的行動をなして憚らないとは、生きながらの畜生である。単に深く考えないで戯談にでもいうならば格別、そうでなく真面目にそういうことをいって、まるで獣類をもって安んじているものがたくさんある。全く生きながらの畜生である。人面獣心で、顔は優しいけれども、心は畜生である。こうなってくると地獄や畜生や餓鬼は到るところにある。

それから「生老病死の四つの苦」。——生まれる時の苦しみ、これも胎内から飛び出してその時始めて生まれたとのみ思っているのは実は迂闊である。また生まれたからとて生まれたばかりですむものではない。七十八十と年の寄った先のことをも考えなければならない。今は健康体である。病気がないというのはまどろしい考えである。細かに考えると、人間の生理状態はどんなものであるか心理状態はどんなものであるか。たちまち生まれ、たちまち死に、たちまち病み、たちまち老いてしまう。これに気がつかずうかうかとただもう欲張り根性ばかりをますます高めて行くというふうになりすましているのは、一面からいうとどうも阿呆らしい気がする。生老病死、この苦しみは実は太陽の光が目の前にちらついているように明白な事柄である。そこで前に云う地獄鬼畜生も、生老病死もひとたび観音の光がさすと漸をもってことごとく滅せしむるということができると、そう説く。

「真観清浄観、広大智慧観、悲観及び慈観あり、常に願い常に瞻仰せよ」。

真観、清浄観、広大智慧観、悲観及び慈観、これは五観と申して、つまり五通りに観念が別れるのである。観という字は、先に「観世音菩薩」について講じた時に一応説明しておいたから、ここでは略するが、つまり観とは観るということである。

観るにも種々あって目で見ることもあるが、それ以上に心で観るということがある。目は閉じていても、心では明らかに観るということがある。ここでは見るとも云わず、また看るとも云わず観《かん》ずというのは意味のあることで、観はさとると訓ずるので、観世音菩薩は一心のうえで三千大千世界のことを皆なご覧になるということである。そこで観るということは見ると同時に聞くこととなり、聞くと同時に味わうこととなり、味わうと同時に嗅ぐこととなり、嗅ぐと同時に触るといってもよいのである。五感のうえでは別々に相違するようにも思われるけれども、観ずるという点から見れば皆な一つである。白隠禅師の隻手《せきしゅ》の音声《おんじょう》何と聞くかということもやはり心のうえで言われたことである。

この五観を教相家風に云うと、真観、清浄観、広大智慧観は自利のうえで、悲観、慈観を利他のうえで講釈するのである。天台智者大師の説に従えば、真観は空観、清浄観は仮観、広大智慧観は中道観となるのである。天台の宗旨はそこに基づくので、これを一心三観《いっしんさんがん》と云って、一心の目で三通りに覚るのである。空観とは世界は真空である。この宇宙この世界を一面からは真空と見るのである。しかし真空というも差別の姿を離れた空ではない。真空無相のうちに山は峩々《がが》として聳え、河は洋々として流れ、鳶飛んで天に戻《いた》り、魚淵に躍《おど》るのである。されば一面からは空であるけれども、また一面からは仮と見る。空とは平等、仮とは差別である。

しかしこの平等と差別というものは、もと二つではない。云わば楯の両面であって、空のうえに万象の姿がうららかに表われる。うららかというも真空に他ならない。法は縁より生ず。法とは一切万象である。法は卒然と見れば混雑を極めているが、この差別相はいちいち原因結果――仏法ではこれを因縁と云うが、因縁によりて生ずるので、因縁を取り去ればそのままに真空である。ここに至るとこの世間を空と見るも一方向き、有と見るも一方向き、空でもなければ有でもない。平等も差別を離れず、差別も平等を離れない。「ありと見てなきは常なり水の月」といってもよいが、これをひっくり返して「なしと見てあるは常なり水の月」といってももちろんいいのである。

しかし空観、仮観とどれほど講釈し、どれほど詮議したところで空と仮、差別と平等と相対峙してどこまでも相手方がある。そこで中道観というものが出てくる。中道観とはまんなかということではない。絶対的にそのまま真理の表われである。空でないとともに有でもない。また空であり有でもあるのであって自由である。

もともと一心は多方面で、同じ富士の山でも甲州で見る富士と、駿河で見る富士とは姿に多少の異いはあるが、富士の山は同じく富士の山であるごとく、真理もそれと同様で、平等から見ると差別から見ると、その趣きが異なるがごときも皆な同一であるのである。

別けて申せば、真観、清浄観、広大智慧観は自から悟った境涯であって、これを利他に及ぼすと慈悲となり、慈悲を二つに別けると慈観と悲観となる。悲観は与楽で慈観は抜苦である。しかしこの二つも仮りの区別であって、抜苦で与楽は与楽で抜苦で敢えて別のものではない。悟りを得てそれを他に及ぼす、それが大慈大悲であるが、観音はこの慈悲の願をもってこの世をあまさず洩らさず救いあげる。それを悲観、慈観というのである。

もちろんここには五観と指してあるが、これは五つに限ったことではない。ひろげれば無量に弘がる。相手次第で無数になる。三十二応身とも云うが、これも三十二に限ったことではない。鏡が万象の影をうつすがごとく、来たる者は皆なあますところはないのである。

観音はかかる菩薩であるがゆえに、常に願い常に瞻仰せねばならない。心を空しうして我以上の者に対するようにせねばならない。あたかも赤子が母親の乳房にすがるがごとくせねばならない。しかしこれは向こうに観音を立ててのことであるが、実は真観以下五観を観音におあずけしておくではいけない。我にもまたこの五観があるのであって、そこまで自覚し、徹底せねばならない。我と観音と別物と見るのは浅い見方である。

観音の御案内により、我もまた何のあらわれであるかと、自から省みてみると、我もまた智慧と慈悲と勇猛のあらわれであって、観音と我とは合わせ鏡のようなものであることがわかる。観音を拝むというのも、他の観音を拝むのではない。仏教者はかくのごとき観念を持たねばならない。自分のものであることを自覚せねばならない。宗教心のない者はどうもそこまでなかなか行きません。自分のこととは気が付かない。

昔、さるところに独りの婆さんがあって、嘆じて云うには、今は世が末になりて、独り人間がわる賢くなって怠けるばかりでなく、鶏までが横着になって昔とは違い、その役目たるときを告げることを怠るのみか、欠伸《あくび》ばかりしているようになって、何となさけないことである、と云われたそうであるが、いずくんぞ知らん、それは鶏がときを告げぬようになったのではなく、婆さんの耳が遠くなって、鶏の声が聞こえないようになったのに気がつかなかったという話がある。自分のことに気が付かないのは、大方こんなものでありましょう。

真観清浄観、広大智慧観、悲観、慈観、これを我物として見ると誠にありがたい、ゆえに常に願い常に瞻仰すべしであります。

例えば人間には魔がさすということもある。そういう場合にもなにか一点の観世音菩薩のごときものが認められ得れば思い返しもし、また気が付くということもあるが、宗教心のないものだと、ついにどん底まで落ちてしまう。大切なことであります。

観音経講話第二十二回

無垢清浄光　慧日破諸暗　能伏災風火　普明照世間
悲体戒雷震　慈意妙大雲　澍甘露法雨　滅除煩悩燄
諍訟経官処　怖畏軍陣中　念彼観音力　衆怨悉退散

［和訓］無垢清浄の光ありて、慧日《えにち》諸々の闇を破り、能く災《わざわい》の風火を伏せ、普く明かにして世間を照らす。悲体《ひたい》の戒は雷《らい》の如く震い、慈意《じい》の妙は大なる雲の如し。甘露《かんろ》の法雨《ほうう》を澍《そそ》ぎて、煩悩の燄《ほのお》を滅除す。諍《あらそ》い訟えて官処を経、怖畏なる軍陣の中にありても、彼の観音の力を念ずれば、衆々の怨《あだ》悉く退散せん。

［講話］「無垢清浄の光ありて、慧日諸々の闇を破り、能く災の風火を伏せ、普く明かに世間を照らす」。無垢清浄の光とは、五観を総合して申したので、一点の汚れもあるはずはない。生まれたままの赤子のようなもので、その境涯は無垢清浄で、何の財産も着物も欲望もない。心のうえにおいてもまたそうである。それ

が生長するに従って次第に汚れてくるが、それをそのままにしておかず、ひとたび自省して気がつくともともと持っている玉のことであるから、汚れはとれて光りを発するのである。

我々が観世音を拝むのは、我々本来具有する清浄の光りを発輝せしめようとするのである。その光を認めるのが慧日である。我々の本来の光りの現われるのは、太陽か雲を破りて日光がさすごときもので、闇というのは物質上ばかりでなく精神界にもあって、あさましき境涯のことを地獄、餓鬼、畜生といって、それを生み出すのであります。

大智度論に「昔ばけものありて、くらがりというものを追い出さんとし、朝から晩まで骨折りて追い立てたが、どうしても去らない。ところへある人が炬松《たいまつ》を持ってきたら、直ぐにいずくへか消え去った」ということが書いてあるが、それとちょうど同じことで、慧日を認めざる間は心の闇はどうしても去りません。

水と火と風のことを三つのわざわいと仏法では云ってあるが、世界がだんだん末期に近づいてくると、衆生の汚れの心から起こる火、迷いの火、瞋《いかり》の火、罪悪の火、それらの火が悉く世界を焼き払ってしまう。山でも川でもまるで灰にしてしまう。それから大風が吹いてきて、今まで焼いたものを皆な吹き飛ばしてしまう。そうして大洪水が起こってきて、何もかもあらゆるものを押し流してしまう。

この大火事の力、大風大洪水の力は非常に猛烈で、火の方は色界の初禅天に達し、水の方は第二禅天に達し、大風は第三禅天まで吹き払ってしまうと云われている。この禅天というのは、いわゆる三界のうちの欲界には六天があり、無色界には四天、色界には十八天ある。その色界の第三禅天まで達するというのであるから、総て物質界のものは皆なこの火、風、水のために蕩かされてしまう。こういうようなことが云われている。

それはおもに世界の終わりあることについていったのであるが、これをじきに我が精神上に持ってきて考えてみると、この大風が我々の精神上に起こることがある。一切の善根功徳を吹き飛ばしてしまう。ことに大いなる火災が生じる。これによって善根功徳の根底まで焼き払って、さらに大洪水というものが起こってくると、これは何もかもまるで洗い流してしまう。その風その水その火は、すなわち貪欲なり瞋恚なり愚癡なりとこう見てよい。いつも言う通り理釈という方で考えてみると、そういうふうに見える。

その災いといえども、この無垢清浄の光をもってことごとく打ち伏せてしまうとこういう。普く明らかにして世間を照らす――この無垢清浄の光は、夜昼なしに照らしたまうのである。我々地球上のありさまからいうと、天体の作用によって昼もあれば夜もあるのである。けれども無垢清浄の光は昼ばかりでなく、夜も照らしている。いつも照らしている。日月は覆盆の下を照らさずといって、お盆を伏せれば日月の光もその下には及ばないというが、この無垢清浄の光はお盆を伏せようがどういう牆壁《しょうへき》を設けようが、またどんな鉄の網を張っておこうが、隅から隅まで照らさないということはない。物質の光は照らすところに限りがあるが、この無垢清浄の光は独り物質界のみならず、精神界までも普く照らしている。道理のうえで隅々残らず照らしている。

やはり自分で考えてみると、それぞれ分に応じて大なり小なりその光を認めることができる。こうなってくると、悲体の戒は雷のごとく震い、慈意の妙は大いなる雲のごとしとこういう、現実においても今日はだいぶ雲を起こして、どこかに雷がごろごろ鳴り出したが、その雷のごとく雲のごとしと、慈悲というものを身体と心の二つにここでは引き分けてみたのであるが、根本は一つである。慈悲の身体というものは、すなわち観世音菩薩のあの通りのお姿とともに我々もここにもっている。この身体がすなわち慈悲の現われである。たとえこれがいささか垢ついていても、また塵がたかっていても、少々綻びた衣を着ていても、慈悲の身体であるということを自分が自覚したうえは、それが荘厳である。我々が肉の身体をもっている以上は、造り飾らなくとも相当の荘厳をもっていなければならない。

慈悲の身体の着物というべきものは何であるかというと、すなわち戒法である。仏教には十善戒というものがあって、それを推し拡めれば比丘の二百五十戒、比丘尼の五百戒、その他、三千の威儀とか八万の細行とか算えには限りもないが、だいたいにいうと五戒でたくさんである。約《つづ》めていうと三聚浄戒《さんじゅじょうかい》である。すなわち第一が摂律儀戒《しょうりつぎかい》、一切悪しきことはしないということ。第二が摂善法戒《しょうぜんほうかい》、同時にあらゆる善きことをしようということ。第三が摂衆生戒《しょうしゅじょうかい》、あらゆる生きとし生けるものを済度しなければならない。救いあげなければならないと、こういう戒である。それを三聚浄戒という。

小難しい話をしないでも、本来戒というものは、世間事でいうと実践道徳のことである。身体がある以上は相当の道徳がなければならない。それを宗教的でいうと戒法という。仏様は我々と違って三十二相という気高いお姿をお備えになっており、八十種好《しゅごう》という美しいところのお姿があったというのも、何の現われであるかというと、戒法を保たれたその現われである。その光というもの、その威厳というものは、あたかも雷の震うがごとき厳かなものである。ちゃんと自分の身体を戒法で固めた人のそばに行くと、何となく威があって、自然に身体が縮むような気がする。威厳というもの、少なくとも威儀というものを相当に保っている人は、何となく冒すべからざる力をもっている。

男女相対している時でも、ちゃんと自分に正しい心を持っていれば、決して邪念を起こすものではない。それが一つの戒である。それが心に隙間があり、身体にどこか懶《なま》けているところがあるから、邪念妄想が起こってくるのである。ちゃんと戒というものに身を固めたものには、何ものも犯すことはできない。そこを迅雷に譬えたのである。轟々と鳴り渡る雷のごとくに権威がある。身体もその通り、心もその通り、その慈悲の心に威力があるというのは可怪《おか》しいけれども、慈悲の心ばせというものは、退いては戒をもって我が身を固め、進んでは慈悲をもって世のなかに現われるという工合に、あたかも大なる雲のごとく、一点の雲といえども推し拡がると、ずっと隅から隅まで空を蔽うようなものである。山でも川でも何もかも雲に包まれてしまうというありさま。すなわち悲体の戒は雷のごとく震い、慈意の妙は大なる雲のごとしとこういう。

これを身口意の三業に分けて云っている人もある。厳密に教相風にいうといろいろあるが、今は略しておく。が、かりに分けていうと、つまり身口意の三業すなわち身体と口と意《こころ》と分けると、悲体の戒は雷のごとく震うというのが身体で、慈意の妙は大なる雲のごとしというのが意、甘露の法雨を澍いで煩悩の焔を滅除すというのが口に当たる、すなわち説法に当たる。この悲体をかざし、この慈意を体して、そうして説法度《ど》生《しょう》と現われたところのありさまは、あたかも甘露の法雨を澍ぐがごときものである。

甘露というものはすなわち一つの薬である。この一滴の雨が薬である。ちょうど長き日照り続きで乾ききっている時に雨が降ると、これを膏《あぶら》といっても薬といっても、または金といってもよい。そういうふうに甘露というものはたいへんに物のために益をなすところの潤いである。これがすなわち仏および観世音菩薩の説法の譬えである。甘露の法雨を澍いで、そうしてその雨に煩悩の焔を滅除するという。ひとたびこの法雨が降ってくると、いかなる悪想妄念でも立ちどころに滅する。

例えば焔々《えんえん》と燃え立っている火のなかでも、水を注げば看る看るうちに焔が消えてしまう。それと同じく我々の心のうちにいろいろの欲念が生じてきても、南無大慈大悲の観世音菩薩と、それに水を注ぎ掛けると、立ちどころに欲念は滅してしまう。ちょうどこれが身口意の三業に分けていうと、甘露の法雨を澍いで煩悩の焔を滅するというのが口に当たる。

「諍い訴えて官処を経、怖畏なる軍陣の中にありても、彼の観音の力を念ずれば、衆々の怨《うらみ》悉く退散せん」という。諍い訴えてということは、訴えを聴く吾れなお人のごとし、必ずや訴えなからしめんと、聖人も言われているが、なかなか人間の間に訴え諍いは尽きないものである。ことに近頃に至るというと、権利というようなことをしきりに主張している。主張するのはあながち悪いわけではないが、つまりたいていのことは道徳上で話がついてしまうはずであるけれども、今の人は道徳上で相談するということをしないで、じきに法律上で訴えるということをする。

法律を楯に取って人に向かう時には、親子の間にも浅ましい訴訟が起こってくる。夫婦という親しい間にもじきに訴訟が起こってくる。こういうところからいうと、一時的な感情は実に浅ましいものである。まことにある一つの恋愛というような点から見ると、実に膠漆《こうしつ》もただならないようであったのが、それがひとたび利害という考えになってくると、まるで敵《かた》き同様である。かえって愛情が濃《こま》やかであればあったほど、それが――ひとたび方角が変わってくると、いわゆる可愛さ余って憎さが百倍ということにもなる。恐ろしいことである。夫婦の間、否《い》な、男同士の間でも、法律上善い方に楯を取ればよいけれども、悪しき方に楯を取って打ち掛かるというと、実に浅ましいものである。

そういう時に道徳上の考えがあり、さらに進んで宗教的信念というようなものがあったならばどうである。いわゆる不言不語の間にそういうものが解け去ってしまうと思う。またいさかいを仲裁しても、そういう心の人ならば解け易いけれども、そういう心のない人はなかなかさばけない。そういうことは実地においてもしばしば出遇うことであるが、偶々互いに欲情のために争いを起こし、そうして訴えて裁判所に行ったとしても、もしそういう心があれば、役所まで訴え出たところで、そこまで行っても願い下げになる。

真にもう観世音菩薩の慈悲ということを信じるにおいては、たとえ訴訟して官処を経ても、または怖畏なる軍陣のうちにおいても――軍陣というものは実に恐るべきものである。いま現に欧州では戦争最中であるが、その方面の話は別として、いずこの国の人も理想は平和である。たとえ理想としていないまでも、少なくとも戦さというものが善くないものであるということは誰も知っている。それにもかかわらず人間は浅ましいもので、この人間界がじきに修羅の巷になることは古来歴史上つねに見るところである。

私も日露戦役にはしばらく従軍して戦争を実地に見てきましたが、それはそれは恐ろしいものである。今日、欧州戦争の噂を聞いても、あらゆる文明の利器を使用して敵味方互いに殺し合うのみならず、強盗もやる、強姦もやる、犬だとか猫だとかいって人間は、平生はそれらの畜類を馬鹿にしているけれども、犬も猫も敢えてしないようなことを平気でやる。人間同士の方がよっぽど残忍酷薄なことをやっているようである。同じ殺すにしても嬲《なぶ》り殺しということをする。盗みをするにも殺しておいて盗む。姦淫もまたそうである。言うことを肯《き》かなければ生命を取るぞといって責める。かえって下等動物には、そういうことは少ないといってよい。その他戦場にはあっちこっちに頭の骨が砕かれているものがあり、手足の千切れて飛んでいるものがあり、火災があり、爆裂弾が破裂する。まことに惨澹たるものである。

そういう境界に立ち入ってみると、云わば人間も素裸《すっぱだか》となるのであって、平生の心持ちとは異ってくる。つまり人間は平素、泰平無事の時には虚栄もし、虚飾もして、なんとかかんとかいって、種々の衣を着ているようであるが、いざ真剣となって、生死の界、修羅の巷に臨んでは、どうしても一切の着物、飾りは脱ぎ棄てて、素っ裸にならなくてはならない。赤裸々になれば、貴族も平民もない。ちょうど生まれ落ちた時には、貧富もなく、貴賤もなく、一様に素っ裸であると同様である。

その素っ裸となった際、真に我が心の力となるものはなんであろうかというに、まことに水火をも避けないところの一つの宗教的信仰であると云わなければならない。すなわちここでいうならば、観世音菩薩の大智慧、大慈悲、大勇猛の現われ、それでなければならない。ゆえに諍訴して官処を経、怖畏なる軍陣のなかにあっても、彼の観音の力を念ずれば、衆々の怨もことごとく退散するであろうという。独り敵や仇がどんどん逃げるばかりでなく、敵をも化して我が味方とすることができる。偉大なる力である。悪しきものを善に化せしむることができる。汝の敵を愛するというような心は、やはり慈悲の心に基づくのである。

こうなってくると仁者は天下に敵なしで、独り仇敵が退散するばかりでなく、ここに退散させるほどの威力があるのである。衆々の怨もことごとく退散せんとこういう。人間はせっぱ詰まらないと、その心は平生もっているけれども現われないでいるのである。いわゆる自覚しないのであるが、こういう場合にそれが現われてくる。

ある外国の一商人が商業上いろいろ画策していたが、その事業が一度ならず二度ならず、皆な失敗に終わって財産はことごとく債権者のために捲きあげられて、家財何一つ残るものがなく、竈の下の灰まで債権者に押さえられた。そこで大いに落胆をして、家に帰って女房に向い、「こう何もかもなくなっては死んでしまうよりほか仕方がない」と、非常に悄《しお》れていた。ところが妻君はなかなかしっかりした人で、「それはお困りだが、しかしそう何もかもなくなりはしますまい。私の身体も債権者にやってしまうのか」と問うた。「そうではない」というと、「この子供も債権者にやってしまうのか」。「いやそれもやらない」。「それならばこの妻がありこの子があり、そうして貴下《あなた》自身もまさか取られてしまうのではありますまい」。「無論それは取られない」。

それならばと、妻君がさらにいうのに、「貴下はすでに子供も残っているし、私という妻も残っている。それよりももっと親しい貴下自身の身体も残っている。何も憂うところはないではありませんか。今度の失敗のごとき何でもありません」と激《はげ》まされたので、商人は平生そのくらいの理屈は知っているが、失敗に遭うと迷うので大いに落胆をしたのであったが、それで勇気を回復した。日本でいうと――身体ありての物種というところだ。

その商人は非常に発奮して、さらばこの身体を使い廻してそうして最善の力を尽くして努力したならば、何のこれしきの失敗を回復することは何でもあるまいと、以前よりも勇気百倍して、再び事業に手を尽くしたのが、後に大成功をしたと西洋の本に書いてあるが、私どもからいうと、子があり妻があるも結構だが、もう少し丁寧にいうと、身体はいかに苛まれても傷つけられても、我が心に実に金鉄をも透すという信仰力があり、この観世音菩薩の無垢清浄の光りを我々が認めていたならば、ただ観世音菩薩のおかげでよいところへやってもらうというような、そういう自利上の事ばかりではなく、また困難を救ってもらってその日を楽に送るとばかりでもなく、いよいよ進んでいかなる困難にも堪え、自分独りのみならず、これをもって世を救い人を助け、進んで已まないところの勇猛精進の力、そういう勇気がここに生まれてこようというのである。そこに宗教の力は偉大なものをもっている。

ゆえに家康公は、どんな戦に臨んでもびくともしないけれども、信仰ある者には実に困る。生命などは何とも思っていない、信仰のために戦うのであるから、その力にはいかなる精兵も及ばないと嘆ぜられたという事である。そういうありさまで、何につけてもそういうような急場に臨んで、本当の力が現われてくるのである。彼の観音の力を念ずれば、衆々《もろもろ》の怨も悉く退散せんというのがそれである。今日はここまでにしておきます。

観音経講話第二十三回

妙音観世音　梵音海潮音　勝彼世間音　是故須常念
念念勿生疑　観世音浄聖　於苦悩死厄　能為作依怙
具一切功徳　慈眼視衆生　福聚海無量　是故応頂礼
爾時持地菩薩。即従座起。前白仏言。世尊。若有衆生。聞是観世音菩薩品。自在之業。普門示現。神通力者。当知是人。功徳不少。仏説是普門品時。衆中八万四千衆生。皆発無等等。阿耨多羅三藐三菩提心。

〔和訓〕妙音観世音、梵音海潮音《ぼんのんかいちょうおん》、彼《か》の世間音に勝る。是の故に須《すべか》らく常に念ずべし。念々疑いを生ずること勿《なか》れ。観世音は浄聖にして、苦悩死厄に於て、能く為めに依怙《えこ》と作《な》る。一切の功徳を具し、慈眼に衆生を視給《みたま》う。福聚海《ふくじゅかい》の無量なるが如し。是の故に応に頂礼《ちょうらい》すべしと。

爾の時に持地《じじ》菩薩即ち座より起って、前《すす》んで仏に白《もう》して言《もう》さく、世尊、若し衆生にして是の観世音菩薩品自在の業、普門示現神通力を聞かんものは、当《ま》さに知るべし是の人功徳少なからず。仏《ほとけ》是の普門品を説き給う時、衆中《しゅうちゅう》八万四千の衆生、皆無等々《みなむとうどう》阿耨多羅三藐三菩提心《あのくたらさんみゃくさんぼだいしん》を発《はっ》しきと。

［講話］観音経の講話もこの席でまずようやく終わりを告げることになりました。それで今日は妙音観世音、梵音海潮音、彼の世間の音に勝れりというところから始めますが、ここに音というようなことが、算えるとちょうど五つばかり出ている。妙音といい、観世音といい、梵音といい、海潮音といい、世間の音といい、別々にこう五つあるとして講釈すると小難しいことになるが、一言に云ってしまえば、全て観音様のご説法は妙なる音声《おんじょう》、ただそれだけで実は事が終わっている。

それならばその微妙《みみょう》なる音声というのは、どういう音声であろうかというに、広くいえば私が今こういう音声で話をしている、その音声がすなわちそれである。今あの庭先で彼処《かしこ》の瀧壺から水がざあざあ音を立てているのも、やはり微妙な音声である。そこらに風が木の葉を吹いてがさがさいっているのもまた、微妙な音声である。そういうふうに広くいえば何もかも妙音でないものはないのであるが、それは我々が外に向かって聴く音声を、ひとたび内に向かって耳を傾ければそこに微妙な音声を聴くことができるというのである。

そういうところを指して、ある学者は先天内容の声というようなことをいっている。先天とは天に先だったというので、生まれぬ先きと同じである。先天的にもっている内容というのは、自分の内に――あからさまに云えば心の声である。その先天内容の声が聴こえたかどうか。それは自分自身で聴いてみなければならない。なるほど音声は耳で聴くに違いはないが、このきくらげを当てにしているばかりでは微妙の音声は聴こえない。さらに進んでこの眼を透して、いっそう明《あか》らさまにいうと心の眼、心の耳を透して見、かつ聴かねば、そこに何らか先天内容の音声は聴くことを得ないのである。つまり悟りを開くといっても、安心《あんじん》を得るといっても、やはりその声を明らかに聴き得るか否かという問題であるのである。

それはもう近世我が禅門の大知識たる白隠禅師という人が隻手《かたて》の声などといってやかましく云ったのは、その微妙の音声を聴きもし聴かせもしようとする大慈悲からのことであった。片っ方の手を突き出しておいて、隻手に何の声があるという。何の声があるというと、何も声がないということに聞こえるかもしれないが、白隠和尚の心持ちでは、この隻手の音声をいかに聴き得るかと、こういうのである。そんなことは、一向わけがわからない、また聴いたところが、それが現時の世事のうえに何の用もなかろうというが、そうではない。そこは大いに考えなければならない。

昔、早合点をする人があって、白隠は隻手の声を聴けというが、つまりそういうことを言うのは、人を悩まし苦しめるためであろうと受け取ったものであるから。一首の歌を作ってこれを嘲った。「白隠の隻手《かたて》の声を聴くよりも両手叩いて商いをせよ」というのである。そんなことを聴いていたところで、何の役にも立たない。それよりも商売に身を入れて、両手を叩いて金儲けをする方が、よほど気が利いているというので、言わば白隠禅師を嘲笑したつもりである。ところが白隠禅師はそれを聞いて、「商いが両手叩いてなるならば隻手の声を聴くに及ばず」と、そういう返歌をやられたということである。なるほど商いにせよ何にせよ、総てのことをさらさらと滞りなく、両手叩いて行けるならば、なにも先天内容の声など聴くに及ばない。畢竟、神といい仏といい転迷開悟というも、言わば無用の感じをなすのであろう。

さてどういうものであろうか。平生無事の時には、お互いになにも入り用はない。毎日、朝早く起きて晩早く寝る、何事も滞りなく無事に済んで、その通り働いて行ければ、それはまことに結構なことであるが、この世のなかのことというものは、朝に夕に期し難い。何事か突然にここに起こってこないものでもない。

昔から妙なことを人がよくいう。一寸先は闇だと。まことにその通りで、聖人でも賢人でも学者でも智識でも今ひと息あとはどうなるかということは、予言することができない。当たるも八卦当たらぬも八卦で、たまたま予言しても当たらないことが多かろうと思う。一面から見るとそういうありさまのものである。

ところが突然として何かそこにあることが起きてくると、その時に至ってたいへんに周章狼狽をするのが我々凡夫の常である。そういう実例は、世の中を捜してみると到るところにある。なるほど思い通り計画は壺に嵌まって行くし、思った通り立派な家もできるし、美人の妻も迎えられるし、ことごとく意のごとくになって行かれるように、人により、また場合によっては思われようが、どういう機会でその運命がたちまちにして引っ繰り返らないとも限らない。はたしてそういう不時のことが起こって来ると、平生は腕力に誇っている輩でも、学問に誇っている輩でもそこに至っては大いに疑いを起こす。これから先きどうなって行くであろうという疑いを起こす。やはり一寸先きは闇の世である。

であるから平生において、先天内容の声といってもよい。白隠の隻手の声といってもよい。南無阿弥陀仏に信仰を立ててもよい。このお経からいえば南無大慈大悲の観世音菩薩と、そこに安心の決着をしてもよい。とにかく平生にその準備をしておかなくてはいけない。誰しも皆な内容を顧みるというと、一種の声を聞く。この声は耳だけでは聞こえまいが、もう一つ心の耳、その耳を聳ってみると常に、言わば仏の常設法、そういうものが盛んに朝から晩まで説法しているのを聞くであろう。

これを説法の声といってもいい、また妙なるところの音楽の声といってもいいのであるけれども、我々は耳を蔽ってその声を聞かないことが多い。説法は常にあるが、ただ耳を塞いでいる。何人といえどもひとたびそこに気が付いて、いかなる音声があるかと熱心に一種の信仰を捧げて耳を傾けてみると、遠方に行ってわざわざ聞くに及ばなかった。この通り一種の音声が絶えず近く聞こえるということに気が付くであろう。そこまで到らないと、いかに妙なる音といえども、それはただ一時的のものである。

今いう妙音といい先天内容の声というのを、白隠禅師は隻手微妙の音声とこういうけれども、これは必ずしも隻手には限らないのであるが、とにかくその声を聞くのが宗教の本領である。そういうところから白隠和尚などは、ある時、「暗みの夜《や》に啼かぬ烏の声聞けば生れぬ先きの父ぞ恋しき」というようなこともいっている。なるほどこの声を明らかに聞き得ることができるならば、生れぬ先きの父母の音声をも親しく聞き得ることができよう。父母のみならず、三世諸仏のご説法をも明らかに聴き得ることができよう。これは大言壮語するのではない。誰しもその道に這入っているものは、聊かなりともそれを聴き得るはずである。東《とう》坡《ば》居士も「渓声即ち是れ広長舌《こうちょうぜつ》、山色豈に清浄身なる無からんや」といっている。こういう塩梅に到るところ皆なこの美妙なる音を聴くことができる。

いやしくも観世音菩薩のご説法は、皆な美妙音、妙音、次は観世音、世音を観ずるという。観ずるという字は見るという字で、分けていうと心で見るという。あるいはもう一つ進んで、聞くと仮名づけている人もある。なぜならば、観世音菩薩は耳ばかり当てにしているわけではなく、耳でも目でも鼻でも舌でも身でも心でもこの六根によって、六根一致したところに音声を聞き得るのである。世音といって無量無辺の音声を、明らかにお聞きになることができる。こういう工合になってくると、あるいは取り換えて「見る」といってもよい。昔の人は耳で見よ、眼で聞けといっている。こういうと悟り臭くなるのであるが、実はそれが当たり前である。大灯国師の歌に「耳に見て目に聞くならば疑わじ、自ずからなる檐《のき》の玉水」というのがある。面白い。ことさらに耳で見て目で聞くという。つまり見るのも聞くのも六根全体でする、嗅ぐのも六根全体で嗅ぐ。味わうのも六根全体で味わう。心のうえからいうならば、この心、身、舌、鼻、目、耳が一緒になっていろいろに働いている。そこに立ち戻って考えてみると、自ずからなる檐の玉水で、玉垂れの水がまことにちょろちょろ流れているのが、瀧の音のごとくじゃぶじゃぶやっているように聞こえる。やはりその通りである。

次に梵音、海潮音という。梵というのはいつもいう通り浄《きよい》という意味である。清浄の浄で清いということである。梵音ということは浄音というと同じ意味である。これが聞き得られたならば、いかなる汚濁の響きでも、世間の淫靡なる謡でも言葉でも、どんな不浄なことでも皆な我々にとって清浄化する。自分の信仰の力、少なくとも修養の心の力で、不浄のものも淫《いや》らしいものも、皆な我に持って来ると清浄化して、まことに正しき大雅の音として聞くことができる。それを梵音という。海潮音というのは、潮というものは誰も知っている通り満潮もあれば干潮もある。常に干満というものがある。月の廻りに随って満ちたり引いたりする。天地自然の法則というものが潮にある。それのごとくに観世音菩薩のご説法も、時に随い場所に応じて各々よろしきを得ている。それは今まであった通り、三十三応身十九説法は皆なそれである。

それをここに綜合して持ってくると、勝彼《しょうひ》世間音《せけんおん》で、この音声は彼の世間の音に勝れりとこういう。世間の音声というものも数限りはないが、そのなかにおいて最も勝れたところの音声である。この音声というものは嘗て汚れることもなく嘗て滅することもないのである。是のゆえに須く常に念ずべしで、こういう尊き音声であるがゆえに、すべからく常念をして、寝ても覚めても心をここに置かなければならない。いつも申す通り観世音菩薩は慈悲ばかりではない。慈悲と共に智慧をも備えている。智慧ばかりではない。さらに勇気をも備えている。この慈悲と智慧と勇気の塊《かた》まりが観世音菩薩の現われなのである。常念というのはそこに心を据えておかなければならないというので、是のゆえに須らく常に念ずべし、念々疑いを生ずること勿れとこういう。

それは信仰が確立しないと、「そんなことはない。そういう観世音菩薩がどこにござるか。どこに神様があるか」とこう疑う。自分の狭い心、小さい心をもってしかして疑いを生じる。それゆえに廻り遠い言葉であるけれども、この身を正しくすると同時に、この目を開いて、さらにこの目を明らかにしなければならない。そのことを天眼通といったり、あるいは五神通といったりいろいろあるが、皆なそれである。決して念々疑いを生じることなかれとこういう。

「観世音は浄聖《じょうしょう》にして、苦悩死厄に於て、能く為めに依怙と作る」――今までずっと詳しいことは言い来たったから、重ねては云わないが、浄聖というのは仏というと同じことである。もともと観世音菩薩が菩薩として現われたのは、仮現《けげん》といって仮りに現われたのである。その本体は初めに申した通り、正法妙如来といってもともと仏様である。しかし仏様としては余りに位《くらい》が高過ぎて、衆生の手を執って教化するに都合が悪いから、ご自分から身を下して菩薩位に就き、しかして男のような身体を現わす時もあれば、女のような姿を現わす時もあり、十九説法三十三身といろいろさまざまに姿を変え、それから七難三毒、ことごとく皆なその苦しみから救い上げてやろうというので、菩薩として身を現ぜられたのである。ゆえに観世音は浄聖にしてとこういう。

「苦悩死厄に於て、能く為めに依怙と作る」。苦悩ということは、これも先前来しばしば申した四苦八苦というような類で、たびたびお話したから、今ここではくどくど申さぬでもよい。我々はただ楽な方面ばかり見ると、浮か浮かしていかにもこの世のなかが楽に見えるけれども、他の苦の方面を眺めてみるとなかなかそうではない。実に我々の身体は苦の容器みたいなようなものである。そこに宗教心のあるかないかが分かる。平生この心の養いがあるかないかがそこで分かる。

いろいろの苦悩に出遭った時に――いろいろの災難厄難はたくさんあるけれども、一番苦しいのは死の一事である。この時に当たって宗教心のあるかないかによってたいへん趣きが違う。実は私も近頃珍しいことに出遭った――これまで亡くなった人に引導を渡してくれという頼みにはしばしば出遭ったが、世の中が進んだためか死に臨んでまだ息を引き取らないうちに、一言半句でもいいから話をして安心を与えてくれという依頼を受けた。予《かね》て私はそう思っていたが、死んだ後に引導を授けたりいろいろお経を読んだりするのは、ありがたいものではあるけれども、実は生きているうちに安心を極《き》めてやらなければならない。また私は宗教者としてその人の精神を救ってやらなければならない。少なくとも一種の慰安を与えてやらなければならない。それがむしろ本当だと思っていたが、近頃そういうことに出遭った。

一月以来、瀕死の枕元にそういう話をだいぶいたしたが、最近においても――名は言わないけれども、なにとぞ親の心として娘はすでに病が激しいために、言わばその方は箸を投げてしまったが、せめては息のあるうちだけは幾分なりともその苦しみを少なくしてやりたいから、何か話をしてもらいたいということであった。そこで往って話をした。その時両親も枕元に一緒に座っておられたから、簡単に話をして、まず第一に両親に向かって、いま言ったことが貴下方《あなたがた》に分かったかどうかと訊ねた。ところが奥さんは私には分からないと云われた。なるほどそれはもっともであるが、何か平生信仰をもってござるかと問うと、平生何も仏や神を拝んだことがないという。拝まんでもよいが、何か深く心のうちに落ち着けておくことがあるかというに、そういうことも一向ないという。最愛の娘がいま死のうという時に、そういうふうでは困る。当人よりも貴下方が宗教というものはどんなものであるかを承知していてもらわねばならない。この際に宗教心を喚び起こしてもらいたい、及ばずながらこれからお相手になるから、と申しておいた。

思うにこの人ばかりではない。世のなかにずいぶん身分の尊い、貴族とか富豪とか云われているのは結構であるが、精神的財産はどうであるかと考えてみると、そういう身分の人でも存外、精神的に貧乏な人がたくさんあろうと思う。これはその人々に免れないことであるから、我々宗教者はそこに一言半句でも、工夫を尽くしてしかして一つの安心の道を説いて聞かせなければならないと、こう思う。

別してそういうふうに死に臨むと、人間は平生と違って偽らない心が現われるからと思って、いま息を引き取ろうという娘に、小さい数珠を一つ持って行って与えた。だんだん考えてみると、この際難しい話を聞かせたところが仕方がない。それよりも簡単に安心のできるようにと、私は珠数を持って往って娘に授けて、苦しくなった時にこの珠数を握って口で南無観世音菩薩と念ずるだけでもよい。とにかく苦しい時にはちゃ、い、んとこの珠数を握っているよう、これを握っていさえすれば、少なくとも大なる苦しみは減るであろうと申したところが、いろいろ喜んで、当人は莞爾《にっこり》として病苦も薄らいだようであった。先だって両親が出て来て、あの時珠数をやってくださったので病人がたいへん喜んでいると申していた。私はかげながら喜んでいる。

平生は何と言っていても、苦悩死厄ということになると、いろいろの疑いが起こってくる。いろいろ恐ろしい感じがする。将来はどうなるであろうと心配になってくる。そこで妄想がいろいろ起こってきてなかなか苦しい。それによって想い起こすが、これはご承知の通り今の陸奥広吉《むつひろよし》伯、あの方のおとうさんの陸奥宗光伯は、世のなかで剃刀大臣などと云われて切れ味の好い人であった。

ちょうど日清戦争の時、馬関条約の談判の際にはあの人が外務大臣で、総理大臣の伊藤公とともに全権大使として、これから馬関に乗り込まねばならない時に、ちょうど十六、七の唯だ一人の最愛のお嬢さんが痛ましい病気に罹っていた。まことに気がかりであったけれども、しかし国家の一大事に臨んで、さような小さな家事にかかわっている暇がない。そこで出立の折り家人に対し「この条約が立派にできあがるまでは、いかなることが家に起こっても、よしこの娘が死んでも知らせてよこしては困る」と堅く申し付けおいて、それから馬関に行かれた。

ところがだんだん条約の談判が進んで、もう調印するばかりというところまで至ったところで、ある日伊藤公が陸奥さんを見ると殊に顔色が悪い。どういうわけか。だんだん談判が片付いて調印するばかりであるから、喜ばしいわけであるのに、今日に限って顔色の悪いのはどうしたことであると不審されると、陸奥さんは、「実は調印ということが新聞に伝えられて、それを家のものが見たものか、もはや娘の病気も命旦夕《たんせき》に逼っている。一日も早く帰ってくれ、娘が存命中にもう一目お目に掛かりたいといっているということを申し越した。それが気掛かりになる」と答えました。伊藤公が、「そういうことなら、こちらはもはや印を押すばかりであるから、さっそく帰ったらよかろう」と言われると、「いやそうでない。出る時に調印が終わらなければ帰らないと言い遺してある。自分はそういう決心であるから、この一大事が終わらなければ帰らない」といって、肯《き》かなかった。

そのうちに調印が済んだので、さっそく帰ってみると、もはやお嬢さんはまるで死に瀕している状態である。そこで枕許《まくらもと》に行ってだんだん慰めて看護していると、お嬢さんがこういうことを言い出した。「お親父《とう》さんにお尋ねしたいが、私は医者が何と言おうが、もう死の決心をしましたが、さて決心はしたが死んでどうなるものでありましょうか」と言われた。もういっぺん云ってみると死んでどこに行くのであろうかと、こういうことをご自分で陸奥さんに訊ねた。

あの人は有名な弁者ではあったが、その問いに対しては何としても返事ができない。これが田舎の爺さん婆さんならば、気休めを言っても済むのであるが、お前が死んだら阿弥陀様の傍へ行けるとか何とか気休めも言えるのであるが、最愛の一人娘の死に対してはそうは言えない。さっぱり答えることができないで大いに窮せられた。その時よほど考えた。自分は政治界に身を起こして、幾十年の間いろいろやって来た。また権力の点からいっても富の点からいっても名誉の点からいっても、いろいろの俗世界の望みはほぼ達しているが、いま娘の死に臨んでの問いに対して答えができないことを思うと、今までしたことは夢みたようなものである。今日そのことを顧みると実にばかげたことである。どんな立派なことをしても、それは俗世界のことに過ぎない。精神界のことはまた別問題であると、いろいろ考えた末に、さすがは陸奥さんの答えである。

「それはもっともの話であるが、お父さんにはどうなるか分からない。ただお前も知っている通り、お前のお母さんがこの病気以来、毎日毎日観音様を信心している。殊に月の十四日十七日には参詣をして、最愛の娘の死ぬのも生きるのも観音様にお任せしたと、私にもそういって信心している。我々親としては、その通りお前の死ぬも生きるも大慈大悲の観音様にお任せして、それで安心している。それより他にしようがない」といったので、お嬢さんは死にかけているけれども、まことに顔色まで好くして、それはありがたいといって思わず観世音菩薩の名号を唱えたのであるが、間もなくこの世を去ってしまわれた。

これは事実話である。そういうふうに苦悩死厄の時に臨むと、人間の本当のことが現われるものであるが、それは平生現わすようにしなければならない。先ほどいった先天内容の声、白隠禅師の隻手の声というのは何のためであるかというと、そういう場合に臨んでびくともしない心を鍛錬するための修行である。これはお互いによそごとではない。この苦悩死厄の時に臨んで、観世音菩薩はよくために依怙をなしたまう。まるで赤ん坊が何よりも自分の母親を大慈に思っているように、ことに子にとっては、赤ん坊の時代に何が一番権威があり何が一番ありがたいかというように、親ほどありがたいものはない。ちょうどその通り、子が親に寄り掛かっているように、我々凡夫が観世音菩薩を念ずる時は、観世音菩薩はよくために依怙をなしたまう。

その観世音菩薩は「一切の功徳を具し、慈眼に衆生を視給う」。そのことは前に述べたことが皆ここに引っ掛かってくる。あらゆる功徳を具えているということがどこに当たるかというように、皆な大慈大悲のなかにくる。どうぞして苦しみを脱《のが》れさせたい、どうぞして楽しみを与えたいと、この誓願のなかに一切の功徳を具えて、しかして慈悲の眼をもって衆生を視給い、これは可愛いこれは憎いと分け隔てなく、皆な精神的に我が生みの子のごとくにご覧になる。そういうありさまであるから、「福聚海の如く無量なり」という。その聚の字は鈴生《すずな》りに物のなっている時に使う字である。無量なる福、無量なる徳、実に譬えていえば海の辺際なく測り知られないほどに広大無辺なるところの福である、とこう信じるので、「是の故に応に頂礼すべし」——この貴き頭をも下げて観世音菩薩の足下に礼拝せよとこういう。もう世のなかがだんだん進んで行くと、観世音菩薩に限ったことはないが、とにかくも自分の心のうちに一つの守り本尊がなければならない。

そこにまことに純潔なる雑じり気のない精神的の光りを放っておらなければならない。殊に自分の位《くらい》が高くなればなるほど、身分が楽になればなるほど、精神上世間の他のものよりも、高い望みを達しよう、快楽を得ようとするのが常である。心のうえに楽しみがないから、ついに物質的、肉体的の楽しみを求めるようになって、それが誤りの本となっていろいろのことになって行くのである。自分一人の善行は一家族の善行ともなり、推し拡めれば社会全体の善行ともなるべき徳を具えているのである。悪いこともその通りで、自分独り勝手にするのであるから、人のご厄介にならないというのは浅はかの考えである。いささかの罪科を犯しても、それが自分の親子兄弟一家内はもちろんのこと、推し拡めれば社会一般に影響を与えるので、ちょうど水のなかに小さい波紋ができれば、それがだんだん遠方に波及するようなものである。

ある時、昔のある大名の領内において、たいへん立派な鯉が捕れた。目のした三尺か四尺もあるようなたいへん珍しい鯉が捕れたのである。それを人民が殿様に献上したところが、これはたいへん珍しいといって、もちろんそういう活きたものであるから、大きな盥を作って水を満々と注いで、そのなかに泳がして殿様がご覧になった。たいへん珍しいからせめて一家中に見せてやりたいと、殿様からお触れが出た。そこで藩中のものが皆な容姿《すがた》を改めて、裃《かみしも》を着て殿様の御前に出てくると、「他でもないこういうものを領民から献上したから、皆な見るがよい」とあって、盥をそこへ出された。見ると、果たして立派な鯉が盥のなかに悠々として泳いでいる。

一同はこれを見て驚嘆しているばかりであったが、その時殿様の云われるには、「このなかに誰か扇を持っているものはないか。持っている者はこの鯉の頭を叩いてみよ」。何の意味であるか分からないので、お互いに顔を見合わせていると、家中で最も名高いところの撃剣の先生が、それなら私が叩いてみましょうと、扇を右の手に堅く握って、力いっぱい叩いたから、驚いたのは鯉である。もう涼しくて好い、日は永いし風は吹くし水は冷たいし、と我一人の世界のように悠々と泳いでいるところへ、不意打ちにがんと喰わされたので、大いに驚いて跳ねたから、その跳ね汁が一生懸命に頭を集めて眺めている大勢のものに振り掛かった。よそゆきの裃が皆な水だらけになってしまった。

ところが殿様は一向、平気な顔付である。「いや今日はたいへん良い教訓を得た。私はじめお前たちも得たであろう。活きた教訓を得たであろう。かりそめにも我々が不善をなし乱暴をしたならば、その科《とが》が我一身に止まらず、一国にも禍いを及ぼすだろう。もし一家の首長が乱行をするというありさまであったなら、独り主人一人に止まらず、親子兄弟一家族皆な禍いを被るのである」。――それを衛生的に眺めてみると、例えば流行病のごときも、その人一人の災難ではなく、ひいて一家内、一町村に禍を及ぼす――。「今日はまことに活きた教訓を得た。鯉が跳ねただけであるがお前たちは飛沫を蒙った。ここを平生よく心掛けなければならない」と、殿様が一同を誡められたという話がある。

そういうことは調べてみるとたくさんあろうと思う。たまたま一家の主人たるものが、ある恐るべき罪悪を犯したために監獄に囚われた。ところが残った妻がそれを心配して、ついに気が狂ってしまって、自分は赤ん坊を残して鉄道往生を遂げたというような話が、たくさん新聞に出ている。それから最愛の娘をよそに嫁入りさせて、その親が不心得をしてたいへんな罪悪を犯したために、ついに罪せられることになったから、娘は嫁入り先の親から断られた。ああいう罪人の娘を我が嫁にはしておけないというので、娘が里に帰ってみると、親は監獄に行っている。しかも自分は懐胎していて始末に窮するというようなことがある。そういうことが世のなかにたくさんある。また最愛の娘であったが、それがついに不義のことをしたために、そのため親も面目を失い、栄職を捨て家名を毀《きずつ》けるのみならず、ややもすると社会の風教にも影響することが世間にないではない。そういう人は平生何か信仰でももっているか、何らか宗教心をもっている人であるかというと、そういうことは極めて稀れである。

平生憧憬《あこがれ》ているのはただ虚栄のみ、ただ金銭のみ。表面は幸福のように見えて、貧乏人から見れば羨ましいと思うであろうけれども、実はどっちが仕合わせであるか分からない。むしろ我々のような世間外れの人間から見ると、そういう富貴の家に生まれるのが仕合わせか、貧乏の家に生まれるのが仕合わせかは疑問である。どっちとも団扇を上げることができない。そういう時に宗教心を早く心に喚び起こして、世のなかを楽々と暮らしたら、そういう難儀なことはあるまい。ただこの場合に望むところは、偽らざるところの心の現われである。宗教心の現われである。偽らざるところの心とはまことの心に他ならない。この心は天にも通じ地にも通ずる。そこで観世音菩薩は慈眼をもって衆生を視給い、福の聚まること海の無量なるがごとし、このゆえに応《ま》さに頂礼すべしとこういう。

いま申したところまでを正宗文《しょうじゅうぶん》といい、この後を流通文《るずうぶん》とこういう。「爾《そ》の時に持地菩薩即ち座より起《た》ち」——持地菩薩というのは、世間でよくいう地蔵菩薩のことである。地蔵菩薩というのは慈悲心をもって一切衆生に代わって苦しみを受けるのが本願である。それが大勢の大士の座より起って、前《すす》んで仏に申していうに、世尊よ、もし衆生あってこの観世音菩薩品の自在の業、普門示現神通力を聞かば——自在の業というは、初めに申した通り七難、三毒はこれを免れしめ、二求《ぐ》といって二つの求めるものを得させる、これが自在なる観世音菩薩の仕業である。

それから普門示現神通力というのは、洩らさず余さず一切のものを、前から来ても後ろから来てもどっちから来ても、悉く救い取って逃がさないとこういう。それがすなわちだいたいからいうと、三十三身、十九説法の神通力である。ただ三十三、十九という数に限られたのではない。無量無辺あらゆる変化がこれに籠もっている。それが普門示現の神通力というのである。これが冥益《めいやく》、顕益《けんやく》といって、冥々のうちに現われることがあり、明らさまに現われることがある。自在の業が冥益で、普門示現が顕益である。皆それがここに含んである。そういう自在の業、普門示現神通力のあるお方である。

若し衆生あってそれを聞く者は、「当《ま》さに知るべし是の人の功徳少なからず」――一心にこれを聞くということも功徳少なくない、それすら知らない人が世間にたくさんある。ここにまだ、だんだんいうべきこともあるけれども、今日は先ずざっと云っておきましょう。

「仏是の普門品を説き給う時、衆中八万四千の衆生、皆な無等々阿耨多羅三藐三菩提心を発しき」――これからは阿難尊者の言葉である。総ての経文を結修せられた方で、今ならば編集長みたいな阿難尊者が、この言葉を添えられたのである。仏がこの普門品を述べられた時、八万四千の衆生――これも理釈という道理的解釈から見ると、八万四千というのは数多の数というばかりではない。我々の精神界におけるところの八万四千の妄想煩悩とこう見てよい。

いま事実として見ると、八万四千の衆生が皆な無等々阿耨多羅三藐三菩提心を発したという。無等々などとこういう熟字は分かり難いが、較べものもないということで、言い直すと仏とこういう。釈迦、世尊その他の名では較べるものがだんだんあるかもしれないが、仏だけは三界の大導師であるから較べものがない。ところがこの無等々というのはその仏に均しいというので、我々といえども皆な仏に等しいところの阿耨多羅三藐三菩提心を発するという。阿耨多羅三藐三菩提心というのは原語であるが、それを訳すと、阿耨多羅というのを無上――この上もないとこういう。三藐というのは正等《しょうとう》――正《まさ》しく等しい。三菩提というのは正覚《しょうがく》――正《まさ》しく覚る。すなわち続けていうと無上正等正覚と、こういう塩梅に翻訳している。お経によっては無上正等品とあって、覚の字を品としているのもあるが、どっちでもよい。

つまり真の仏の悟りとこういう。悟ったところの仏の境涯とこういう。これは仏が独りこれを得られたのみならず、観世音菩薩のご説法を聴聞し、観世音菩薩の大慈大悲のみ手に救い上げられたものは、いかなる凡夫もことごとく阿耨多羅三藐三菩提心——仏と同じ心を得られる。その菩提心をここに現わすと、こういうのであります。

観音経講話　終

解説

円覚寺に釈宗演老師という方がいらっしゃいました。明治時代から大正の初めにかけて活躍されました。同じ歳に生まれた人には秋山好古や坪内逍遙などがいます。まさしく、江戸時代が終わって明治時代になり、日本が近代化に目覚めた、日本の大事な時に生まれた方でした。

円覚寺は、ご承知の通り、鎌倉時代に執権北条時宗によって建立されました。幕府の庇護を受けて成り立っていました。鎌倉幕府が滅びましても、足利氏もまた夢窓国師のおかげで、円覚寺の黄梅院を足利家の菩提所として、足利幕府からも庇護を受けてまいりました。さらに徳川時代になっても、代々の将軍が円覚寺のお舎利を拝むことを望んでいましたので、円覚寺はそれまで同様に幕府から守られていました。将軍が円覚寺に来て拝むこともあれば、江戸城にお舎利をお運びして、開帳したりしたようであります。明治時代まではそうして時の政権に守られていたのです。

しかし、明治になって、徳川幕府が滅びましたので、円覚寺などはその基盤を失いました。さらに、この時代になると廃仏毀釈ということが行われて、お寺が壊されたり、僧侶は還俗させられたり、仏教は大きな打撃を受けたのでした。

そんな中を、円覚寺では、今北洪川老師という類い希れな禅僧を管長に迎えて乗り越えることができました。さらにそのお弟子の釈宗演老師によって、近代化という大きな波を乗り越えて、一層発展することとなりました。

今日、禅というと、ZENと表記されて、そのまま世界で知られる言葉となっています。世界に禅が知られる、そのきっかけを作ったのが円覚寺の釈宗演老師でありました。明治二十六年（一八九三）、シカゴで万国宗教会議が行われた時に、釈宗演老師が日本仏教の代表の一人として渡米されて、講演されたのがその嚆矢でありました。

釈宗演老師は、安政六年（一八五九）に、福井県高浜に生まれ、一瀬家の次男として育ちました。

後に円覚寺の朝比奈宗源老師が、宗演老師のことを追想して、「体格はやや小で蒲柳の質であったが、気性は活達雄偉、頭脳は明晰俊敏で、一生涯老師の特徴として知られたあの炯々として人を射る眼光も、ただ禅道修行の結果としてのみといい切れない先天的なものがあったようである」と評されているように、幼い頃から非凡なところがあったようであります。

福井県、若狭のあたりからは、当時多くのすぐれた禅僧が世に出ています。相国寺の大拙承演、妙心寺の越渓守謙などが出ています。越渓老師は、宗演老師にとって親戚関係にあったようで、十二歳の折りに、越渓老師の弟子となって出家されました。

越渓老師は、当時京都の妙心寺で、僧堂を開単するということに努めていて、妙心寺内の天授院に修行道場を開きました。そこで十二歳の宗演老師は育ちました。朝などは薄いお粥を修行僧達と共にいただいて、経典や語録など主に漢籍を学ばれました。

本格的な禅の修行は、十五歳になって、建仁寺の俊崖老師について始めました。ここで宗演老師は、後に建仁寺の管長になる竹田黙雷老師と一緒に修行されました。このお二人は後に、東の宗演、西の黙雷と称せられるように、東西の日本を代表する禅僧となりました。奇しくも、二人がそれぞれ円覚寺の管長と建仁寺の管長になったのは、同じ明治二十五年（一八九二）でした。宗演老師は満三十二歳、黙雷老師は三十九歳でありました。

さらに、宗演老師は、十八歳で三井寺の大宝律師について、仏教学を学ばれました。宗演老師は、大変に頭脳明晰であられ、天台教学も早くに我がものにされて、大宝律師からは天台宗に替わらぬかと勧められたほどでした。

そうして十九歳になって、岡山の曹源寺で儀山善来禅師について修行されます。この儀山善来という方は、今北洪川老師のお師匠さんであります。洪川老師は三十二歳の時に、当時四十五歳だった儀山善来禅師について修行されています。宗演老師は当時七十五歳の儀山善来禅師について修行しましたが、その頃の儀山善来禅師はすでに隠居されて、修行といいながらも身の回りのお世話をなさっていたようであります。

さらに明治十一年（一八七八）、宗演老師二十歳の時に、円覚寺に来て今北洪川老師について修行を始めました。今北洪川老師は、その少し前の明治八年に岩国の永興寺から円覚寺にお出でになりました。明治十年にしばらく閉単していた円覚寺の僧堂を再開単された頃でした。そんな洪川老師について修行を始めて、宗演老師はわずか五年で修行を完成され、印可証明を受けられたのです。

まだ二十五歳で老師と呼ばれるようになりました。もちろんその当時の円覚寺の修行道場には宗演老師よりも先輩の修行僧も大勢いました。そんな中には、後から入ってきて数年で修行を仕上げた宗演老師を快く思わず、円覚寺を出て京都の相国寺に移った者もいました。その方も後に円覚寺の管長になっていますが、そんな騒動が起きるほど、宗演老師の修行の進む速さは群を抜いていたのでしょう。

宗演老師はその後、仏日庵の住職になり、さらに横浜の永田の宝林寺の僧堂で修行僧の指導をなされました。普通でしたら、円覚寺の今北洪川老師の後継者として順調に過ごすのでしょうが、この後の宗演老師は常人の域を超えた活動をなされました。

まず、慶應義塾に入学して西洋の学問を修めました。宗演老師二十七歳でした。ここで五十一歳の福沢諭吉とご縁ができました。福沢諭吉はあまり特定の宗教を信奉することはなかったのですが、宗演老師には一目置いておられたようです。その後も宗演老師を外護なされました。

この慶應義塾での学問も、お師匠さんの洪川老師が猛反対されたように、当時としては異例のことでした。しかし異例はそれにおさまりません。さらに宗演老師は、なんとスリランカに渡って仏教の大元を学ぼうとされました。遠くタイの国から、正式な戒律を日本に伝えたいという思いがあったようなのです。そして原始仏教といいますが、仏教の原典を学ぼうとされたのでした。

このスリランカ行きの体験は宗演老師にとって大きな意味を持つものとなりました。足かけ三年程の滞在でしたので、言葉が通じなかったこともあり、教学を学ぶには十分ではなかったようです。また帰りにタイの国に到り、そこで正式に戒律を受けて比丘となって、日本に戒律を伝えようとされたのですが、なんとタイに着いた時には、すでにタイの国では安居の修行期間に入ったところでしたので、入門を許されなかったのでした。そこで無念の思いで帰国されました。

さらに、もう一度タイに行こうとされ、メナム川の河口で停泊した折りに、大きな体験をされました。それは、旅費も不十分なために、客室にも入れず甲板で過ごされるという有様でした。ろくに食事も与えられなかったと言います。いよいよタイに入る前に、メナム川の河口に停泊して、客室にも入れませんので、甲板で辛抱していますと、蚊が大挙して襲ってきました。日本の蚊と違って大きな蚊であります。顔に蚊が止まって払うと、足に止まる、足を払うと手に止まると、どうにもならない状況になりました。

そこで宗演老師は、昔の祖師達を思いました。お釈迦様も前世で、自分の身を飢えた虎に施されたこと、我が身を鬼に食わせて教えを学ぼうとされたこと、左の臂を断ちきって達磨大師に道を求めた慧可大師のことなど思い起こされ、古の道を求めた人は我が身を省みなかった、自分は十二歳で出家してからろくに親孝行もしていない、ではせめて、ここでこの我が身を思うぞんぶん蚊に施して供養してあげようと思い立ったのであります。

そこで甲板の上で服を脱いで真っ裸になって坐禅されました。蚊の大軍は宗演老師の全身を貪りました。それでも坐禅に集中して、宗演老師は我が身もなくなり、蚊もなくなり、天地と我と一体となるという体験をされました。何もない天地一枚になりきって我を忘れていると、突然のにわか雨で、はっと我に帰りました。ふとあたりを見渡すと、真っ赤な茱萸《ぐみ》の実があたり一面に落ちているのが見えました。よく見ると、どれも満腹になるまで血を吸って死んだ蚊の群れだったのでした。絶体絶命の状況から、捨て身になって危機を脱したのでした。

そのような禅体験のみならず、このスリランカ行きは大きな意味を持ちました。一つは、世界におけるアジアの位置でした。アジア人が世界でどのような目で見られているかを自ら体験されました。スリランカ行きの往路では、船賃も十分に払っているにもかかわらず、黄色人というだけで差別をされました。食事もひどく待遇もひどいものだったのです。また当時アヘン戦争で弱り切った清国の様子も聴くことができました。またスリランカも当時はイギリスの植民地となっていました。アジアがいかに弱い立場にあるかを身をもって感じることができたのです。

ただ伝統のままに従っていては、日本もどうなるか分からないという危機感を抱くようになりました。安閑としていてはどうなるか分からない、仏教を学び禅を修めて、その素晴らしさを宗演老師は体験していますので、これをもって大いにアジアの素晴らしさ、仏教や禅の素晴らしさを世に伝えなければ、西洋の列強にどのような目に遭わされるか分からないという危惧の念を抱いたのでした。

このままではいけないという思いが、その後の宗演老師の行動を変えていきました。明治二十一年（一八八八）、三十一歳で帰朝して、再び永田の宝林寺で師家をつとめ修行僧の指導にあたります。またこの頃から、洪川老師は高齢のために、宗演老師に円覚寺に帰るように催促されるのですが、宗演老師はこれを断り続けました。

しかしながら明治二十五年（一八九二）、洪川老師は七十七歳でお亡くなりになり、宗演老師は直ちにその後を継いで管長に就任されました。満年齢でいうと三十二歳でした。数え歳で三十四歳なのです。これだけでも異例ですが、宗演老師は翌年にシカゴの万国宗教会議に出席されました。この会議には、日本の仏教界としては消極的で、キリスト教文化の国で仏教の話をしても通じないという意見が多かったらしいのですが、宗演老師の時代を見る目は違いました。この時こそ、仏教を伝えるべきと思ったのです。

当時、近代科学が発展して、たとえばダーウィンの進化論が発表されて、この世はキリスト教が説くように神の造ったものではないということが判明してきました。キリスト教の説話が通じなくなってきていました。神は死んだと言われていたのです。宗演老師はそんなアメリカに渡って、ブッダの教えを説かれました。宗演老師はあえて、大乗仏教の阿弥陀様や観音様がお救いくださるという救済の教えを説くのではなくて、あくまでもブッダ釈迦牟尼が説かれた真理を説かれました。それは縁起の法でありました。

お釈迦様は、「己れ悪しきをなさば己れ汚れ、己れ悪しきをなさざれば己れ清し、汚れと清らかさはすなわち己れにあり、いかなる人も他人をば浄むること能わず」と説かれたのです。神によって罪が許されるのではなく、人は自らが為した行いによって罪が生まれ、自らの行いによってのみ罪は浄められるのです。当たり前といえば当たり前のことですが、この近代科学にも背くことのないブッダの縁起の教えは、当時のアメリカの宗教者達には驚きだったのでしょう。

ポール・ケーラスという哲学者は大いに仏教に関心を抱き、帰国した釈宗演老師に、誰か日本の学者を渡米させてほしいと願います。そこで当時まだ二十七歳の鈴木大拙が渡米されて、仏典禅籍などの翻訳に携わりました。これが仏教や禅が欧米に弘まるはじめになったのでした。

さらに宗演老師は、建長寺の管長をも兼任しながら四十六歳で管長をお辞めになり、そして東慶寺の住職になりました。ご自身が管長を辞めて、かつて円覚寺の修行道場を飛び出して相国寺に行った僧を後に据えました。宮路宗海老師です。こういうところも情に厚いところです。管長を辞めて何をしたかと言えば、一年三ヶ月にわたって世界一周旅行をされました。さらに見聞を広められたのです。帰りにインドに立ち寄り仏陀伽耶でお釈迦様の遺跡にお参りされました。その後さらに京都花園大学の学長に就任され、晩年再び円覚寺の管長に再任されました。残念ながら六十歳で亡くなりました。

知者は惑わず、仁者は憂えず、勇者は懼れずと申します。二十代で修行を完成されるという抜群の智慧をもって、しかも伝統をただ守るだけでなく、単身セイロンに渡って仏教の原典を学ぶ、シカゴの宗教会議に出て講演するという、このままではいけないという真の勇気をお持ちで、それでいて仁者である、情けの深い老師でした。よくお芝居を観ていても、ひと目を憚らず涙を流していたと言われます。智仁勇の三つを兼ね備えた、すぐれた禅僧であられたとつくづく思うところであります。

さて、そんな宗演老師が、大正三年三月から同六年五月まで、三年三ヶ月にわたって婦人道話会で講話されたのが、この観音経講話であります。大正七年（一九一八）十二月、刊行されました。禅宗では今も日課として観音経を読誦しています。坐禅して悟りを求めるのが禅宗でありながら、よく観音経を読むのは不思議に思われるかもしれません。

この観音経を禅寺で毎日読誦する習慣になったのは、円覚寺の開山無学祖元禅師によると言われます。かの元寇の折りに、亀山上皇をはじめとして神社仏閣、皆心を一つにして祈りました。禅宗では、それまでは坐禅をすることを主眼にしていましたが、毎日観音経を読誦して祈るようになったのです。その習慣が元寇のあとも残って今日に到っています。

なぜ、観音経を読むのか、観音経を読む意味は何なのか、宗演老師は、この観音経講話の冒頭で、先ず「私自身が観世音菩薩の現れである」と喝破されています。さらに「それは、独り向こうに崇め尊んでいる一つの観世音菩薩のみならずして、我れ自身の内容を叩いてみると、やはり我々がもとより生まれながらにして大慈悲心をもっているのである」と仰せになっています。

人はみな仏心・仏性を具えているというお釈迦様の悟りが禅の原点であります。仏心とは大慈悲の心にほかなりません。その仏心即ち大慈悲心を観音様として説かれているのであります。

また、観音経には、常識では考えられないような霊験が解かれています。たとえば、燃えさかる火の中に入れられても、観音様の御名を唱えれば、助かるなどというのです。これも古来、事釈と理釈といって、ただ事実を解釈するのと、そこに解かれている真理を読み取るという二つの読み方が伝わります。宗演老師も、事釈とともに理釈で明解に説かれています。

火というのは、まず瞋りの火であることを解き明かされます。そこで「平生、観音様を信じておる人、少なくとも平生、多少精神的の修養がある人ならば、瞋りの心がむっと頭を上げて来たのを、まあ待てと頭を押さえることができる」と説かれています。

観音様を拝むにしても宗演老師は、「観音様のお顔をちょっと拝む、どうして拝むかというと外でもない、我々は観音様の現れであるはずである。言い換えれば、我々は大慈悲の現れである。我々は大智慧をもとよりもっているはずである。我々は大勇猛心をもっているはずである。とこういう工合に拝むのである。すなわち自省自慎で人に瞋らず、我を責めるのであります」と親切に示してくださっています。

さらに、「やはり我々は観世音菩薩の権化であるという、こういう信仰がいつでも真っ向にかざされておらねばならない。……今ここに現れている我々自身が、すなわち慈悲なり智慧なり勇気なりにおいて満ち満ちている、観世音菩薩は我々の身体に潜んでおられる、という信仰がいつも心に満ちているならば、まことにありがたみがそこにある」と仰せになっています。

本書には、古今東西のたくさんの逸話が適所に語られていて、観音経の理解をより一層深めてくれます。

明治の外務大臣陸奥宗光の逸話などは、宗演老師にとっては、まさにその時代の話であって、胸打つものがあります。生死を超える道について親切な教示でもあります。

遠く大正の時代に説かれた観音経ですが、今日読んでも心に響いてまいります。

近代化という時代の荒波を生き抜きながらも、観音様の慈悲の心を持ち続け、それを実践し、懇切丁寧に説かれた宗演老師を、いま一層有り難く尊く思われます。

そんな宗演老師は、大正八年（一九一九）にお亡くなりになって、平成三十年（二〇一八）が百年諱に当たります。百年諱を記念し、春秋社のお力によって、ここに観音経講話を復刊します。

平成三十年八月吉日

臨済宗円覚寺派管長

横田南嶺

著者紹介◎釈宗演（しゃく　そうえん）

一八五九年十二月十八日、福井県若狭高浜に生まれる。十二歳の時、京都妙心寺の釈越渓老師の弟子となり出家。一八七八年より鎌倉円覚寺の今北洪川老師の下で修行。禅道修行のかたわら一八八五年、慶應義塾大学に入学し、福沢諭吉に英語、洋学を学ぶ。二九歳の時に、セイロン（現在のスリランカ）に三年に渡って留学。帰国後の一八九二年、三四歳で円覚寺派管長に就任。一八九三年、シカゴ万国博覧会の一環として開催された第一回万国宗教会議に参加し、日本人の僧として初めて仏教を紹介。これをきっかけとして「禅」が「ZEN」として欧米に広まることになった。

略年譜

安政六年（一八五九）	十二月十八日福井県高浜一瀬家に生まれる。
明治三年（一八七〇）	十二歳、越渓について得度。
明治六年（一八七三）	十五歳、建仁寺俊崖に就学。
明治九年（一八七六）	十八歳、三井寺に倶舎を学ぶ。
明治十年（一八七七）	十九歳、曹源寺儀山に参じる。
明治十一年（一八七八）	二十歳、円覚寺洪川に参じる。
明治十六年（一八八三）	二五歳、洪川に印可され、十一月立班式を行う。
明治十七年（一八八四）	二六歳、永田僧堂に禅海一瀾を提唱。 六月仏日庵に住す。
明治十八年（一八八五）	二七歳、慶應義塾に修学。
明治二十年（一八八七）	二九歳、セイロンに遊学。
明治二二年（一八八九）	三一歳、帰朝、永田僧堂師家となる。
明治二五年（一八九二）	三四歳、洪川遷化、円覚寺管長就任、開堂。
明治二六年（一八九三）	三五歳、シカゴ万国宗教会議に渡米。
明治三四年（一九〇一）	四三歳、「座右の銘」を著す。
明治三六年（一九〇三）	四五歳、建長寺管長兼職。
明治三七年（一九〇四）	四六歳、日露従軍僧となる。
明治三八年（一九〇五）	四七歳、建長・円覚両派管長を辞し東慶寺に遷る。 六月よりアメリカ、ヨーロッパ、印度巡遊。
明治三九年（一九〇六）	四八歳、九月帰朝。
大正三年（一九一四）	五六歳、臨済宗大学長となる。
大正五年（一九一六）	五八歳、六月円覚寺派管長再任。
大正六年（一九一七）	五九歳、臨済宗大学長を辞す。
大正八年（一九一九）	六一歳、六月病臥、十一月一日遷化。

観音経講話

二〇一八年十一月一日　第一刷発行

著　　者　釈　宗演
著作権者　円覚寺
発 行 者　澤畑吉和
発 行 所　株式会社　春秋社
東京都千代田区外神田二―一八―六（〒一〇一―〇〇二一）
電話〇三―三二五五―九六一一　振替〇〇一八〇―六―二四八六一
http://www.shunjusha.co.jp/
印 刷 所　萩原印刷株式会社
装　　丁　伊藤滋章
定価はカバー等に表示してあります
　ISBN978-4-393-14434-3